高校教育管理与大数据融合创新研究

陈民 著

中国纺织出版社有限公司

图书在版编目（CIP）数据

高校教育管理与大数据融合创新研究／陈民著.--北京：中国纺织出版社有限公司，2023.5（2024.8重印）
ISBN 978-7-5229-0669-0

Ⅰ.①高… Ⅱ.①陈… Ⅲ.①数据处理—应用—高等学校—教育管理—研究 Ⅳ.①G640-39

中国国家版本馆 CIP 数据核字（2023）第 102580 号

责任编辑：张 宏　责任校对：高 涵　责任印制：储志伟

中国纺织出版社有限公司出版发行
地址：北京市朝阳区百子湾东里 A407 号楼　邮政编码：100124
销售电话：010—67004422　传真：010—87155801
http://www.c-textilep.com
中国纺织出版社天猫旗舰店
官方微博 http://weibo.com/2119887771
北京虎彩文化传播有限公司印刷　各地新华书店经销
2023 年 5 月第 1 版　2024 年 8 月第 2 次印刷
开本：787×1092　1/32　印张：13.75
字数：205 千字　定价：98.00 元

凡购本书，如有缺页、倒页、脱页，由本社图书营销中心调换

前　言

　　我们身处信息化、数字化的时代，各种数据纷繁杂乱，如何利用这些数据，如何将这些数据进行专业化处理，使之对我们现在的工作、生活、学习形成有指导性的决策，如何挖掘这些数据，使之形成有效的数据模型，从而对我们未来的工作、生活、学习提出前瞻性的预测，是亟待解决的问题。云技术的诞生，为大数据的采集、计算、分析提供了强有力的支撑。而教育行业的数据更像是一个蕴藏着巨大能量的宝库，如何收集整理这些数据，并对其进行行之有效的分析、建模，使之服务于教学、科研、管理等，实现学校的个性化管理，成为很多专家学者乐于探讨的问题。2015年是中国的教育大数据元年，政府、企业、学校、研究者、管理者、教师、社会公众等开始关注教育大数据，相关政策文件、研究机构、学术活动、市场产品等纷纷出现。然而，我国教育大数据研究与实践整体还处于起步探索阶段，是摸着石头过河，国外也没有成熟的经验和模式可供借鉴。

　　互联网和信息技术的迅速发展与普及，标志着大数据技术时代的来临。人们生活在一个充满数据的世界里，信息数据量正呈指数级增长，由此开启了大数据时代。通过挖掘和分析海量数据，可以获得其背后隐藏的巨大价值，从而促进应用服务的细分化和精准化。因此，如何管理和应用大数据，如何在垂直领域深度应用，已经成为国内外人士关注和研究的焦点。

　　高等学校大多已经从"数字化校园"升级建设完成"智慧校园"，从多个维度积累了海量数据，高校大数据可以理解为大数据在高等教育领域的应用，为新时代的高等教育教学创新提供了新的思路和方法。高等教育大数据直接产生于各种教育活动中。与传统教育数据相比，高等教育大数据的采集具有更强的实时性、连贯性、全面性和自然性，其分析处理更加复杂和多样，应用更加多元、深入和个性化。通过对数据有选择性的采集、存储与分析，可以在提升教育质量、促进教育公平、实现个性化学习、优化教育资源共享、辅助教育科学决策等方面发挥有效作用。实际上，随着人工智能、数据挖掘、机器学习、移动互联网等技术的发展，教育领域的数据处理与应用正逐步走向成熟。国家已经相继出台了多份教育大数据相关的文件和行动指南，各省市也在逐步建设各级各类教育大数据中心，为数众多的高等学校正逐步接触数据驱动的教学设计、学习分析技术、数据可视化等多种创新应用模式。通过技术驱动教育教学改革，特别是互联网和移动互联网与教育的深度融合，使诸多新型教育模式更离不开大数据的支持。

全书共分为五章，第一章绪论，是对大数据与高校教育管理的简要论述；第二章是大数据时代高校教育管理信息化发展的创新性意义，对大数据对高校教育的积极作用、高校教育的变革与均衡发展、教育大数据的应用服务与载体进行介绍；第三章是现代数字化高校与智慧高校的发展，对数字化高校的发展与实施、智慧高校的发展与应用、物联网技术与数字化和智慧高校进行论述；第四章是大数据背景下高校教育管理现状与SWOT分析，对大数据背景下高校教育管理的现状与挑战、大数据背景下高校教育管理分析进行分析；第五章是现代高校推进大数据教育管理的对策分析，对现代高校大数据教育管理的理念与原则、大数据教育管理的设计与制度、师资建设与评价体系、高校教育管理的创新对策进行分析论述。

本书较为全面地对教育大数据相关内容进行了介绍和阐述。希望本书能够起到抛砖引玉的作用，对教育工作者有所帮助，也能为相关研究者在今后深入这一领域奠定一定的基础。

本书既有教育大数据理论的阐述，也提供了实践案例和发展思路，期望能为教育行政部门制订教育大数据发展规划，为广大教育信息化企业开展教育大数据产品研发，为教育研究机构和一线学校开展教育大数据研究与应用提供指导，通过"政、产、学、研、用"五方联合，共同助力我国高等教育大数据发展。

作者
2022 年 12 月

目 录

第一章 绪论 ··· 1
 第一节 大数据基础概述 ··· 1
 第二节 高校教育管理概述 ··· 13
第二章 大数据时代高校教育管理信息化发展的创新性意义 ········· 37
 第一节 大数据对高校教育的积极作用 ································· 37
 第二节 大数据时代高校教育的变革与均衡发展 ·················· 63
 第三节 教育大数据的应用服务与载体 ································· 74
第三章 现代数字化高校与智慧高校的发展 ································· 79
 第一节 数字化高校的发展与实施 ·· 79
 第二节 智慧高校的发展与应用 ·· 96
 第三节 物联网技术与数字化和智慧高校 ··························· 106
第四章 大数据背景下高校教育管理现状与 SWOT 分析 ············ 133
 第一节 大数据背景下高校教育管理的现状与挑战 ············ 133
 第二节 大数据背景下高校教育管理分析 ··························· 158
第五章 现代高校推进大数据教育管理的对策分析 ····················· 175
 第一节 现代高校大数据教育管理的理念与原则探析 ········ 175
 第二节 现代高校大数据教育管理的设计与制度探析 ········ 178
 第三节 现代高校大数据教育管理的师资建设与评价体系探析 ···· 189
 第四节 大数据时代高校教育管理的创新对策探析 ············ 193
参考文献 ·· 211

第一章 绪论

大数据是指一个体量特别大、数据类别特别大的数据集,并且这样的数据集无法用传统数据库工具对其内容进行抓取、管理和处理。大数据首先是指数据体量大,指代大型数据集,一般在 10TB 规模左右,但在实际应用中,很多企业用户把多个数据集放在一起,已经形成了 PB 级的数据量;其次是指数据类别大,数据来自多种数据源,数据种类和格式日渐丰富,已冲破了以前所限定的结构化数据范畴,囊括了半结构化和非结构化数据;再次是数据处理速度快,在数据量非常庞大的情况下,也能做到数据的实时处理;最后一个特点是数据真实性高,随着社交数据、企业内容、交易与应用数据等新数据源的兴起,传统数据源的局限被打破,企业越发需要有效的信息助力,并确保其真实性及安全性。

第一节 大数据基础概述

"大数据"这个术语最早期的引用可追溯到 apache.org 的开源项目 Nutch。当时,大数据用来描述为更新网络搜索索引需要同时进行批量处理或分析的大量数据集。随着谷歌 MapReduce 和 Google File System (GFS) 的发布,大数据不再仅用来描述大量的数据,还涵盖了处理数据的速度。早在 1980 年,著名未来学家阿尔文·托夫勒便在《第三次浪潮》一书中,将大数据热情地赞颂为"第三次浪潮的华彩乐章"。不过，大约从 2009 年开始，大数据才成为互联网信息技术行业的流行词语。美国互联网数据中心指出，互联网上的数据每年将增长 50%，每两年便将翻一番，而目前世界上 90% 以上的数据是最近几年才产生的。此外，数据又并非单纯指人们在互联网上发布的信息，全世界的工业设备、汽车、电表上有着无数的数码传感器，随时测量和传递着有关位置、运动、振动、温度、湿度乃至空气中化学物质的变化，也产生了海量的数据信息。

一、大数据的概念

关于大数据的概念和准确定义仍有不同解释。

①大数据，或称为巨量资料，指的是所涉及的资料量规模巨大到无法透过目前主流软件工具，在合理时间内达到撷取、管理、处理，并整理成为帮助企业经营决策更积极目的的资讯。

②在维克托·迈尔-舍恩伯格及肯尼斯·库克耶编写的《大数据时代》中，大数据指不用随机分析法（抽样调查）这样的捷径，而采用所有数据进行分析处理。

③研究机构 Gartner 给出的定义为，大数据是需要新处理模式才能具有更强的决策力、洞察发现力和流程优化能力的海量、高增长率和多样化的信息资产。从数据类别上看，大数据指的是无法使用传统流程或工具处理或分析的信息。它定义了那些超出正常处理范围和大小、迫使用户采用非传统处理方法的数据集。

④麦肯锡是研究大数据的先驱，在其报告《Big data：The next frontier for innovation，competition，and productivity》中给出大数据的定义是：大数据指的是大小超出常规的数据库工具获取、存储、管理和分析能力的数据集。但他同时强调，并不是说一定要超过特定 TB 值的数据集才能算是大数据。

⑤国际数据公司 IDC 从大数据的四个特征来定义，即海量的数据规模、快速的数据流动和动态的数据体系、多样的数据类型、巨大的数据价值。

⑥亚马逊的大数据科学家 John Rauser 给出了一个简单的定义：大数据是

任何超过了一台计算机处理能力的数据量。

⑦《著云台》的分析师团队认为，大数据通常用来形容一个公司创造的大量非结构化数据和半结构化数据，这些数据在下载到关系型数据库用于分析时会花费过多时间和金钱。大数据分析常和云计算联系到一起，因为实时的大型数据集分析需要像 MapReduce 一样的框架来向数十、数百甚至数千的电脑分配工作。

⑧大数据就是互联网发展到现今阶段的一种表象或特征而已，在以云计算为代表的技术创新大幕的衬托下，这些原本很难收集和使用的数据开始容易被利用起来了，通过各行各业的不断创新，大数据会逐步为人类创造更多的价值。

⑨从某种程度上说，大数据是数据分析的前沿技术。简言之，从各种各样类型的数据中，快速获得有价值信息的能力，就是大数据技术。世界经济论坛的报告认定大数据为新财富，价值堪比石油。

⑩大数据是指无法在一定时间内用常规软件工具对其内容进行抓取、管理和处理的数据集合。

大数据的概念远不止大量的数据（TB）和处理大量数据的技术，或者所谓的"4个V"（大量 Volume，多样 Variety，高速 Velocity，价值 Value）之类的简单概念，而是涵盖了人们在大规模数据基础上可以做的事情，而这些事情在小规模数据的基础上是无法实现的。换言之，大数据让我们以一种前所未有的方式，通过对海量数据进行分析，获得有巨大价值的产品和服务，或深刻的洞见，最终形成变革之力，核心就是预测。大数据将为人类的生活创造前所未有的可量化的维度。

二、大数据的特征

具体来说，业界（IBM 最早定义）将大数据的特征归纳为4个"V"，或者说特点有4个层面。一是数据体量巨大（Volume）。大数据的起始计量单位至少是 P（1000个T）、E（100万个T）或 Z（10亿个T）。百度资料表明，其新首页导航每天需要提供的数据超过1.5PB（1PB＝1024TB），这些数据如果打印出来将超过 5000 亿张 A4 纸。有资料证实，到目前为止，人类生产的所有印刷材料的数据量仅为 200PB。二是数据类型多样（Variety）。现在的数据类型不仅是文本形式，更多的是图片、视频、音频、地理位置信息等多类型的数据，个性化数据占绝对多数。三是处理速度快（Velocity）。数据处理遵循"1 秒定律"，可从各种类型的数据中快速获得高价值的信息。这一点也和传统的数据挖掘技术有着本质的不同。四是价值密度低（Value）。以视频为例，一小时的视频，在不间断的监控过程中，可能有用的数据仅仅只有一两秒。

最小的基本单位是 bit，按顺序给出所有单位：bit、Byte、KB、MB、GB、TB、PB、EB、ZB、YB、BB、NB、DB。

它们按照进率 1024（2 的十次方）来计算：

8bit = 1Byte

1KB = 1,024Bytes

1MB = 1,024KB = 1,048,576Bytes

1GB = 1,024MB = 1,048,576KB

1TB = 1,024GB = 1,048,576MB

1PB = 1,024TB = 1,048,576GB

1EB = 1,024PB = 1,048,576TB

1ZB = 1,024EB = 1,048,576PB

1YB = 1,024ZB = 1,048,576EB

1BB = 1,024YB = 1,048,576ZB

1NB = 1,024BB = 1,048,576YB

1DB = 1,024NB = 1,048,576BB

大数据处理数据时代理念的三大转变为：要全体不要抽样，要效率不要绝对精确，要相关不要因果。大数据处理的流程主要包括四个环节：采集、导入/预处理、统计/分析、挖掘。

1. 大数据处理之一：采集

大数据的采集是指利用多个数据库来接收发自客户端（Web、App 或者传感器形式等）的数据，并且用户可以通过这些数据库来进行简单的查询和处理工作。例如，电商会使用传统的关系型数据库 MySQL 和 Oracle 等来存储每一笔事务数据，除此之外，Redis 和 MongoDB 这样的 NoSQL 数据库也常用于数据的采集。在大数据的采集过程中，其主要特点和挑战是并发数高，因为同时有可能会有成千上万的用户来进行访问和操作，如火车票售票网站和淘宝，它们并发的访问量在峰值时会达到上百万，所以需要在采集端部署大量数据库才能支撑，并且如何在这些数据库之间进行负载均衡和分片，的确是需要深入地思考和设计的。

2. 大数据处理之二：导入/预处理

虽然采集端本身会有很多数据库，但是如果要对这些海量数据进行有效的分析，还是应该将这些来自前端的数据导入一个集中的大型分布式数据库，或者分布式存储集群，并且可以在导入基础上做一些简单的清洗和预处理工作。也有一些用户会在导入时使用来自 Twitter 的 Storm 对数据进行流式计算，来满足部分业务的实时计算需求。导入与预处理过程的特点和挑战主要是导入的数据量大，每秒的导入量经常会达到百兆，甚至千兆级别。

3. 大数据处理之三：统计/分析

统计与分析主要利用分布式数据库，或者分布式计算集群来对存储于其内的海量数据进行普通的分析和分类汇总等，以满足大多数常见的分析需求。在这方面，一些实时性需求会用到 EMC 的 Greenplum、Oracle 的 Exadata，以及基于 MySQL 的列式存储 Infobright 等；而一些批处理，或者基于半结构化数据的需求，可以使用 Hadoop。统计与分析这部分的主要特点和挑战是分析涉及的数据量大，其对系统资源，特别是 I/O 会有极大占用。

4. 大数据处理之四：挖掘

与前面统计和分析过程不同的是，数据挖掘一般没有什么预先设定好的主题，主要是在现有数据上面进行基于各种算法的计算，从而起到预测（Predict）的效果，实现一些高级别数据分析的需求。比较典型的算法有用于聚类的 Kmeans、用于统计学习的 SVM 和用于分类的 Naive Bayes，主要使用的工具有基于 Hadoop 的 Mahout 等。该过程的特点和挑战主要是用于挖掘的算法很复杂，并且计算涉及的数据量和计算量都很大，常用数据挖掘算法都以单线程为主。整个大数据处理的普遍流程至少应该满足这四个方面的步骤，才能算得上是一个比较完整的大数据处理。

三、大数据相关的技术

（一）云计算

大数据常和云计算联系到一起，因为实时的大型数据集分析需要分布式处理框架来向数十、数百甚至数万的电脑分配工作。云计算思想的起源是麦肯锡在 20 世纪 60 年代提出的：把计算能力作为一种像水和电一样的公用事业提供给用户。

如今，在 Google、Amazon、Facebook 等一批互联网企业引领下，一种行之有效的模式出现了：云计算提供基础架构平台，大数据应用运行在这个平台上。业内是这么形容两者关系的：没有大数据的信息积淀，则云计算的计算能力再强大，也难以找到用武之地；没有云计算的处理能力，则大数据的信息积淀再丰富，也终究只是镜花水月。

那么大数据到底需要哪些云计算技术呢，云计算与大数据之间的关系可以用图 1-1 来说明，两者之间结合后会产生以下效应：可以提供更多基于海量业务数据的创新型服务，通过云计算技术的不断发展降低大数据业务的创新成本。

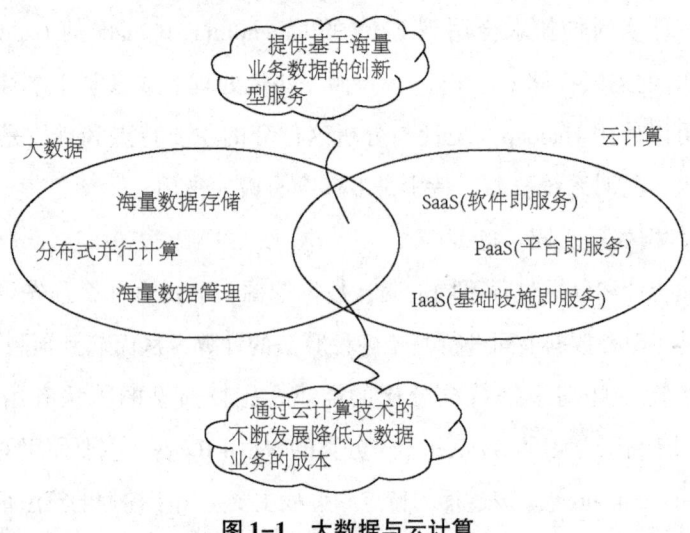

图 1-1　大数据与云计算

如果将云计算与大数据进行一些比较，最明显的区分在以下两个方面：

第一，在概念上两者有所不同。云计算改变了IT，而大数据则改变了业务。然而，大数据必须有云计算作为基础架构，才能得以顺畅运营。

第二，大数据和云计算的目标受众不同。云计算是CIO等关心的技术层，是一个进阶的IT解决方案；而大数据是CEO关注的，是业务层的产品，大数据的决策者是业务层。

（二）分布式处理技术

分布式处理系统可以将不同地点、具有不同功能或拥有不同数据的多台计算机用通信网络连接起来，在控制系统的统一管理控制下，协调地完成信息处理任务，这就是分布式处理系统的定义。

以Hadoop（Yahoo）为例进行说明，Hadoop是一个实现了MapReduce模式、能够对大量数据进行分布式处理的软件框架，是以一种可靠、高效、可伸缩的方式进行处理的。而MapReduce是Google提出的一种云计算的核心计算模式，是一种分布式运算技术，也是简化的分布式编程模式。MapReduce模式的主要思想是将要执行的问题（如程序）自动分割拆解成map（映射）和reduce（化简）的方式，在数据被分割后通过Map函数的程序将数据映射成不同的区块，分配给计算机机群处理以达到分布式运算的效果，再通过Reduce函数的程序将结果汇总，从而输出开发者需要的结果。

Hadoop有以下特性：首先，它是可靠的，因为它假设计算元素和存储会失败，因此它维护多个工作数据副本，确保能够针对失败的节点重新分布处理；其次，Hadoop是高效的，因为它以并行的方式工作，通过并行处理加快处理速度；再次，Hadoop还是可伸缩的，能够处理PB级数据。此外，Hadoop依赖于社区服务器，因此它的成本比较低，任何人都可以使用。Hadoop的构成可以认为：HDFS（文件系统，数据存储技术相关）+HBase（数据库）+MapReduce（数据处理）+…Others。

Hadoop用到的一些技术如下。

·HDFS（Hadoop Distributed File System）：Hadoop分布式文件系统。

·MapReduce：并行计算框架。

- HBase：类似 Google BigTable 的分布式 NoSQL 数据库。
- Hive：数据仓库工具，由 Facebook 贡献。
- Zookeeper：分布式锁设施，提供类似 Google Chubby 的功能，由 Facebook 贡献。
- Avro：新的数据序列化格式与传输工具，将逐步取代 Hadoop 原有的 IPC 机制。
- Pig：大数据分析平台，为用户提供多种接口。
- Ambari：Hadoop 管理工具，可以快捷地监控、部署、管理集群。
- Sqoop：在 Hadoop 与传统的数据库间进行数据的传递。

（三）存储技术

大数据可以抽象地分为大数据存储和大数据分析，这两者的关系是：大数据存储的目的是支撑大数据分析。到目前为止，还是两种截然不同的计算机技术领域：大数据存储致力于研发可以扩展至 PB，甚至 EB 级别的数据存储平台；大数据分析关注在最短时间内处理大量不同类型的数据集。提到存储，有一个著名的摩尔定律相信大家都听过：18 个月集成电路的复杂性就增加一倍。所以，存储器的成本大约每 18~24 个月就下降一半。成本的不断下降也造就了大数据的可存储性。

例如，Google 大约管理着超过 50 万台服务器和 100 万块硬盘，而且 Google 还在不断扩大计算能力和存储能力，其中很多的扩展都是在基于廉价服务器和普通存储硬盘的基础上进行的，这大大降低了服务成本，因此可以将更多资金投入技术的研发当中。

以 Amazon 举例，AmazonS3 是一种面向 Internet 的存储服务。该服务旨在让开发人员能更轻松地进行网络规模计算。AmazonS3 提供了一个简明的 Web 服务界面，用户可通过它随时在 Web 上的任何位置存储和检索任意大小的数据。此服务让所有开发人员都能访问同一个具备高扩展性、可靠性、安全性和快速价廉的基础设施，Amazon 用它来运行其全球的网站网络。再看看 S3 的设计指标：在特定年度内为数据元提供 99.999999999% 的耐久性和 99.99% 的可用性，并能够承受两个设施中的数据同时丢失。

S3 很成功，也确实卓有成效，S3 云的存储对象已达到万亿级别，而且性能表现相当良好。S3 云已经拥有万亿跨地域存储对象，同时 AWS 的对象执行请求也达到百万的峰值数量。目前，全球范围内已经有数以十万计的企业在通过 AWS 运行自己的全部或者部分日常业务。这些企业用户遍布 190 多个国家，几乎世界上的每个角落都有 Amazon 用户的身影。

（四）感知技术

大数据的采集和感知技术的发展是紧密联系的。以传感器技术、指纹识别技术、RFID 技术、坐标定位技术等为基础的感知能力提升，同样是物联网发展的基石。

而随着智能手机的普及，感知技术可谓迎来了发展的高峰期，除了地理位置信息被广泛地应用外，一些新的感知手段也开始登上舞台，比如，iPhone 5S 在 home 键内嵌指纹传感器，新型手机可通过呼气直接检测燃烧脂肪量，用于手机的嗅觉传感器可以监测从空气污染到危险的化学药品，微软正在研发可感知用户当前心情的智能手机技术，谷歌眼镜 InSight 新技术可通过衣着进行人物识别。

除此之外，还有很多与感知相关的技术革新让我们耳目一新。比如，牙齿传感器可实时监控口腔活动及饮食状况，婴儿穿戴设备可用大数据去养育宝宝，Intel 正研发的 3D 笔记本摄像头可追踪眼球读懂情绪，日本公司正开发新型可监控用户心率的纺织材料，业界正在尝试将生物测定技术引入支付领域等。

其实，这些感知被逐渐捕获的过程就是世界被数据化的过程，一旦世界被完全数据化了，那么世界的本质也就是信息了。就像一句名言所说："人类以前延续的是文明，现在传承的是信息。"

（五）Hadoop/MapReduce

思维模式转变的催化剂是大量新技术的诞生，它们能够处理大数据分析所带来的 "3 个 V" 的挑战。扎根于开源社区的 Hadoop 已经是目前大数据平台中应用率最高的技术，特别是针对诸如文本、社交媒体订阅以及视频等非结构化数据。除分布式文件系统之外，伴随 Hadoop 一同出现的还有进行大数据集处理的 MapReduce 架构。权威报告显示，许多企业都开始使用或者评估 Hadoop 技术来作为其大数据平台的标准。

（六）NoSQL 数据库

在我们生活的时代，相对稳定的数据库市场中还在出现一些新的技术，而且在未来几年，它们会发挥作用。事实上，NoSQL 数据库在一个广义派系基础上，其本身就包含了几种技术。总体而言，它们关注关系型数据库引擎的限制，如索引、流媒体和高访问量的网站大数据技术盘点服务。在这些领域，相较于关系型数据库引擎，NoSQL 的效率明显更高。

（七）内存分析

Gartner 公司认为，内存分析在个人消费电子设备以及其他嵌入式设备中的应用将会得到快速发展。随着越来越多的价格低廉的内存用到数据中心中，如何利用这一优势对软件进行最大限度的优化成为关键的问题。内存分析以其实时、高性能的特性，成为大数据分析时代下的新宠儿。如何让大数据转化为最佳的洞察力，也许内存分析就是答案。在大数据背景下，用户以及 IT 提供商应该将其视为长远发展的技术趋势。

（八）集成设备

随着数据仓库设备的出现，商业智能以及大数据分析的潜能也被激发出来，许多企业将利用数据仓库新技术的优势提升自身竞争力。集成设备将企业的数据仓库硬件软件整合在一起，提升查询性能、扩充存储空间且获得更多的分析功能，并能够提供同传统数据仓库系统一样的优势。在大数据时代，集成设备将成为企业应对数据挑战的一大重要利器。

四、大数据治理计划

所谓大数据治理，指的是制定策略来协调多个职能部门的目标，从而优化、保护和利用大数据，将其作为一项企业资产。大数据治理计划也需要关注与其他信息治理计划类似的问题，这些计划必须解决以下问题。

元数据。大数据治理需要创建可靠的元数据，避免出现窘境，例如，一家企业重复购买了相同的数据集两次，而原因仅仅是该数据集在两个不同的存储库内使用了不同的名称。

隐私。企业需要严格关注遵守隐私方面的问题，例如，利用社交媒体进行数据分析。

数据质量。考虑到大数据的庞大数量和超快速度，组织需要确定哪种级别的数据质量属于"足够好"的质量。

信息生命周期管理。大数据治理计划需要制订存档策略，确保存储成本不会超出控制。除此之外，组织需要设定保留计划，以便按照法规要求合理处置数据。

管理人员。最终企业需要招募大数据管理员。例如，石油与天然气公司内的勘探开采部门的管理员负责管理地震数据，包括相关元数据在内。这些管理员需要避免组织因不一致的命名规范而付款购买已经拥有的外部数据。除此之外，社交媒体管理员需要与法律顾问和高级管理人员配合工作，制定有关可接受的信息使用方法的策略。

五、大数据研究的意义及作用

（一）大数据研究的意义

大数据的研究和分析应用具有十分重大的意义和价值。被誉为"大数据时代预言家"的维克托·迈尔-舍恩伯格在其《大数据时代》一书中列举了大量翔实的大数据应用案例，并分析预测了大数据的发展现状和未来趋势，提出了很多重要的观点和发展思路。他认为，"大数据开启了一次重大的时代转型"，指出大数据将带来巨大的变革，改变我们的生活、工作和思维方式，改变我们的商业模式，影响我们的经济、政治、科技和社会等各个层面。

随着大数据行业应用需求日益增长，未来越来越多的研究和应用领域将需要使用大数据并行计算技术，大数据技术将渗透到每个涉及大规模数据和复杂计算的应用领域。不仅如此，以大数据处理为中心的计算技术将对传统计算技术产生革命性的影响，广泛影响计算机体系结构、操作系统、数据库、编译技术、程序设计技术和方法、软件工程技术、多媒体信息处理技术、人工智能以及其他计算机应用技术，并与传统计算技术相互结合产生很多新的研究热点和课题。

　　大数据给传统的计算技术带来了很多新挑战。大数据使很多在小数据集上有效的传统的串行化算法在面对大数据处理时难以在可接受的时间内完成计算；同时，大数据含有较多噪声、样本稀疏、样本不平衡等特点，使现有的很多机器学习算法有效性降低。

　　大数据技术的发展将给研究计算机技术的专业人员带来新的挑战和机遇。目前，国内外IT企业对大数据技术人才的需求正在快速增长，未来5~10年内业界将需要大量的掌握大数据处理技术的人才。IDC研究报告指出："下一个10年里，世界范围的服务器数量将增长10倍，而企业数据中心管理的数据信息将增长50倍，企业数据中心需要处理的数据文件数量将至少增长75倍，而世界范围内IT专业技术人才的数量仅能增长1.5倍。"因此，未来10年里大数据处理和应用需求与能提供的技术人才数量之间将存在巨大差距。目前，由于国内外高校开展大数据技术人才培养的时间不长，技术市场上掌握大数据处理和应用开发技术的人才十分短缺，因而这方面的技术人才十分抢手，供不应求。国内几乎所有著名的IT企业，如百度、腾讯、阿里巴巴和淘宝、奇虎360等，都大量需要大数据技术人才。

　　(二) 大数据的作用

　　第一，对大数据的处理分析正成为新一代信息技术融合应用的结点。移动互联网、物联网、社交网络、数字家庭、电子商务等是新一代信息技术的应用形态，这些应用不断产生大数据。云计算为这些海量、多样化的大数据提供存储和运算平台。通过对不同来源数据的管理、处理、分析与优化，将结果反馈到上述应用中，将创造出巨大的经济价值和社会价值。大数据具有催生社会变革的能量，但释放这种能量，需要严谨的数据治理、富有洞见的数据分析和激发管理创新的环境。

　　第二，大数据是信息产业持续高速增长的新引擎。面向大数据市场的新技术、新产品、新服务、新业态会不断涌现。在硬件与集成设备领域，大数据将对芯片、存储产业产生重要影响，还将催生一体化数据存储处理服务器、内存计算等市场。在软件与服务领域，大数据将引发数据快速处理分析、数据挖掘技术和软件产品的发展。

第三，大数据利用将成为提高核心竞争力的关键因素。各行各业的决策正在从"业务驱动"转变为"数据驱动"。对大数据的分析可以使零售商实时掌握市场动态，并迅速应对；可以为商家制定更加精准有效的营销策略，以提供决策支持；可以帮助企业为消费者提供更加及时和个性化的服务；在医疗领域，可提高诊断准确性和药物有效性；在公共事业领域，大数据也开始发挥促进经济发展、维护社会稳定等方面的重要作用。

第四，大数据时代科学研究的方法手段将发生重大改变。例如，抽样调查是社会科学的基本研究方法。在大数据时代，可通过实时监测、跟踪研究对象在互联网上产生的海量行为数据，进行挖掘分析，揭示出规律性的东西，提出研究结论和对策。

第二节 高校教育管理概述

想要真正做好教育管理，提升管理质量，其核心在于管理者清楚知道要管理的内容、重点管理的内容以及如何能够管理好。教育管理本身是一个整体，教育管理内容体系，从多元化的角度出发进行体系框架的表现。

一、高校教育管理的内容及本质

(一) 教育管理的组织系统

教育管理组织系统是教育管理群体为共同目标的达成，利用权责分配、层级统属关系与团队精神构成的可以实现自我发展与调节的社会系统，用于解决谁管理与如何管理的问题。管理体制是指组织机构安排、隶属关系与权责规划等组织制度体系化建设。要想充分发挥教育管理组织功能，就要从根本上优化管理体制，促进组织结构的科学合理建设。管理系统属于结构性关系组织，是组织成员彼此行为关系构成的一个行为系统，更是一个随时代变迁而调整适应的生态化组织以及成员角色关系网。教育管理组织建设的根本目的是要构建全面科学的教育管理系统，构建质量管理系统与运行机制，更好地为广大师生以及教育教学工作提供助力。教育管理系统关注的是过程管理纵向系列与横向系列整合。纵向系列指学校、二级学院（部）、教学系部和教研室，横向系列包括教务部门、科研部门、学生管理部门、人事部门、政工部门、后勤保障部门等。要促进教学目标的达成，培育出更多优秀人才，必须确保两个系列得到有效协调。要构建教育管理组织系统，保证该系统工作可以顺利高效地开展、灵活创新地运行，一定要打造高素质的教育管理队伍，明确机构设置，确定岗位责任。

（二）教育管理的本质

从本质角度上进行分析，教育管理是在高等学校系统中，以教学子系统为研究的管理对象，组织应用有限资源，科学安排教学过程，优化资源配置，提升教学效益。

（三）教育管理的基本任务和职能

从基本任务上看，教育管理需要严格遵照教育教学规律，搞好教育管理系统规划，运用现代科技和现代化管理方法对所有教学活动实施动态和目标性管理。与此同时，强调要发挥管理协调的巨大价值，调动各方参与主动性，确保人才培养进程中教学任务顺利完成。

教育管理职能主要是"决策、规划、组织、指导、控制、协调、评估、激励、研究、创新"这些职能之间有交叉，同时也有着密切的内部关联，共同构成了一个有机整体。

（四）教育管理内容体系

就教育管理、业务科学体系而言，可以归纳成四项，分别是教学计划、教学运行、教学行政、教学质量管理与评价。如果将教育管理职能作为划分标准的话，包含控制协调、评估激励、研究创新、决策规划、组织指导。从教育管理层面上进行分析，涵盖教学改革、教学建设与日常管理这几个部分。

1. 教学计划管理

人才培养方案是学校为了提升教育教学质量，确保培养规格的关键性文

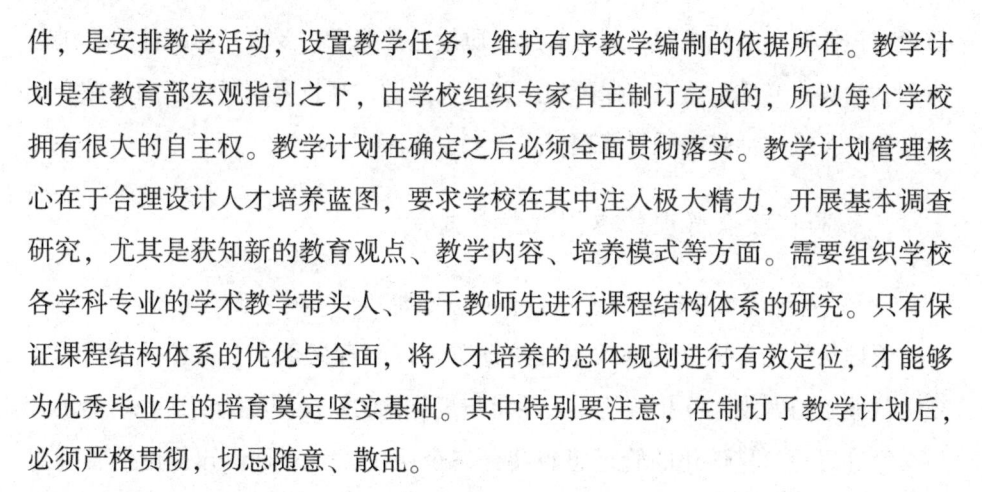

件，是安排教学活动，设置教学任务，维护有序教学编制的依据所在。教学计划是在教育部宏观指引之下，由学校组织专家自主制订完成的，所以每个学校拥有很大的自主权。教学计划在确定之后必须全面贯彻落实。教学计划管理核心在于合理设计人才培养蓝图，要求学校在其中注入极大精力，开展基本调查研究，尤其是获知新的教育观点、教学内容、培养模式等方面。需要组织学校各学科专业的学术教学带头人、骨干教师先进行课程结构体系的研究。只有保证课程结构体系的优化与全面，将人才培养的总体规划进行有效定位，才能够为优秀毕业生的培育奠定坚实基础。其中特别要注意，在制订了教学计划后，必须严格贯彻，切忌随意、散乱。

2. 教学运行管理

教育管理基本在于利用规范化管理确保教育教学活动顺利有序地运转，提升教学水平。教学运行管理是围绕教学计划落实开展的教学过程与有关辅助工作的组织管理。教学过程指的是学生在教师引导下的认知过程，还是学生利用接受教学活动的方式，收获综合发展能力的过程。高校教学过程在组织管理方面的特征，最为明显的是：第一，大学生学习自主性与探究性特征明显；第二，学科教育基础上的专业教育拓展；第三，教学科研不断整合。以这些特点作为重要根据，做好教学过程组织管理，特别要做好课程大纲的设置，设计组织管理内容、程序、规范要求等，以便对教学过程进行检验。

3. 教学行政管理

教学行政管理是学校、二级学院、教学系部等教育管理部门结合教育规律与学校规章行使管理方面的职权，对教学活动与有关辅助工作实施科学化组织、指挥、协调调度，确保教学稳定持续运转的协调过程。

4. 教学质量管理与评价

教学质量这个概念具有很强的综合性，判断教学质量水平指标应涵盖教学、学习与管理质量的综合性指标，才能够得到客观准确的评估。教学质量是渐进累积的产物，是动态与静态管理整合形成的。所以，要关注动态与过程管理，实现过程与结果的统一。革新教育思想，提升教学水平，是做好教学质量管理的基本前提。要做好质量监控，设计全程质量管理，构建与校情相适应的质量监控体系与运行机制，首先必须对质量监控概念、要素、组织体系等进行梳理，认真研究质量监控与保障的全部有关问题。高校要积极构建围绕核心的科学化与可操作性强的质量管理模式。

二、高校教育管理的原则及指导思想

（一）高校学生管理的理论根据和指导思想

管理科学化在提升管理效率与教育质量方面意义重大。管理科学化的实现，依赖于与客观实际相符的、人性化与规范化的管理制度，而这些均离不开科学管理思想。科学化的管理思想共分三个层次，分别是认知理论的管理思想、管理遵照的基本原则与实践中运用的方法。

1. 管理思想

管理思想是关于管理的观点、理论或观念，是管理理论与实践整合于人的头脑的一种反应。思想是行动的先导，管理思想能够对管理实践发挥重要指导作用。管理思想会伴随社会和管理实践的产生、发展与变化而发生改变。古代朴素管理思想在四大文明古国等国家当中非常兴盛。公元前2000多年，古巴比伦《汉穆拉比法典》这个重要的法典就体现出了远古法规管理的思想。我国在公元前1100多年诞生了金泉管理思想，在这之后又有人治、法治等管理思想产生。到了19世纪后叶，受机器大生产的影响，欧洲产生了过程管理、古典科学管理思想等。20世纪60年代后，产生了大量管理学派，促进了管理思想的繁荣。

高校学生管理是教育管理的重要组成部分，管理思想应该和教育管理思想一致，均为复杂综合的重要理论课题，也应确定理论前提，与一定的思想理论进行紧密关联，以便确定基本方向。站在哲学角度进行分析，高校学生管理思想主要包括：

（1）运用相互联系的管理思想

高校学生管理属于社会现象，具有很强的综合性与复杂性。假如站在宏观角度上研究的话，高校和社会、家庭乃至整个时代都是存在密切关联的，广大高校学生也不是孤立和隔绝于世的，因此高校学生管理会涉及社会、家庭，在影响时代的同时也受时代影响或制约。站在微观角度上分析，高校学生管理的各个要素之间，存在彼此联系与制约的关系。比如，管理和教育间的关系、管理和服务间的关系等，都互相影响与制约。

（2）运用动态平衡的管理思想

管理是一个系统性过程，该过程处在持续不断的发展变化过程中，不仅会受政治、经济、文化等诸多要素的影响，还受高校本身诸多因素的影响。全部都处于不断变化过程中，管理工作也是如此，在发展过程中不断地完善与进步。另外，被管理者以及被管理者的思想行为、人格等也会在管理过程当中发展完善。因而，将动态平衡管理理念应用到管理实践当中，就要用哲学中的发展观点，做到与时俱进，立足现实，着眼未来，探究新情况，解决新问题。

（3）运用对立统一的管理思想

高校学生管理实践活动当中包含着多元化的矛盾关系，因而要借助对立统一管理思想，处理问题与矛盾。例如，管理者和管理对象间存在着矛盾，要用对立统一思想指导管理实践。

（4）运用实践探索的管理思想

实践是检验真理唯一标准，而实践又是正确认识的主要来源。高校学生管理具有极强的实践性，同时对操作性提出了极高的要求。所以在推进高校学生管理时，必须树立实践意识，培养探究创造的勇气，在实践当中把经验提升为理论，以便更好地指导学生管理实践，不断反复以至无穷，促进学生管理全面进步。

2. 指导思想

在对我国高校学生管理指导思想进行研究的过程中，需要特别注意运用以下观点与思想：

第一，坚持马克思主义中关于人的全面发展的理论，培育"四有"人才是社会主义大学教育根本任务所在。想要保证研究工作质量，首先一定要明确给谁培养人才和培养怎样的人才这两个问题。我国社会主义大学的性质决定高校培育出的人才要具备扎实科学文化知识与健康的身体素质，要有极高社会主义觉悟。要完成"四有"新人的培育目标，就要严格根据马克思主义的人的全面发展教育思想，推动教育发展。有效培育德智体美劳全面进步的优秀中国特色社会主义事业建设者与接班人，是最重要的教育方针，也是马克思主义理论精华具体应用的表现。我们要把培育全面发展的"四有"人才作为教育根本任务和落脚点。

第二，运用马克思主义关于辩证唯物主义的理论，用对立统一观点对高校学生管理工作进行引导，在管理实践当中贯彻整体观念。马克思主义辩证唯物主义哲学是所有社会与自然科学的理论根基。马克思主义方法论与认识论渗透在全部社会与自然科学中，因而必然渗透在高校学生管理中。要利用对立统一的观点，明确管理的整体观念。从纵向上看，整体观念是局部与整体统一；从学生管理工作整体系统的角度上看，构成有机整体的每个部分都是支系统和局部。学生管理系统整体功能最终是由局部组合形式决定的，虽然局部拥有特定功能，但都应服务于系统整体目标与功能，局部要素要以整体目标为基准建立起来。从横向上看，秉持整体观念是处理局部间分工合作的一致性，将各部门进行有效协调，共同为培育全面发展人才的管理目标服务。

第三，利用高等教育与现代科学管理理论指导学生管理，推动管理科学化。现代治校理念要求，要运用现代科学进行学校与学生的管理。具体而言，要靠教育科学，遵照教育内外部规律办事。例如，高等教育规模是由经济基础决定的，又会反作用于经济基础。高等院校是高等教育的重要平台和有效载体，如今人才竞争激烈程度逐步提高，市场化竞争更是空前激烈，思想观念、结构、体制等多个方面都出现了一系列改革。高校一定要把握时代脉搏，面向市场办学。高校学生管理要持续不断地进行，研究新情况与解决新问题，面向新时代培育复合型人才。要靠现代管理科学理论方法完成管理活动，确保学生管理组织机构完善，管理制度健全，人员责任、岗位分工恰当，职责明确，奖罚分明，动作协调一致，管理高效。运用现代管理科学理论指导学生管理，主要是对基本原理进行应用，主要包括人的能动性、规律效应性、时空变化性、系统整体性的原理。在具体管理实践当中，一定要促进组织系统化建设，决策科学化发展，方法规范化进步与手段现代化改革。

第四，继承发扬我国60多年来高校学生管理的成功经验，吸收借鉴经验财富。中华人民共和国成立70多年来，高校学生管理实践当中积累的大量成功经验与宝贵成果，是如今学生管理的财富。

首先，社会主义大学要始终坚持共产党领导，走社会主义道路，这是最为基本的成功经验。所谓坚持党的领导，实际上就是利用党的方针、政策、路线等指导大学管理，确保大学的社会主义方向坚定，充分调动师生的热情，为培育全面素质过硬的高级复合型人才不懈努力。之所以强调坚持社会主义方向，是因为我国大学具有社会主义性质。所有管理都要坚持党的领导，所有规章制度的制定落实，都必须始终坚持一个中心与两个基本点。这样才能够激发管理参与者的热情，而这也是衡量管理功能与效益的基本点所在。

其次，管理规范化与制度化就是将与社会主义方向相符、经实践检验的成熟的民主与科学管理制度方法等用制度形式进行固定，构成工作规范，实现权责利的统一，让制度在思想性与科学性上达到统一。

最后，秉持理论与实际相联系的原则，面向社会实践与社会需要，确保教育和生产的整合。社会主义大学培育人才，一定要满足市场经济的需求，在思想方面拥有极高社会主义觉悟与共产主义献身精神；在业务方面除了要具备扎实理论之外，还要具备极强的分析与解决问题的实践能力，拥有实干精神与独立性。

（二）高校学生管理的原则和基本方法

原则是客观规律的反映，是观察与处理问题的根本准绳，社会主义大学管理的重要原则是学生管理内在规律的体现，不是主观臆造的。在整个学生管理体系中，管理原则地位十分关键，具有承上启下的作用，为管理目标与实现目标手段搭建了桥梁，是运用有效方法推进管理实践的根本要求。管理原则与管理目标、过程、方法、制度、管理者等要素，存在紧密的关联，同时处于指导地位。

1. 高校学生管理的基本原则

（1）学生管理工作方向性原则

管理是有目的的一种实践活动，实际管理工作一定要具备方向性。把社会主义方向作为根本准绳，是我国学生管理的本质特征。我国是社会主义国家，要将高校变成社会主义性质育人平台。

(2) 理论与实践相结合的原则

理论与实践结合，坚持实践是检验真理的唯一标准，是马克思主义基本原理，更是高校学生管理基本准则所在。有效领悟与把握马克思主义科学与有关管理原理，掌握其精神实质，是做好学生管理的基础与前提条件。但管理原理、应用范围与实际价值会受诸多因素制约。党和国家在社会主义现代化建设的过程中，拥有基本教育方针政策，在不同时期会结合差异化的特征，提出具体方针政策与实际要求。这些方针政策与实际要求，应该在高校学生管理的措施方法中进行有效体现。但是学生管理科学化，还要坚持从本校实际出发，考虑学生的实际特征，制订出针对性强的方法、策略❶。

(3) 行政管理与思想教育相结合的原则

要培养学生共产主义思想道德，不仅要靠说服教育，还必须持续不断地实施行为训练，让学生养成正确的行为习惯，不然教育效果是无法得到有效巩固提升的。假如规章制度以及行为规范等设置得不够科学，思想政治教育实践就会丧失动力。行政管理在培育社会主义合格人才的进程中作用巨大，给教育实践提供了重要的规范与纪律保障。但具体高校学生管理是借助规章制度与行为规律等科学指导与约束学生的思想行为，这些制度措施以及纪律表现为社会和高校集体意志对高校学生的要求，还体现为对高校学生行为的外部限制。所以，单一借助管理制度解决高校学生群体复杂的精神领域问题不切实际，同时也违背了科学规律。正确管理措施的制订落实，一定要把提升学生认知能力，提高学生遵章守纪的自觉性当作基础前提。自觉遵章守纪来自拥有科学、正确的认知，离不开科学化的教育实践。只有利用科学、合理的思想政治教育方式，才能够提升学生纪律执行的自觉性，有效提升管理质量与效率。

(4) 民主管理原则

社会主义高校学生管理体系中一项非常关键的内容，是要对学生进行自我控制与管理能力的培养，使学生能够在管理实践中拥有主人翁意识，积极主动地参与管理活动，充分调动学生的主观能动性。为了保证学生自主管理的实

---

❶ 林榕. 大数据背景下高校教育管理信息化发展与创新研究［M］. 长春：吉林大学出版社，2019.

现，一定要在学生管理中落实民主管理原则，保证达成整体目标。

就高校学生心理发展的特点而言，大学生正处在心理自我发现的阶段。这个阶段的学生拥有非常强的支配自我与环境的意识，他们的思想行为和中学阶段的学生有着非常明显的差异，特别是在独立性方面，渴望个人人格与意志得到尊重。面对高校制定的规章制度，以及纪律等方面的内容，高校学生会主动思考其合理性，通常不希望被动服从，渴望直接参与到管理当中。结合高校学生的心理特征，一定要在学生管理中发扬民主，让学生既是管理对象，又是管理主体。在落实民主管理原则时，特别要关注党团员学生作用的发挥，合理选拔优秀学生干部。

2. 高校学生管理的方法

高校学生管理方法是以管理原则作为有效依据，为保证学生培养目标的实现在具体管理环节中运用的所有方法、步骤、途径、手段等，通常情况下有以下几种。

（1）调查研究

经常性地调查掌握和了解学生的实际情况，有效选取针对性强的处理方法。在调查研究过程中，一定要针对调查对象、目的、方法等内容，做好科学规划，不可敷衍了事。在调查过程中，必须做到实事求是，有效地运用马克思主义立场、观点、方法，注重综合性地研究分析调查材料与调查事物。

（2）建立规章制度

在高校学生管理的过程中，应该逐步建立科学化的管理制度体系，这是确保学生管理工作有章可循的基础。制度建设一定要与高校学生身心特征相符，同时要与整个教育规律及学生管理目标相适应。与此同时，制度要伴随教育改革与进步，持续不断地进行健全，还要维持相对的稳定性。

（3）实施行政权限

结合学生管理目标、内容等制定规章制度与相关的行为规范，利用行政方法实施有效管理，通过有关管理部门与师生、员工共同监督检查的方式，促使学生集体或个人与管理目标规范相符。行政方法通常有惩治和褒扬两种。在具体的管理过程当中，针对能够认真遵守相关管理制度，思想行为都与规范相符的个人与集体，应该大力褒扬赞赏；对于违规违纪，思想行为不符合管理要求的个人与集体，要给出限制措施，同时要用严格制度惩治行为极度恶劣者。

(4) 适当运用经济手段

经济手段实际上是补充行政方法的一个策略。在具体的学生管理环节，给予必要的物质奖励，或者是物质上的惩罚，指的就是经济手段。选用经济手段并不表明行政方法难以确保管理工作的有效实施，而是因为经济手段会直接触及学生的物质利益，所以能够发挥极大作用，而这个作用是行政方法无法代替的。在选用经济手段实施学生管理工作时，不能只关注经济手段奖惩，而忽略日常教育指导与行政管理；也不能只注重用经济手段奖励优秀学生，忽略用同样的手段处罚违规违纪学生；更不能只关注处罚而忽略奖励，否则会直接影响经济手段作用的发挥。

三、高校教育管理的重点

(一) 教育管理的特点

教育管理在高校管理实践中占据着不可替代的地位，同时管理活动带有明显的特殊性，这也决定了教育管理有以下几个明显特点：

1. 教育管理的能动性

能动性是教育管理的一个显著特点，这里指的是人的主观能动性。教育管理的主要对象是师生，是否可以有效调动师生积极性，是衡量教育管理质量的关键标准。在整个教育管理体系当中，师生拥有双重身份。教师在对学生进行教学指导时扮演的是管理者角色，而教师在作为高校教育教学执行者时，属于管理对象。学生是学校与教师的管理对象，同时是自身学习的自我管理者。不管师生扮演着怎样的角色，承担着怎样的身份，都有主观能动性。

2. 教育管理的动态性

动态性指的是教育管理各环节均处在动态发展进程当中。例如，人才培养方案要跟随社会经济变迁而不断地更新完善，教学质量评价系统要伴随建设内容改变而更新。正是在持续不断的总结提升和动态化的协调处理当中，才使教育管理水平与质量螺旋上升。

3. 教育管理的协同性

教育管理担负的重要任务是协调学生个体与学校、教师之间的集体活动，有效发挥师生个性，推动个人与集体的协同进步。

4. 教育管理的教育

教育管理者通过科学制定管理制度、优化管理过程、设置奖惩制度等方式，指导学生进行自我教育与管理，推动学生自我服务，最终实现育人目标。

5. 教育管理的服务性

高校中心工作在于育人，教育管理要紧紧围绕教与学，并为其提供良好的服务。树立正确服务意识，是对教育管理者提出的根本要求。

（二）教育管理队伍的结构

高等学校教育教育管理队伍由分管教学副校长、教务处全体人员、学院（系）主管教学副院长（副主任）、教学秘书（教学办全体人员）和教务员组成。教育管理人员的结构主要包括学历结构、职称结构、年龄结构和性别结构等指标。科级以上管理人员岗位应具备硕士及硕士以上学历，博士学历占一定比例；处级岗位、教学副院长（副主任）和重要科级岗位应具备副教授以上职称，教授占较大比例；老、中、青各层次人员合理分布，教育管理队伍既要有教育管理经验丰富的中老年专家，又要有充满活力、信息技术强的青年骨干；结构上非本校人员应该占多数比例，有利于发挥不同的管理思想，承担重要岗位工作的教育管理人员应有基层教育管理工作经历。

（三）教育管理的重点

1. 注重提高教育管理人员职业道德和业务能力

学校方面要切实意识到教育管理者在学校长远发展建设中所扮演的角色和发挥的不可替代作用，有效培育其思想政治素质，使其树立事业心与责任心，始终秉持奉献精神。

首先，教育管理者所处位置非常关键，发挥着承上启下的作用，担当上传下达的责任，不仅要贯彻落实上级部门给出的工作安排与文件精神，还必须协调组织教育管理活动，同时还要面对教师，处在和学生沟通互动的前沿，这样的工作定位与职责呼唤教育管理者要具备职业道德与高度责任意识。教学工涉及范围广，内容多而复杂，很多事都要关注细节。有些事情看似很小，但实际上却关系深远。就拿传达上级文件精神来说，这样的工作年年重复，特别容易引起认知层面的麻痹大意。这件事情看似很小，但是如果在这样的事情上出现管理差错，会直接导致院部甚至全校教学秩序发生混乱，造成教育教学难以有效推进，危害极大。因此教育管理者必须具备精诚合作的精神。其次，高校教育管理的一个重要特征是层次化管理，既有独立，又有彼此的团结配合。只有具备团队协作精神，懂得如何合作和协调，才能够全方位地处理好实际工作，做好分工，有条不紊地解决好诸多问题。再次，要有极强业务素质能力。教育管理者的业务水平与能力素质是独立开展教育管理工作，有效突破实际难题，完成各项管理任务的根本。学校方面要关注教育管理者业务素质水平的提升，使其能够熟练把握以及运用好高等教育的专业化知识，把握教育管理基本理论与专业知识，有效评估教育教学的发展态势，协调不同部门与不同因素之间的关系，推动信息的顺畅流动，革新管理策略，全面提升管理水平；从实际出发开展教育科学研究和实验活动，有效地推动教育管理现代化与科学化。

2. 正确处理教育管理与教学质量的关系

教育管理是学校针对教学工作不同环节开展的管理活动，结合既定管理目标与原则对教育教学实施有效调控。教育管理各环节均与教学质量存在着密不可分的关联。教育管理涉及的内容非常广泛，从教学质量评价系统来看，包括培养方案、教学计划的制订、教学任务的安排、教学跟踪监测、信息收集、信息统计分析、质量评价等内容。与此同时，要特别注意结合反馈信息以及评估获得的结果进行教学计划的革新调控。每项具体工作又会包括很多不同的方面。教育管理一定要紧紧围绕全面提升教学质量这个中心工作实施。高校应该全面革新与健全教育管理体制，积极建立有助于新型人才培养的教育管理制度。

3. 正确处理教育管理人员与教师教学任务的关系

教育管理者与教师共同担负着教育使命，前者以整合利用教育资源为主，后者以传播知识和启迪思想为主。管理育人与教书育人相辅相成，二者存在互相影响与作用的关联，属于同一个目的之下的不同层面，主要体现在以下几个方面。

第一，教育管理者是衔接教师和学生的纽带，负责协调处理二者之间的矛盾问题，有效营造优质的教学环境，确保教学和学习活动的有序开展。

第二，教育管理者利用整理分析教师教学质量信息，反馈教学和学习的实际情况，合理给出科学化评定。检查考核教师在教育教学当中体现出来的学术与教学水平，评估其敬业精神，归纳评估教师是否认真完成了教育任务及指标、规划，促使教师结合社会发展与市场需要，提升教学水平，培养高素质人才。

第三，教育管理者与教师共同参与学校各项事业的建设过程，如课程建设和教材建设等。利用对教学的调查研究与分析工作，提出改革和优化教学的方案计划。

第四，大学管理者给教师提供教育教学方面的帮助，营造优良教学环境，促使教师可以集中注意力投入教学活动当中。

4. 注重教育管理与教学研究的关系

教育管理是一项系统性工程，需要长时间建设与积累。高校完成日常教育管理，维护教学秩序，只是完成了第一层次的工作，标志着拥有了良好的工作基础与教学环境。要想真正提升人才培养质量与教育管理质量，还必须积极促进教育教学研究工作的开展。大量教育实践表明：关注教育教学研究的高校，其教学工作的指导思想明确、目标选择恰当，能审时度势，从国情、校情出发确立新思想、新思路、新措施、新制度，教学工作和管理工作处于高质量状态；教育管理和教育管理研究开展较差的学校，其教学改革往往比较落后，抓不住教学改革的重点与核心。结合这样的特征，要特别关注教育教学研究工作，把握提升教育管理效益与质量的关键点。

四、高校教育管理的意义

教育管理是高校教育工作的重要组成部分，对培养高质量的人才起着重要的作用。当前加强教学工作的主要任务和基本举措是加大教学投入，强化教育管理，深化教学改革。这既需要各高校结合本校实际，健全和完善各项教学工作的规章制度，还需要采取相关措施，确保各项规章制度严格执行。高校实施先进有效的教育管理，离不开高素质的教育管理人员。只有具备一支业务能力强、创新意识强、实干精神强的教育管理队伍，高校的教育管理水平才能不断提高。

（一）教育管理人员具备的素质能力

现代教育要求高校教育管理必须适应时代的发展，对在第一线的教育管理工作者提出了更高要求，要求他们具备多方面的综合能力和素质，具体表现在以下几个方面。

1. 具备高尚的道德素质

良好的道德素质是搞好教育管理工作的基本条件。高校教育管理人员的道德素质如何，直接关系到学校教书育人的成效。"学为人师，行为世范"，教育管理人员应以自身的思想、学识和言行以及道德人格力量直接影响学生，做到管理育人。

2. 具备强烈的责任心

教育管理工作既有较强的连续性，又会遇到新情况、新问题，工作头绪多、任务重。强烈的责任心能产生工作主动性，是教育管理人员必备的品德。例如，每学期的期末考试从安排、组织考试，到上报各种考试报表，再到各科试卷、成绩单的整理归档，每个环节都必须认真负责，才能较好地完成工作。

3. 具备扎实的业务知识素质

首先，要掌握系统的管理学知识。随着教学体制改革的深入，教育管理人员应掌握系统的管理学知识，按照管理规律办事。采用科学的管理方法，合理地分配人力、物力、财力，提高教育管理工作的效率。其次，要掌握相关学科知识，这是搞好教育管理工作的基础。院级教育管理人员应了解本院各专业的培养目标、课程体系及各教学环节的有关内容。最后，随着科学技术的飞速发展，办公自动化的程度越来越高，教育管理人员应学习和掌握相关的信息手段与技术，如掌握学籍管理系统、教材管理系统、教务管理系统、教学评估系统、毕业证书管理系统的应用及有关日常文书处理软件的使用等，促进教育管理方法的创新，保证教育管理工作规范化、科学化和现代化。

4. 具备较强的工作能力素质

能力是使教育管理活动顺利完成并获得预期效果的基础和保障，能力培养和提高更为重要。一名优秀的教育管理人员应具备一定的组织管理能力，较强的协调应变能力，利用现代化设备获取信息、处理信息的能力，较强的调查研究能力及团队协作能力等。这些能力是教育管理人员准确评估教学的发展趋势，协调各教学单位之间相互关系，促进教学信息良性流动所应该具备的基本素质能力。

（二）教育管理的重要性

从世界高等教育的发展趋势看，深化教育管理是当今世界高等教育发展趋势的客观要求。提高人才培养质量是世界各国面临的共同课题，高等学校都在思考 21 世纪的高等教育应该如何发展。严格规范的教育管理，特别是加强教学质量的控制，是提高高等教育质量的重要保证，向管理要质量是教学改革的重要任务之一。

从高等学校教育管理的实际需要来看，近年来，我国高等教育得到了快速的发展。但教育大国不等于教育强国，有相当一批院校还没有形成健全、完善的科学管理制度。由于办学规模不断扩大，师资队伍的结构发生了较大变化，教学和管理的经验不足，对传统继承研究不够，教育管理队伍的建设还没得到充分的重视，且教育管理干部变更频繁，管理干部的素质结构和水平、教育思想的观念还不能适应现代化高等教育快速发展的要求，这在一定程度上制约了教育教学改革的深入和健康发展。

从高等学校教学和管理队伍的历史、发展和形成来看，目前绝大多数从事教育管理工作的人员在校学习期间缺乏系统的"教育学""心理学""教育管理学"等方面专业技术知识的学习。大部分人员是通过实际工作的不断探索积累经验的，不能从理论上、教学规律上更好地把握教育工作和教学改革的建设工作。

从高等教育科学发展来看，许多学校没有把高等教育教育管理作为一门学科来对待。学校的教育教育管理不到位，没有形成必要的校内外教育研究信息沟通机制。学校缺乏教育教学研究的氛围，缺乏有组织、有计划、有目的的教育教学及管理研究，对学习、借鉴、继承、发展等一系列问题缺乏系统的思考和具体安排。

（三）管理队伍建设的意义

建设一支综合素质过硬的教育管理团队，是有效提升高校核心竞争力的重要举措。当前，我国共有普通高等学校2600余所，各种形式的在校生总规模超过2700万人。随着社会的发展，高校间的竞争越来越激烈。"如何招到更多的优秀学生，如何培养出更多高素质学生，如何使本校的学生在就业市场占据有利的地位"，成为各高校普遍关注的重要问题。而从新生入学，过程培养，到毕业生离校的整个学习过程，任何环节都离不开教育管理的保障。教育管理队伍实力强，则贯穿于教学过程中的理念就先进，制度就健全，教与学的环境就更严谨、公正，学生掌握的知识和技能就更全面，加强管理队伍建设将使教学质量得到提高和保障。

加强教育管理队伍建设是提升学校教学工作水平的必由之路。教育部关于《普通高等学校本科教学工作水平评估方案》列出了19项二级指标，"管理队伍"是其中之一；第二次全国本科教学工作会议后出台的《关于进一步加强高等学校本科教学工作若干意见》中，教育部共提出16项具体要求，其中"强化教育管理……加强教育管理队伍建设"是其中之一。由此可见，在考查教育管理水平时，教育管理队伍的建设是重要的评价指标。实际工作中，教育管理队伍也确实为提升教学工作水平发挥了关键性的作用。无论是办学指导思想、师资队伍建设、教学条件和利用、专业建设与教学改革，还是教育管理、学风与教学效果，所有这些决定教学水平的项目，都与教育管理人员的工作息息相关。只有加强教育管理队伍建设，并将高素质的教师队伍与高质量的教学组织管理有机地结合起来，才能创造良好的教育教学质量，不断提升教学工作水平。

加强教育管理队伍建设是提高人才培养质量的重要手段。人才培养是高等学校的根本任务，质量是高等学校的生命线。为全面提高人才培养质量，必须强化教育管理，深化教学改革，积极推进教育创新。尤其要推进人才培养模式、课程体系、教学内容和教学方法的改革，促进传授知识、培养能力、提高素质的协调发展。教育管理人员是深化改革、推进创新的主要策划者、实施者和监督者。教育管理队伍的水平直接决定了学校教学改革的广度、深度和力度。所以,提高人才培养质量必须加强教育管理队伍的建设。

五、高校大数据教育管理一般性分析

高校大数据教育管理是教育现代化的客观要求,其具有科学性、及时性、互动性、差异性及权威性等特点,从而具有传统高校教育管理无法比拟的优势。在高校大数据教育管理实践中,相关关系和因果关系仍是高校事务之间比较主要的两种关系,它们并不是相互排斥的,相关关系不仅不能取代因果关系,反而是快速清晰的相关关系分析为寻找因果关系提供指导和帮助作用。只不过高校教育管理中的大数据与商业领域中的大数据运用有根本区别:商业领域不太重视因果关系,比较重视相关关系;而高校大数据以相关关系为切入点,最终寻找特殊的相关关系——因果关系。

(一)高校教育管理大数据的类型

大数据技术是高校教育管理由传统的科学管理向文化管理进化的重要力量,随着高校大数据平台的建设,教育信息技术在校园的广泛运用,高校教育管理大数据呈现多样化、复杂化、动态化的趋势。从不同角度划分,高校教育管理大数据具有不同类型。

1. 按性质划分

按性质划分,我国高校教育管理大数据可分为结构化数据、非结构化数据和半结构化数据。结构化数据是工整的数据,其可以用二维表的结构来进行逻辑表达,属于关系型数据。非结构化数据包括所有格式的办公文档、文本、图片、智能硬件结合数据、标准通用标记语言下的子集 XML、HTML、各类报表、GPS 数据、图像和音频/视频信息等教学资源,不适合用二维表存储。而半结构化数据,顾名思义,其既不属于结构工整数据,也不属于非结构工整数据,而是介于二者之间的数据,如 HTML 文档就属于半结构化数据。半结构化数据一般是自描述的,数据的结构和内容混在一起,是用树、图来表达的数据。和其他领域的大数据有着相似的特征,目前,在我国高校大数据中非结构化数据占主流，达到80%左右。据相关研究预测，未来我国高校非结构化数据将占到95%。

2. 按数据来源划分

按数据来源划分，我国高校教育管理大数据可分为两类：一类来自教育系统内部，与教育教学有关的数据，包括高校教学、科研、人事、学工、党团、后勤、图书等部门生产的大数据，这是教育管理大数据的主要来源；另一类是来自外部数据源的数据，特别是互联网和社交媒体产生的数据。随着Facebook、腾讯、微信及微博等社交媒体和移动4G、宽带及局域网的发展，大学生网络化存在趋势加剧，24小时挂网活动现象不断增加，与此同时产生的大数据也在不断增加。根据数据产生部门，也可把高校教育大数据分为四类：教学类数据、管理类数据、科研类数据以及服务类数据。

3. 按采集业务划分

按采集业务划分，我国高校教育管理大数据可分为学生教育管理类大数据、教师教育管理类大数据、综合教育管理类大数据和第三方应用大数据四类。学生教育管理类大数据主要源于学生的学习和生活及社交数据活动，如学生的基本信息、考勤、作业、成绩、评奖评优、参加的各级各类活动表现及学生网络轨迹及表现等。教师教育管理数据主要包括教师基本信息、备课教案、课堂教学、作业批改、答疑解惑、科研数据、评奖评优、进修培训、参加的各类活动数据及社交活动、网络活动数据等。综合教育管理类数据包括学校基本信息数据、学校各项评比类数据、学校各项奖励等。第三方应用类大数据，包括金融缴费、教学资源、生活服务、云课堂、微课及MOOCs资源等。

4. 按数据结构划分

高校教育管理大数据的结构可分为四层，从内到外分别是：基础层（教育基础数据）、状态层（教育装备、环境与业务的运行状态数据）、资源层（各种形态的教学资源）和行为层（教育用户的行为数据）。一般而言，基础层和资源层数据属于结果性数据，状态层和行为层数据属于过程性数据。基础层大数据主要包括人事系统、学籍系统、资产系统数据等，主要服务于高校管理者宏观掌握高校发展状态科学决策，一般是结构性数据；状态层数据在智慧校园中主要靠传感器获取，主要服务于高校管理者掌握各项教学业务运行状况，优化教育环境；资源层数据以非结构化数据为主，主要包括网络教学资源（以 MOOCs、微课、APP、电子书等形式存在），也包括上课过程中产生的笔记、试题等动态生成性资源；行为层数据包括教师行为和学生行为数据，教师行为数据占主体，主要服务于个性化学习、学习路径推送、行为预测和发展性评价。

（二）高校大数据教育管理的特点

传统高校教育管理存在人文薄弱、形式单一、反馈不足等诸多弊端，这与教育管理现代化的发展要求相悖。高校大数据教育管理则可成功破解以上难题，发挥科学性、及时性、差异性、互动性、权变性等特点和优势，彰显数据管理的魅力。

1. 高校大数据教育管理的科学性

传统高校教育管理决策模式大致有四种：依靠决策者的理性认知来决策的"官僚主义模式"，通过"合意"过程来平衡大学内部多方群体利益的"学院型"模式，通过"扩散"程序表达不同利益群体的"政治型"模式，决策程序无章可循、随意性大的"有组织的无政府型"模式。这四种模式的共同弱点是决策者的"有限理性"。大数据的核心是预测规律，高校大数据克服了传统小数据的局限性和不能反映整体的弊端。通过全面的考量，洞察隐藏在师生复杂、混乱数据背后的行为规律，从而提高教育管理的科学性。马克·吐温说过，历史不会重演，却自有其韵律。预测人类的行为是一个经久不衰的梦想，科学家为之努力了上千年，大数据使这个梦想变为现实。人类行为的93%是可以预测的，是有规律的，"人类的大部分行为都受制于规律、模型以及原理法则，而且它们的可重现性和可预测性与自然科学不相上下""人类跟悬浮在水中的花粉微粒其实没有什么不同。受到某种跟花粉运动一样神秘的原因的驱动，人类大部分时间也是在运动不止。不同的是，人类不是受到微小而不可见的原子撞击，而是被转化为一系列任务、责任以及动机的不可见的神经元的颤动所驱使"。利用大数据技术能增强高校教育管理的科学性。高校教师的科研数据、教学数据、评奖评优数据、参加各类大赛数据及其生活、作息、交友、娱乐等数据之间，以及它们与学校的管理机制、制度、投入等都有着诸多关联，这些数据背后都隐藏着规律。例如，可以通过对科研成绩斐然的教师的作息与科研之间的关系、兴趣爱好与科研之间的关系、教学成效与科研的关系等诸多维度进行数据关联分析，建立数据模型，寻找其中的规律，为科学决策提供依据，从而更好地制定学校科研政策、教育管理制度及评价制度。同时，高校教育管理大数据对于学生的学习与需求、舆情监控及科学决策都有重要意义。学生的学习成绩、能力素质、上网习惯、图书借阅、就餐情况等之间存在某种关联，通过数据分析，寻找这种关联和规律，增强教育管理的科学性，从而收到事半功倍的效果。

2. 高校大数据教育管理的及时性

莎士比亚说过："一切过去，皆为序曲。"大数据以运算的形式来诠释此道理。"智慧校园"的前提是教育管理信息化，大数据技术是高校教育管理智慧之道的依凭。"事后诸葛"空遗憾，而"兵贵神速"要求抢抓先机。高校教育管理大数据是即时的、当下的，具有预警性，这为教育管理者抓住关键时期开展工作提供了技术保障。在网络深度覆盖的校园里，师生活动处处有数据、有信息，合成空前的数据量。这其中的信息暂不考虑其现象是否与本质完全吻合，但是一些异常的信息和规律性的信息总是会在海量数据中涌现出来。对异常的信息，通过相应数据技术设立容忍度和临界点，使之达到界限后启动报警系统，最终可以防患于未然。学生的交际问题、学业问题、就业问题、感情问题及经济问题等，都必然会通过各种媒介得到展示与宣泄，而高校利用大数据技术，可以做到因势利导、超前谋划，及时预防和处理危机事件，避免或减少相关损害。设想一下，如果南京某高校建立了基于大数据平台的师生行为预警机制，那么教师违反师德的行为就会早发现、早处理。学校贴吧及校长邮箱等都早有相关诉求的表达，学生的微博也早有消极无望情感的表达，如果及早引起重视，那么硕士生因与导师关系紧张而选择自杀身亡的悲剧也许就避免了，这也说明了高校建立基于大数据的预警机制尤为重要。

3. 高校大数据教育管理的差异性

高校大数据教育管理的及时性、科学性是从宏观来讲的，而高校大数据教育管理的个性化，则是从微观来讲的。因材施教、个性化管理和多样化人才培养一直是教育的理想，高校教育管理对象具有差异性，正如马克思所说："我的对象只能是我的一种本质力量的确证，也就是说，它只能像我的本质力量作为一种主体能力自为地存在那样对我存在，因为任何一个对象对我的意义，都以我的感觉所及的程度为限。"理性与道德只有在自我确认中才能成为一种"为我"的存在，从而在肯定人的生命的前提下，促进人的全面发展。尊重大学生的个性特点、兴趣爱好、能力差异、家庭背景差异等，是高校教育管理者做好教育教育管理和服务工作的前提。尊重是爱，尊重是方法，尊重是境界。局限于技术及精力，在小数据的时代，高校教育管理者要做到察微知著是比较困难的，但是在大数据时代，这一切都变得更加容易。大数据教育教学资源，可以为学生量身定做适合个性特征的培养方案和课程清单，让学生突破时空限制，享受高质量的教育教学资源。大数据时代，个性学习不仅对个体有着显微镜的功能，同时也可以预测学生群体活动的轨迹和规律，为高校教师改进教学提供有效反馈。因此，大数据技术是高校精准教育、精准帮扶的重要保障。

4. 高校大数据教育管理的互动性

基于大数据的高校教育管理克服了传统教育管理中的单向度缺陷，实现了师生的互动，从而产生互动效应。互动效应在心理学上指两个或两个以上的个体通过相互作用而彼此影响从而联合起来产生增力的现象，也可称为耦合效应或互动效应、联动效应。一般来讲，赋予积极的感情行动，将会收获积极的感情反应。高校单向传授和灌输式的传统教育教学方式，由于缺乏感情的耦合联动，导致教育教学缺乏实效性。在大数据教学平台上，高校教师与学生可以即时互动、答疑解惑、传道授业。对于学生做题的速度、学习的进度，教师都可以实时监控，做出相应的处理，其他学习者也可以做出解释和指导。在这样的学习互动氛围中，信任、支持、谨慎、勤奋及求精等情感信息释放，从而在整个群体中产生积极互动效应。思想政治教育工作也是如此。针对教育命题，鼓励大学生积极参与，充分发挥其主人翁精神，为问题的解决、为学校正能量的传播贡献计策；在学校社交平台或学习平台上，针对就业困惑、心理困惑及学习困惑等，充分发挥朋辈效应的作用，使学生自我教育、自我发展，从而实现教育的"润物细无声"。

5. 高校大数据教育管理的整合性

高校大数据的整合包括高校内部和高校外部资源的整合。只有整合资源，才能使资源的利用价值最大化。高校通过大数据技术可以很好地实现资源整合。初级层次的资源整合是学校内部各部门、各单位之间的数据资源整合。通过大数据平台的建设，可以打破部门数据分割，实现数据共享，促进数据公开和流通。高校之间及区域之间的大数据平台建立是资源整合的高级层次，这对于促进整个地区乃至国家的教育发展、资源节约具有重要的战略意义。在发达国家，利用大数据技术进行资源整合的步伐已走在前面。自2012年以来，美国的顶尖大学陆续设立网络学习平台。目前，世界上主要的MOOCs平台有：课程时代、在线大学和哈佛大学与麻省理工学院共建的在线课程项目等。这些MOOCs平台的建立，不仅提高了这些高校的全球知名度和社会美誉度，还对传播优质教育资源、促进教育发展都有着举足轻重的作用。美国科罗拉多州教育部开发全州纵向数据系统，旨在将全州178个学区和28所公立高校的学生数据与福利、收入和劳动力等数据进行整合，用于进行州际学生表现的比较、各学段学业成绩关联及就业与学业关联等分析。这对于我国具有重要的启发和借鉴意义。我国高校目前也在资源整合方面取得了一定的成绩，如清华大学、北京大学、上海交通大学及复旦大学等已建立面向社会开放的大规模课程平台，"中国大学MOOC"受益面不断扩大。

6. 高校大数据教育管理的权变性

"没有绝对最好的东西，一切随条件而定。"权变管理的核心思想就是"以变制变"。管理没有定法，只能根据外部环境和内部要素的变化而采取不同的方法策略。对学生教育教育管理没有一劳永逸的万全之策，也没有放之四海而皆准的适用公理，更无适应一切学生的万能公式。学生的学习数据、教师的教学数据、管理人员的行为数据、监控中的安全数据等，都是动态的、实时的，形成一股股信息流，一切都是不断向前流动的过程，故而"变"是高校教育管理永恒的主题。这就要求高校教育管理人员要及时掌握管理对象、管理内外部环境的变化情况，研究各种变化的趋势和规律，并研究各种变化之间可能的相互作用及后果，从而提前采取科学、适宜的有效方式应对。大数据技术为高校教育管理者及时获取管理对象各种信息提供了技术保障，大数据的海量、快速、动态和便捷性有利于高校教育管理权变性的实现。

第二章 大数据时代高校教育管理信息化发展的创新性意义

信息技术的整体演进推动了大数据的产生和发展，也为大数据思维的形成奠定了物质基础。信息社会中，传感器和社会网络是产生数据的重要来源，云计算和数据中心则提供了大数据存储能力，传统互联网和移动互联网的发展支撑着大数据传输，人工智能和机器学习提升了大数据的处理能力和速度。

第一节 大数据对高校教育的积极作用

大数据技术的发展，不仅对信息社会的数据采集和处理能力提出了更高需求，海量数据的价值也反哺着信息技术，促进了包括人工智能在内的各项技术的飞跃式发展。大数据与信息技术相辅相成、互为助力，共同汇成了不断涌动的大数据浪潮。

一、大数据引领信息化新时代

（一）大数据时代设备与信息"爆炸"式增长

各个行业的信息数据正呈现爆炸式增长，汇聚成巨大数据量。传感器和以其为基础的物联网正飞速发展，成为大数据变革的一大助力。传感装置不仅环绕、嵌入了各种机器，更通过监控装置、智能手机等载体广泛渗透于社会生活之中。同时，互联网尤其是移动互联网的广泛普及，令每个人日常产出的数据成倍增长，包括图片、文字和语音在内的社交数据、定位数据以及个人生活消费数据等。在社交媒体方面，研究机构 Wearesocial 的数据报告显示：全球社交媒体的持续增长，使活跃用户达到全球人口的29%，各个国家最活跃社交网络月的活跃用户（MAU）为20.8亿人，全球用户平均每天使用社交网络和相关应用的时间达到2.5小时。人们通过智能手机，可以随时将各种类型的个人数据用移动互联网上传到云端。其中，仅每天上传到社交网站的照片就超过3亿张。粗略估算，目前一个家庭一年产生的数据，可能达到半个中国国家图书馆藏书的数据量规模。爆炸式增长的数据，是孕育大数据的"温床"。如何挖掘出这些数据中的价值，更是大数据技术发展需要担起的责任与最终抵达的目标。

（二）大数据时代存储的云端革命

无论是对互联网进行运行，还是对其展开维护，都常常会出现很多无法预料的事件，造成数据丢失问题。比方说人为操作问题造成数据丢失，也有可能是天灾人祸问题，丢失大量数据。美国"9·11"事件中，世贸大厦800多家公司和机构的数据就遭到毁坏，包括金融巨头 Morgan Stanley。然而，该公司竟奇迹般地宣布全球营业部第二天可以照常工作，因为它在美国新泽西州的 Teaneck 市建有一个远程数据备份系统，保护了最重要的数据免于毁坏。能够将它们从危亡之中挽救出来的主要原因在于数据备份和建设了远程容灾系统，也正是因为这些因素的存在，避免了全球范围内金融行业陷入危险的地步。

因此，根据数据的特性对数据及时备份非常重要，可以在遭遇特殊事件时，或者是为满足特殊需求而有效地促进数据恢复。但大数据时代下的数据规模往往能够达到PB以上量级，其中大部分为非结构化数据，存储这些数据需要大容量的基础设备以及数据存储系统的扩展能力。而大数据处理的实时性要求，则需要设备具有高性能和高吞吐率。以往信息存储的重要根基在于关系数据模型，对硬盘的读写速度慢、效率低，使得数据库很难进行横向扩展，灵活性较差。不仅如此，数据容量的增长是无上限的，为此不断购买相应存储设备，无疑会大大增加存储成本。因此，为了适应这些需求，云存储应运而生。

云存储属于新兴的存储技术，更是一种新概念。该概念的提出，实际上是对云计算理念的延伸与拓展。云存储利用集群应用、网络科技等功能，将网络平台当中多种多样的存储设备借助应用软件进行整合与协调，共同实现数据存储与访问等多个方面的功能。云存储和传统的存储在设备方面存在着很大的差别，前者已经不单是一组硬件设备，而是由存储设备、服务器客户端等多个部分共同构成的复杂系统。这个系统的核心是存储设备，借助应用层的一系列软件供给存储与业务等方面的服务。云存储特别注重对虚拟科技的应用，可以在极大程度上减少存储空间随意占用问题，进而提升存储效率，特别是自动重新分配数据让存储空间利用效率大幅提升。

云端存储进一步降低了单位数据量，让更大范围的推广应用大数据技术拥有了良好条件以及支撑口；而大数据存储和处理的需求，又进一步推动了云存储和云计算的发展，共同构成大数据技术的基础要素。

（三）大数据时代网络的高速泛在

对于传统互联网、物联网以及移动互联网而言，"互联成网"是最基本和最具价值的功能之一。在孤立的单一节点上，即使能够不断生成数据，如果这些数据不能通过网络立即汇入海量数据之中，它们在产生的同时就会迅速贬值，片刻之间就成为断裂而片面的历史陈迹。

"互联"的魔力在于，当节点连接入网络之后，会不可避免地与其他节点接触并相互作用，由此产生+的倍增效应。例如，在社交网络上发表一个状态会引来大量点赞和回复，甚至可能带动起一个小范围的风潮。在相互连接的节点的互动之中，不仅产生了更多且更有价值的联动数据，同时各个节点产生的数据也聚沙成塔，成为大数据巨大体量中不可或缺的组成元素。

当前，"互联网络"已经连接巨量的人群甚至机器，且带宽借助基建发展而不断扩大，使其中的数据流速不断加快。广泛的联网不仅点燃了信息爆炸式增长的导火线，而且为海量数据的采集和融合提供了传统数据记录方式无法比拟的"即时"优势。只有在网络高速路上畅流无阻的数据，才能满足大数据技术即时反馈的需求。

（四）大数据时代计算能力的快速增长

1946年，当第一台通用计算机ENIAC诞生时，这个占地面积170平方米、重 30 多吨、耗电量 150 千瓦、造价 48 万美元的"巨婴",每秒仅能执行 5000 次加法运算。从那时起到现在,在摩尔定律支配下,电子计算机中央处理单元(CPU)的性能提高了 10000 倍,内存的价格下降至 1/45000,硬盘的价格下降至 1/3.6×106。

我国的超级计算机天河二号计算机,根据 Unpack 测试软件的测试,运算速度达到了 33.86Pflop/S(百万的四次方每秒,即 1000 万亿每秒),连续三次在评测中成为世界第一的计算机系统。天河二号 1 小时的计算量,足够全中国 13 亿人一起用计算器连续不断地算 700 年。这意味着,在硬件提供的计算能力飞速提升的同时,单位时间的计算价格正迅速"平民化"。于是,人们现在可以用更低的价格,购买到更强大的计算能力。这对于需要运用复杂的算法、快速处理海量数据的大数据技术来说,无疑是一个再好不过的喜讯。

如果说信息的爆炸式增长令大数据喷涌而出,存储的云端化令大数据汇流入海,泛在的高速网络为大数据充能蓄势,那么单位价格计算能力的倍增,就如同一声春雷,为大数据技术渗透和滋养每个行业,吹响了进军的号角。

(五)大数据为物联网和云计算提供新视角

在物联网、互联网、云存储和云计算发展的基础上,大数据技术已经逐步成熟起来。假如我们把互联网当作是信息社会的感觉和运动神经系统,云计算就如同中枢神经系统,大数据是互联网智慧产生的重要根基。传统网络、物联网以及移动互联网,在持续不断地给大数据体系的发展壮大提供多种数据支撑的同时,也通过大数据技术接收各种优化的决策和数据模型,借此不断迭代自身技术,推动向更高层面的发展。

作为信息化社会的产物,大数据技术能够对信息资源的优化配置和充分利用产生极大助力,不仅推动了信息技术的进一步发展,也为人们社会生活水平的改善做出贡献。大数据开启了一次重大的时代转型,正在改变人们生活以及理解世界的方式。新的机遇和挑战,将会成就未来社会和技术发展的壮阔前景。

二、大数据对教育的积极促进作用

在大数据时代这一全新的历史发展背景下,教育正接受着怎样的挑战以及面临着怎样的发展形势呢？在教育系统的建设与发展当中，大数据扮演着怎样的角色？具体而言，我们可以归纳大数据对教育的作用，主要表现在三个方面，分别是理念思维、行业进步、融合创新。另外，还会实现教育四种效应，解决教育的六大难题，最终建立起一个系统完善的智慧教育生态体系，为教育的创新进一步创造良好条件。其具体的作用示意图，如图2-1所示。

智慧教育的"三个"层面

理念和思维层面
大数据开放、共享、协同等核心价值为教育"植入"更加先进的理念思维

行业发展层面
大数据作为推动教育行业创新发展的新动力，可以用来破解教育改革难、学生择校难、管理部门决策难等问题，并加速其他新领域、新产业和新价值的出现

融合创新层面
作为一种新技术和新手段，通过对学习环境、教学过程、教育决策等教育数据资源的分析挖掘，推动教育朝着更加"智慧化"方向发展

大数据对教育的促进作用

实现教育"四种"效应
- 大数据对教育的整合效应 —— 整合多样化教育资源
- 大数据对教育的降噪效应 —— 提升教育数据资源有用性
- 大数据对教育的倍增效应 —— 创造更多教育附加价值
- 大数据对教育的破除效应 —— 打破教育"孤岛"现象

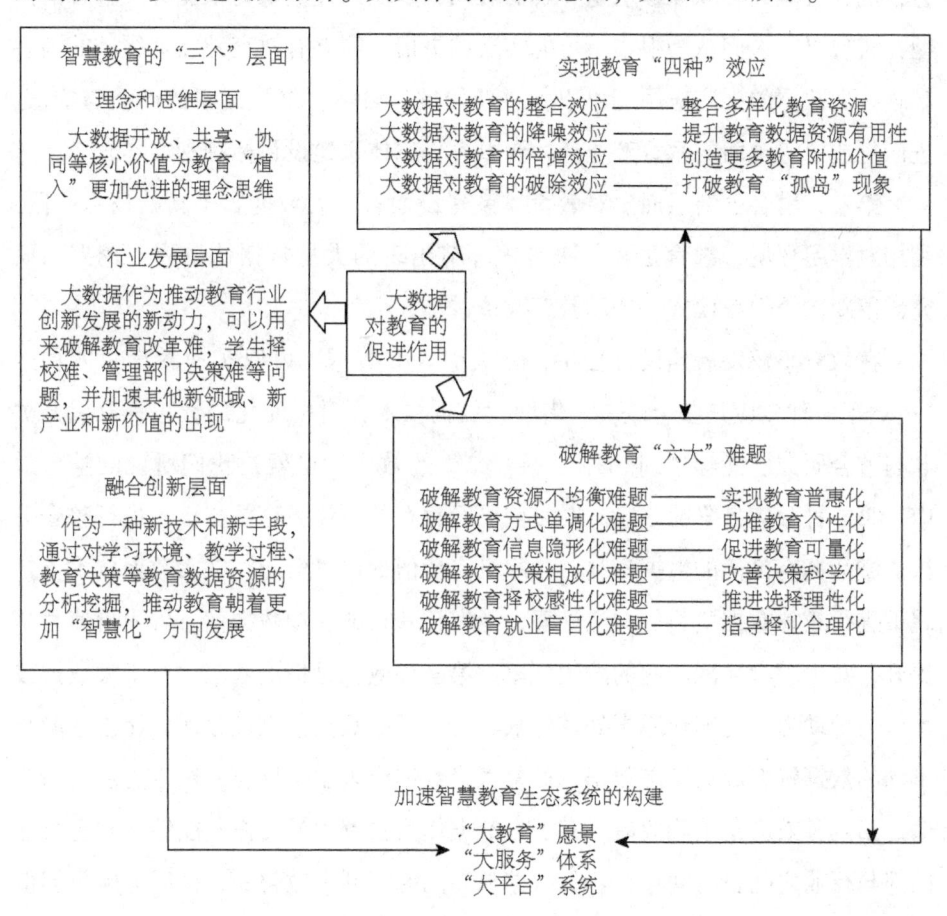

破解教育"六大"难题
- 破解教育资源不均衡难题 —— 实现教育普惠化
- 破解教育方式单调化难题 —— 助推教育个性化
- 破解教育信息隐形化难题 —— 促进教育可量化
- 破解教育决策粗放化难题 —— 改善决策科学化
- 破解教育择校感性化难题 —— 推进选择理性化
- 破解教育就业盲目化难题 —— 指导择业合理化

加速智慧教育生态系统的构建
"大教育"愿景
"大服务"体系
"大平台"系统

图 2-1　大数据对教育影响的促进作用示意图

"三个层面"内容如下。

第一，理念与思维层面。毋庸置疑，大数据是时代发展和进步之下生出的新理念，其核心价值包括开放、共享、协同发展等多个方面的内容，这些核心价值给教育的冲击极大，也在潜移默化当中影响着教育的改革与发展。大数据

还是一种新思维，对教育的思维发展有着直接影响，促使教育从演绎转变成为归纳，从经验主义思维转变成为靠大数据的客观思维转变，促进了智慧教学与评价的产生和推广普及。

第二，行业发展层面。大数据为教育建设与行业革新进步提供了不竭的动力，能够有效回答以往被认定无解的疑问，解决以往被认为不能有效解答的问题，实现以往人们认为根本不可能实现的事情，能够有效突破教育领域的诸多难题。大数据的推广应用还可以促进新领域的诞生，催生出新的产业与价值，进而打造系统全面的教育产业链，让教育生态体系建设目标顺利实现。

第三，融合创新层面。对教育体系建设而言，大数据属于新的技术手段，利用对学习环境、教育过程、决策等环节出现的大量数据信息展开挖掘与研究，革新传统教育模式，推动教育改革进步。

在教育事业发展建设过程中，有效引入大数据，可以实现教育"四种效应"。第一种效应是整合效应。借助大数据技术，对多元化的教育资源展开关联与整合研究，能够达到一种"1+1>2"的效应，也就是我们所说的整合效应。第二种效应是降噪效应。对目前已经存在的大量教育数据信息进行整合分析，激活拥有价值的数据资料，去除没有价值的信息资料，在大数据技术支撑之下进行教育数据资料的减法处理，能够让获得的各项数据信息可用价值大幅提升，减少教育浮躁问题的发生概率。第三种效应是倍增效应。有了大数据技术作为推动力，能够让原本处在休眠状态之下的数据信息被激活，让原本静止不动的数据资料成为动态数据，促使教育数据出现溢价反应，产生更多的新价值。第四种效应是破除效应。有了大数据作为强有力的支撑，能够让教育行业内部与行业之间长时间存在着的数据孤岛问题得到有效解决，彻底突破数据壁垒障碍，和多元部门数据资料进行互相连通，发展智慧教育，更为整个智慧城市的建设增光添彩。

加强对大数据的运用，能够积极破解教育事业建设当中的"六大难题"，主要体现在：第一，可以破解教育资源差异化问题导致的教育不公平这一长期存在的教育难题；第二，能够破解教育模式化与单一化的难题；第三，能够有效解决教育信息隐形导致的，无法进行教育信息资料量化的难题；第四，能够有效解决教育决策过于粗放造成的角色不合理问题；第五，能够有效解决教育择校感性化以及经验化造成的选择不合理或不恰当的实际问题；第六，能够破解教育就业盲目导致的择业不科学问题。

此外，大数据是一种重要的催化剂，能够加快教育生态体系的建设步伐，最终推动大平台系统的建成，聚集更多的教育数据资源；有助于推动大服务体系的建设完成，实现教育服务的快捷性以及广泛性；有利于把大教育的伟大愿景变成现实，让不同层次人群的终身教育需要得到有效满足。

（一）实现教育"四种效应"

教育信息化建设步伐在不断加快，从产生一直发展到现在，已经有了很多年的时间。可以说，目前我国已经具备了一定教育数据资源的积累，但其中还有很多问题亟待解决，具体有以下四个方面。第一，数据收集方法非常单一，渠道狭窄，大多数数据的来源均为教育管理系统。第二，数据整合程度较低，数据割据问题和零散化分问题十分明显，往往会忽视数据之间的内在关联性。例如，教育视频这一极具价值的教育信息资源并没有在教育事业发展进程当中被有效运用，使得人们难以探寻成本低廉和获取便利的多元教学资源，影响到人们个性化学习需要的满足。第三，数据质量水平以及可利用价值相对较低。在一个数据爆炸的时代，对数据进行处理与运用时存在极大的难度，造成数据质量低的同时，也降低了数据可利用价值。第四，没有建立完善的数据平台。想要对爆炸性的教育数据资料进行分析，挖掘其内在价值，就一定要借助数据平台，提供优质又全面的数据服务，但是很明显目前尚未构建一个良好的数据平台。

教育事业的发展和进步离不开大数据的支持，而大数据在整个教育行业进步当中的应用也不断扩大，在实际应用中会显现出以下四种效应，下面对其逐个进行分析说明。

1. 大数据对教育的整合效应

要发展智慧教育，打造强有力的智慧教育生态系统，不能单一局限在构建信息系统方面，对整个系统当中的内容与数据展开剖析与建设也是非常关键的。大数据时代背景之下，从很大程度上看数据价值高于系统价值。在信息化领域，人们普遍认可和遵照的规律是：3分技术、7分管理与12分数据。如果从核心价值方面对大数据进行分析的话，我们可以用"开放"这两个字进行概括。大数据借助数据研究这种方式找到事物发展客观规律，需要依赖真实以及广泛数据，如果没有能够满足这些要求的数据，是无法探寻到客观规律的。怎样共享与开放数据？怎样对数据做加法？这是目前大数据进步历程当中急需解决的实际问题，更是人们不可避免的软肋。就目前而言，绝大多数的行业与领域数据都不具备开放性的特征，数据资料往往握在不同行业主体手中，这些主体并不愿意将自己手中握有的数据资料免费分享给他人。从教育这个领域来看，不同教育主体在大数据时代运用信息科技时有着各自独具特色的数据资源优势，在早期阶段绝大多数的教育数据都是几大教育主体垄断的。随着时间的推移，尤其是信息科技的迅猛进步，教育课程与平台的开放程度逐步增加，出现了大量品质高且具体化的教育信息与数据。将这些数据进行有效的关联与互动，会生出具备更高价值的数据信息，不断地补充和完善教育数据库，出现"1+1>2"的整合以及规模效应。所以，站在这一层面上看，大数据作用在教育方面，在数量上做了一次加法。

大数据拥有关联分析的特殊优势，正是因为这一优势特性的存在，让数据存在着的行业界限被有效地打破，也将各行各业数据进行有效关联。例如，大数据能够将学校周围交通和学生进出小数据建立关联关系，以便智能化地管理学校周围区域红绿灯。大数据能够将学片区房屋信息和学校教师团队整体水平以及学生的有关数据资料关联起来，进而更加合理科学地分配学片区教师资源，为教育资源的优化配置创造良好的条件，让择校问题顺利解决。教育大数据正是在关联分析的支撑之下，推动教育规模的增加，实现多领域与行业数据之间的全面互动；同时也极大程度上解决了过去依靠单一领域或行业不能够解决综合复杂问题的难题，让数据"孤岛现象"大幅缓解，也让很多表面看来没有价值的数据显现以往没有发现的突出价值。

2. 大数据对教育的降噪效应

根据不完全统计获得的结果，全球领域的数据数量正在以每年50%速度增长，同时数据类别呈现多元化的发展趋势。有时大量数据会由于噪声造成数据质量大幅下降。说到这里，我们首先需要知道一个概念，那就是数据噪声。噪声是被测量变量的随机误差或方差。数据以一个极快的速度增长，并不表明我们的理解与分析能力与数据的增长同步进行，绝大多数的信息都是噪声，且噪声增速远远快于信号。还有大量假设亟待验证，大量数据资料亟待深层次的分析与挖掘。

究竟怎样才能够降低数据噪声，提高数据质量水平以及可用性价值呢？这个问题是目前摆在大数据技术改革发展道路上的重大任务。我国的教育事业正在快速发展，教育信息化水平不断加快，特别是在信息科技广泛深度应用的进程中，教育环境、模式、手段等多个领域都实现了翻天覆地的改革，另外也出现了大量的教育数据。实际上产生的教育数据只有一部分是有好处和可利用的，存在大量的数据噪声，这些数据噪声会直接影响教育决策的制定，也会影响教育趋势的研究准确性。无论是哪个学校，都有着丰富而又庞大的教学资源与教学数据，但真正可在教学当中有效应用的少之又少，可以随教学内容更新而不断更新，满足学生互动参与类的资源更少。这时就要借助大数据技术做减法，也就是说整合已有数据，全面剔除虚假的数据与资源，获得真实数据信息，进而获得真正的结果。

在认识大数据对教育驱动的基础上，对差异化教育主体、系统、环境出现的海量数据展开整合研究，激活有价值的数据，去除虚假数据，发挥大数据的减法作用，最大化地减少数据噪声问题。

3. 大数据对教育的倍增效应

在历经长时间的累积，特别是在教育事业加快改革的背景之下，教育数据积累量大幅提升，但究竟为什么只是在大数据快速发展的近两年才让智慧教育快速发展呢？这是因为大数据能够把过去很多处在休眠状态的数据激活，把原本处在静态状态之下的数据催化成动态数据，促使教育数据倍增效应的产生。一方面，大数据有助于彻底打破传统教育的束缚，有效解决以往教育背景之下遇到的教学改革难、择校难等实际问题。数据驱动决策与流程等的实际模式，会在整个教育事业的发展进步当中更大范围地推广应用。另一方面，大数据为教育事业进步注入了生机活力，同时也带来了创新的曙光，推动了教育产业转型升级，促进了教育教学模式的创新，同时还推动了教育科技的发展，这些都给教育事业的变革带来了极大的便利性。有一部分新兴创新企业把教育数据作为基础，提供具体化以及针对性强的教育解决方案，促进大数据的商品化与产业化，并在整个教育领域引发创业创新浪潮和产业革命。大数据催生了很多教育应用程序，促进了很多在线课程细分企业出现。站在这一层面上进行分析，大数据在教育发展过程当中发挥了倍增效应当中的乘数作用。

20世纪90年代，我国就致力于教育信息化建设。在长时间的发展过程当中虽获得了一定成果，但是所取得的成绩还不够显著。最主要的原因是没有深层次地挖掘运用教育信息化背后隐藏着的数据信息，不能让这些无形资产发挥最大的应用效果，与此同时，也没有增强教育信息化在优化教育决策以及改善教育质量等方面的积极效应。教育部门与学校等教育主体部署了专门的学位、学籍、教务管理等系统，累积了很多教育数据信息，不过这些数据并没有得到充分利用，而是长时间处在休眠状态。实际上，运用大数据，借助对以往数据资料的挖掘分析能够清晰地掌握就业前景良好的专业、辍学率高的地区、教师课业负担大的课程等多个方面的结论，从而优化课程安排，制订针对性强的入学补助策略，提升教育决策的科学性和有效性。

4. 大数据对教育的破除效应

受到标准体系不完善和不具备信息化统筹推进机制等诸多因素的影响，当前我国各地各层教育信息系统在数据规范与接口标准等诸多方面不能良好协同，没有实现积极互通，从而出现了极为明显而又严重的"信息孤岛"问题，数据资料之间存在很明显的界限。要彻底转变和缓解这一问题，就要重视发挥大数据的作用，以大数据为支持对教育行业内部与行业间存在的信息孤岛这一显著问题进行破除，彻底冲破数据之间存在的壁垒，把异构数据资料进行统一，使各个部门的教育数据实现高度互联互通，让智慧教育的发展目标得以达成，也为智慧城市建设做出突出贡献。例如，学校系统可与公安系统互联互通，借助流动人口数据分析的方式，形成对学生数量与特征的有效预测，有效解决教育资源结构错配等方面的问题，做到早预警和早干预，为广大家长提供更加优质的选择。

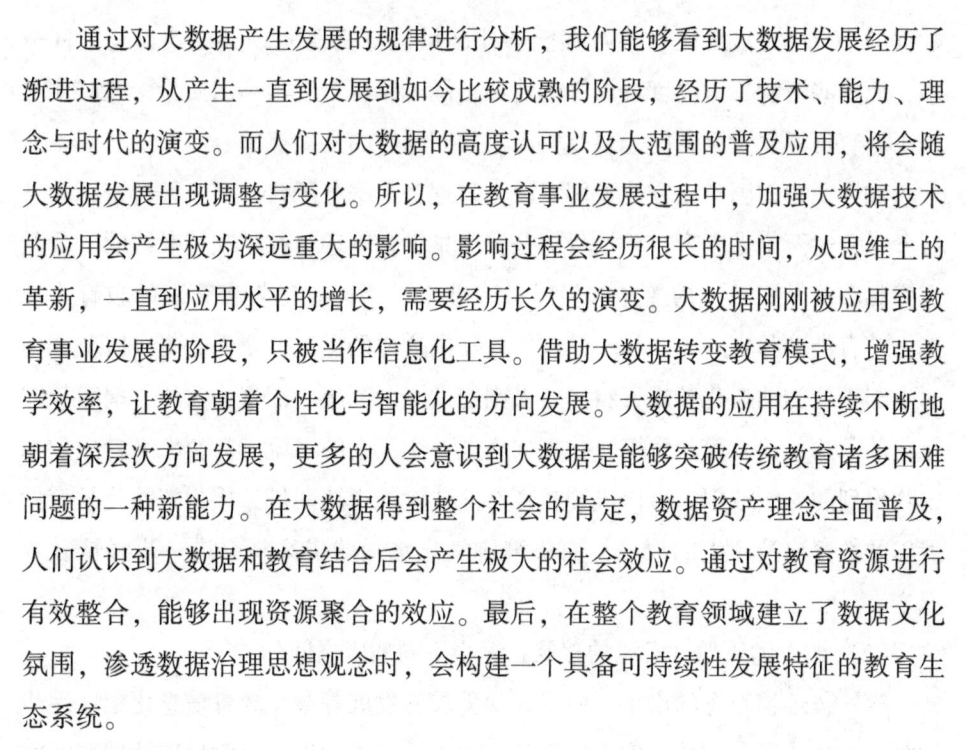

通过对大数据产生发展的规律进行分析，我们能够看到大数据发展经历了渐进过程，从产生一直到发展到如今比较成熟的阶段，经历了技术、能力、理念与时代的演变。而人们对大数据的高度认可以及大范围的普及应用，将会随大数据发展出现调整与变化。所以，在教育事业发展过程中，加强大数据技术的应用会产生极为深远重大的影响。影响过程会经历很长的时间，从思维上的革新，一直到应用水平的增长，需要经历长久的演变。大数据刚刚被应用到教育事业发展的阶段，只被当作信息化工具。借助大数据转变教育模式，增强教学效率，让教育朝着个性化与智能化的方向发展。大数据的应用在持续不断地朝着深层次方向发展，更多的人会意识到大数据是能够突破传统教育诸多困难问题的一种新能力。在大数据得到整个社会的肯定，数据资产理念全面普及，人们认识到大数据和教育结合后会产生极大的社会效应。通过对教育资源进行有效整合，能够出现资源聚合的效应。最后，在整个教育领域建立了数据文化氛围，渗透数据治理思想观念时，会构建一个具备可持续性发展特征的教育生态系统。

(二) 破解教育"六大难题"

将大数据作为动力支持发展教育事业，不单单会彻底转变传统教育思维，还能够借助新技术，推动教育的系统变革，让传统教育当中长时间存在却又没有办法有效解决的问题被彻底破解。

1. 破解教育资源不均衡难题，实现教育普惠化

正是因为大数据对教育事业的支持，促使教育的公平性以及普惠性大幅提升。教育普惠化是教育事业改革进步的一个重要目标。所谓的普，是指平等教育机会；而惠则是较低的教育成本。通过将大数据应用到教育事业发展过程中，会推动区域教育资源朝着共建共享的道路发展，让更多高质量教育资源进行大范围的普及推广，实现教育普惠的发展目标，促进教育公平的实现。

(1) 促进区域教育资源共建共享，降低重复建设和浪费

过去建设数字校园时出现了很多信息孤岛问题和数字鸿沟问题，到了如今这个新时代，云计算给教育信息化发展提供了很多新思路，集中建设的方法会给教育资源收集存储共享运用带来更多的助力，也会更有助于区域性教育大

数据的形成与发展。教育大数据能够让区域教育资源实现共同建设与共同分享，而这些资源具有高度集成性的特征，同时，也有着很高的质量，能够明显减少教育资源建设重复问题以及资源浪费问题等的发生概率。

如今，我们国家正在建设国家教育管理公共服务平台、国家教育资源公共服务平台这两个大平台，建设目标是要聚集教育管理与教学支持系统的大量数据资料和信息资源，构建能够促进教育教学发展，优化教育管理的教育大数据。前者借助师生一人一号、学校一校一码这样的思路，全面收集全国范围内师生与学校的动态化数据资料。后者则借助资源征集、汇聚、共建、捐赠等多元化的方法，让教育教学资源数据聚集成一个庞大的系统。教育大平台建设当中收集到的这些数据，可以成为教育事业建设的指路明灯，成为智能化教育发展以及教育决策产生的根基，而决策科学化水平的提高将会进一步降低教育成本。

(2) 加大优质教育资源的普及，缩小不同地区之间的差距

第一，远程教育的出现、同步课堂手段的发展等会让教育信息化程度逐步加深，也会让教育的普及度大幅提升，逐步缩小不同地区、学校以及城乡之间存在的教育资源不平衡。第二，构建统一化的教育数据资源库，减少教师与学校资源存在的差距。我国把建设教育管理公共服务平台当作今后一阶段教育管理信息化建设的重要事项，积极促进学校、教师以及学生这三个基本数据库的建设，将师生一人一号与学校一校一码推广到全国，为广大师生与每所学校构建全国唯一的电子档案库。这些档案资料建设完成，能够将国家教育数据资源进行高度整合。把这些整合后的数据资料进行综合性分析和研究，能够动态化地监管教师换岗、转岗轨迹，跟踪学生转学，升学等一系列过程，让教师资源分配不均、重点学校分布不合理等问题得到很大程度上的解决，逐步缩小教育成本之间的差距。第三，伴随智能手机、平板电脑等现代化智能设备的产生和大范围的普及推广，再加上在线学习系统大范围的普及应用，免费教育资源开放性的提升，线上学习不管是在成本还是门槛方面都明显下降，使得广大学习者可以充分结合自己的特征与需要选取在线学习课程，突破时空条件的限制，打破年龄上的约束，只要学习者有需求就能够随时随地搜集信息资源和学习内

容，可以极大程度上减少公共资源浪费问题，为教育公平实现提供有效支持❶。

2. 破解教育方式单调化难题，助推教育个性化

有了大数据这一现代科技，让发展个性化教育的目标变成了现实。在后信息时代，信息的个性化程度将会进一步加剧，同时信息细分能力将大幅增强大数据时代的信息，受众会更加地细致与具体，大量数据信息服务均是以个人需求为基础提供的，具有极强的目的性，能够实现更加精准的定位，保证服务效果。未来教育是以智慧教育为根基建立的"人人有学上、人人上好学"的伟大教育蓝图。每个学生都拥有个性化学习模型，学生不但能自主选择学习方法与内容，还能够结合个人兴趣爱好与发展意愿挑选、构建与自身个性相符合的课程，不必考虑课程究竟来自何地。学生可以最大化地借助信息技术突破时空以及打破主体限制的优势，收获高质量个性化的服务，保证教育的整体质量。另外，高等教育改革的基本模式将会逐步构建完成，学生主体性学习需要进一步增强，个性化学习与教育需求将会变得非常强烈。

（1）大数据驱动个性化教学

大数据能够让教师在选取教育内容时合理选择与学生身心发展特征和学习需要相符合的教学内容。教育之根本在于因材施教，但是因材施教在教育发展过程当中并没有真正落到实处。大数据技术的引入与应用，为因材施教目标的实现奠定了坚实基础。大数据能够记录学生学习状况，通过对学生的相关数据信息进行分析挖掘得到学生学习习惯、兴趣爱好、偏好等多个方面的信息，而教师只需借助计算机或移动终端设备就能够清晰和真正意义上了解每位学生。将大数据大范围和深层次地应用到教育事业发展过程中，教师能够跟踪学生的整体学习状况，掌握学生在网络化学习过程中，究竟是在哪些地方遇到难题，在哪些地方花费的时间更多，重复访问的页面，更加偏爱的学习方法，获得最佳学习质量的时间点等。简单来说，大数据能够加深对学习者的了解，提高了解的深度与准确度。无论是教师、学校管理者，还是学生的家长，都能利用大

---

❶ 林榕. 大数据背景下高校教育管理信息化发展与创新研究［M］. 长春：吉林大学出版社，2019：3.

数据，获得大量高价值信息，确保教学决策的科学性与有效性，教师通过对学生整体学习轨迹展开研究分析，在没有正式教学前就能够比较精准地把握教学难点，从而有针对性地完成备课工作，节约时间和减少其他成本的耗费。比如，美国加州马鞍山学院开发出了 SHERPA 这个系统，该系统可结合学生兴趣爱好为他们推荐课程、时段、可供选择的节次。这样的功能能够让专家解决学生的选课问题，增强学生对所学专业课程的了解，让学生可以结合自身实际，确定与个人最为相符的课程。与此同时，还能借助智能分析，为广大教师以及其他课程设计人员，给出大量针对性的反馈信息，使其可以针对性地进行教材内容的调整和创新。

（2）大数据驱动个性化学习

大数据能够让学生更容易找到自己需要和感兴趣的学习内容。奥斯汀佩伊州立大学建立的学位指南课程推荐系统，能够给广大学生提供个性化的课程推荐服务，使得学生能够深层次地把握和他们最契合的专业，以及最能发挥学生聪明才智的课程。给出的选课建议并不是发现学生最喜爱的课程，而是研究哪些课程更有利于学生制订合理的学习计划，怎样的课程安排可以让学生收获最佳的学习效果等。这个系统还给学生顾问以及系主任提供大量的信息支持，使得他们能够选用定向干预以及课程调控等方案提升教育教学质量。这个系统功能的逐步强化与改进，还能够让学生在专业挑选方面获得支持。

Knewton 网上教育企业于纽约成立，其重要的发展目标是为学校、全球学生以及广大的发行商提供预测分析与个性化推荐服务。该企业提供的核心产品是在线学习工具，而这些工具针对的是每位学习者，能够充分满足他们的个性化需要。该企业还加强和出版商的密切合作，通过进行资源整合和协调互动，把不同类型的课程资料展开了数字化建设，同时也在极大程度上拓展了学生覆盖范围。该企业核心技术是适配学习技术，可以借助信息收集、预测推断以及建议的方式给出个性化的意见与建议。在收集数据时会构建学习内容体系当中差异化概念关联，把学习目标、类别和学生互动进行有效集成，之后借助模型计算引擎等进行后续数据的处理分析与应用。在预测推断阶段，会借助心理测试、策略与反馈引擎研究收集到的数据资料，而研究获得的结果会用建议的形式在建议阶段推荐给学习者，满足他们的个性化学习需要。

（3）大数据驱动个性化交互

大数据拥有数据跨界整合、流动与挖掘等突出的优势，能够让原本零散分布的线上线下教学资源整合成一个整体，彻底突破以往落后的教学关系，形成极具个性化的交互，为广大师生以及家长提供更加精准有效的互动平台。这样的精准交互之所以能够实现，是因为有精准定位，学习目标作为基础，再加上有现代信息技术提供个性精准学习资源与考核体系，让学习速度与质量均可度量。一对一精准交互极大程度上保障了师生、家长等多个方面的沟通有效性，同时也让学生的个性化学习需要得到持续不断的满足，实现线上线下的个性化互动与关怀，降低学生的学习压力与负担，节约时间，提升学习水平。

3. 破解教育信息隐形化难题，促进教育可量化

以往教育信息均具备隐形化的特征，不能够有效实现多元化的信息处理，但是大数据技术的应用，则彻底转变了原有的教育信息状态，让这些数据信息能够实现量化处理。正是因为现代计算机技术的快速发展，大量数据库的完善化建设，让个人在客观世界当中的一系列活动被充分记录下来。这样的记录，拥有极高的粒度水平，同时平度也在与日俱增，对社会科学定量分析带来了重要的数据支持。因为可以更为精准地测量与计算，社会科学将会褪去准科学外衣，21 世纪迈入科学殿堂。比如，新闻跟帖、下载记录、社交平台信息记录等都给政治行为分析工作提供了海量数据资料，政治学将会逐步转变成为地道科学。教育是社会科学不可或缺的组成要素，也会以数据科学发展为契机，朝着可量化的方向发展。

之所以能促进智慧教育的产生和进步，是因为有信息化基础设施以及信息化技术作为重要的依托，还因为大量的信息化新技术正在大范围地推广应用。这些丰富多样的核心技术让教育事业建设拥有了大量教育数据，推动教育智能化的深层次发展，而不是停留在表面。将信息技术作为有效评介，学生学习兴趣与学习难点等过去只能依靠教师经验才可确定的，现如今借助学习软件就能够轻松获取。这样的可量化在教育当中主要体现为教学过程、校园管理、教学评估的可量化。就拿教育质量评估来说，大数据技术的有效融入和广泛应用让

单独开展过程性评价测量与评估从不可能变成了可能。在具体的教学环节，学生出勤率、习题准确率、师生互动频率等数据都能够通过收集、归类、整理、研究等方法构建过程性教育质量评价方法，而这些信息对于学校办学以及学校教育科研的进步将会是极大的助力。

以大数据技术为依托的可量化衍生而来的个性化教育是智慧教育非常明显的一个特点，通过捕捉学生学习轨迹、活动轨迹、资源使用轨迹等多个方面的信息，可以有效预测，获取学生兴趣点，分析学生的学习需求，进而为他们提供更具针对性的学习资源和学习服务，让学生的学习需要得到满足，也让他们顺利地实现学习目标，在智慧学习当中走得更远。

4. 破解教育决策粗放化难题，提升决策科学化

怎样将教育数据作为有效基础，积极制定教育政策是目前教育领域长时间都在积极探究的课题。在传统教育的发展进程当中，制定教育决策主要依靠经验，或者是主观上的判断。就目前而言，大量教育决策的提出，过度依赖经验直觉，更是一味地追求流行，通常没有丰富数据作为强有力的支撑。不管是之前的英语四六级改革，还是最近的高考改革方案，教育决策可操作性与科学性成了教育研究者以及社会公众对教育诟病的一个问题。伴随教育信息化水平的提升，以及相关投入的加大，充分发挥教育信息化优势，使企业更好地推动教育教学改革，促进学生综合素质发展，优化教育管理，推动教师专业化进步，强化学校与社会沟通交流，已经不仅仅停留在政策理念层面，更应在具体实践中进行贯彻落实，有效发挥数据作用，制定合理化的教育决策。在大数据背景之下，数据驱动决策成了提升教育决策绩效的新思路，也就是说，大数据将会应用于教育决策制定的全过程。这样的数据驱动决策方法是适应信息技术改革发展提出的，具备极强的可行性与可操作性，与此同时，还有大数据时代进步的必然性。

从可行性的角度上进行分析，如今大数据技术在不断成熟，但数据分析的便捷度大幅提高，分析成本显著降低，和以往相比更易加速对有关业务的理解深度。过去教育机构只是简单借助教育视频资源下载量、点击率等用户行为数据信息做好教育分析工作，并以此为根据调整视频资源的设置，对教师资源配

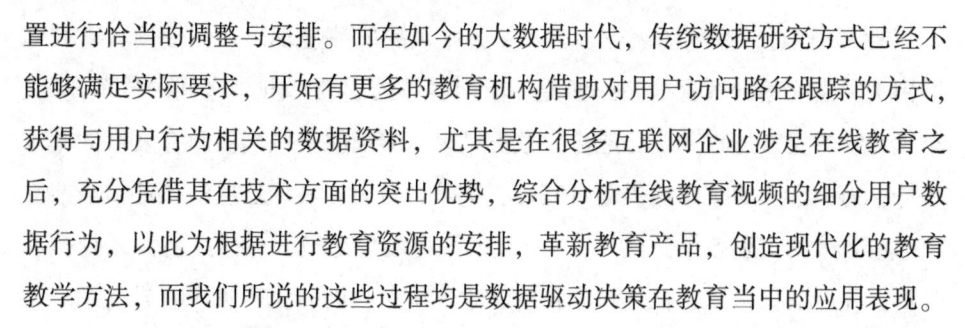

置进行恰当的调整与安排。而在如今的大数据时代，传统数据研究方式已经不能够满足实际要求，开始有更多的教育机构借助对用户访问路径跟踪的方式，获得与用户行为相关的数据资料，尤其是在很多互联网企业涉足在线教育之后，充分凭借其在技术方面的突出优势，综合分析在线教育视频的细分用户数据行为，以此为根据进行教育资源的安排，革新教育产品，创造现代化的教育教学方法，而我们所说的这些过程均是数据驱动决策在教育当中的应用表现。

从必然性角度上进行分析，利用大数据促进教育决策科学化发展已然被国内外认可。就美国而言，自从正式颁布了《不让一个孩子落伍法》这样的法案之后，就教育决策者而言，借助教育数据合理制定决策已然不再是选项，变成了一种必需。美国教育部整合了国内大数据教育领域的诸多案例，同时还对教育信息化建设的诸多挑战进行了细致研究，明确提出数据驱动学校发展，将大数据应用到教育改革当中的时代已经到来，而且利用大数据优化教育教学角色，是未来教育发展的必然趋势。

事实上，从20世纪60年代开始，美国就已经认识到数据在教育决策当中占据的举足轻重地位。早在1968年，美国的联邦教育部就专门成立了全美教育数据统计中心。在历经了34年的摸索和试错后，这个中心已经建立了系统全面的教育数据处理方法论。数据在美国联邦教育决策中发挥了极为重要的作用。其中最为典型的一个例子就是全国教育进展测评产生于1969年，是由美国国会授权的唯一一个全国性中小学学生学业成绩测评体系，其目的是监测美国中小学生学业成就现状和发展趋势，提高美国基础教育质量。40多年来，NAEP已对美国中小学的阅读、数学、写作、科学、历史、地理、公民教育等学科进行了全面测评，其测评结果已成为美国联邦政府和各州衡量教育发展、分配教育资源、改革教育实践的重要依据。

NAEP产生近半个世纪以来形成了自己独有的运作模式。NAEP由两部分组成：①通过具体的评估框架对学生某具体科目的学业水平进行测试，测试形式通常为多项选择题和书面自由回答题；②背景信息，即通过对学生、教师、学校管理人员进行问卷调查或从其他来源获取有关人口统计学特征和教育过程的描述性信息。

NAEP通过一系列图表把各科目、各年级的成绩呈现出来，使读者直观地看到美国当前基础教育的整体状况、不同群体的成绩和群体之间的成绩差距、学生成绩的发展过程和变化趋势。数据结果直接反映美国当前教育发展的基本趋势，为国家宏观决策提供信息基础，决策者也可以利用这些结果评估当前教育改革政策的实施效果。此外，NAEP的测评结果还被大量研究者深入挖掘和分析，开展诸如家庭、社区和学校对学生成绩影响的研究，资源差异、系统化的改革措施、不同的学习机会和教育政策对学生学业成绩影响的研究，研究成果对美国联邦教育决策产生了间接、广泛的影响。

5. 破解教育择校感性化难题，推进选择理性化

现如今受教学资源分配不平衡影响，我国择校问题已成为制约基础教育进步的巨大难题，而且长时间以来都无法有效解决。不良的择校现状，甚至已经变相地衍生出了产业链，这条产业链涉及学校周围地区房价与择校关系网。天价的学区房、天价的择校费用等都是择校难问题带来的一系列影响，也是教育资源分配不均导致的结果。如果从本质原因上进行分析，学区房问题就是教育资源分配不合理造成的。优质教育资源数量少，而且在分配方面不够科学和均衡，凸显了名校效应，也促进了学区房价格的快速升高。大数据技术给资源分配不平衡的问题，提供了新的解决路径以及有效的方法。

除了择校难问题非常显著且长时间存在外，教学资源信息不对称带来的择校难问题也成了家长和学生的巨大困扰。择校难一个非常显著的特征体现在高考志愿填报上。学生和家长对高校专业排名师资情况、学校就业率、学费、奖学金、学生资助等多个方面的信息都不够了解，所以常常会发生学生所选专业并非是他们喜爱的专业、热门专业在就业方面不够理想等问题。实际上，择校难问题在世界范围内都是存在的，是很多国家的共性问题。近些年来，在教育数据开放性程度逐步增强的背景下，美英等国家抓住机遇，有效借助大数据进行高校教育与基础教育资源的整合研究，还注意搭建统一化的教育资源平台，通过对大数据技术的应用，解决择校困难等一系列的问题。想要解决这一问题，最为关键的方法就是加强对大数据的应用，运用大数据技术整合、研究海量的学校信息，用可视化手段为广大公众所了解，让家长以及学生可以接触到

大量的教学资源信息，以此为根据选择最恰当的学校，彻底改变择校困难的问题。

我国的百度公司充分借助大数据技术，对每年高考后学生搜索的关键词、学校与专业排名等原始数据和实时更新数据，展开深层次的搜集与挖掘研究，从报考难度与热度两个方面推出全国多所高校的报考图谱。与此同时，从专业难度与热度两个方面，针对不同高校不同专业推出专业报考的图谱，让学生以及家长可以在择校时拥有良好的智力支撑。除此以外，百度在智能终端上设置有手机百度这样的应用，通过对大数据进行合理的挖掘应用，推出了很多学校和专业排行榜资料，使大数据的实用性价值进一步凸显，也让科技成了考生决策不可或缺的智囊团。

6. 破解教育就业盲目化难题，指导择业合理化

假如我们把择校当作是教育起步阶段的话，就业就是验证教育成果的终端。

目前，高校学生就业难的问题已经变得非常严峻，而这一问题的出现与教育资源不对称、人才供需矛盾存在等有着非常密切的关系。美国在应用大数据进行就业与择业指导方面的经验是相对比较丰富的。美国劳工部通过对多年就业统计数据资料进行总结研究，设计出了一站式的就业服务系统，这个系统可为美国公众提供发现职业、薪资收入、教育培训、就业信息查找等功能的网站，让人们的盲目就业问题得到了有效解决，也促进了公众择业的科学化。

就拿薪资收入这一功能为例，比方说，你是一个初入社会的大学生，可先结合专业查找自身可能从事的行业之后，对比所选行业薪资水平，进而从中找到薪资处在较高水平的行业。与此同时，你可能还要对在不同城市工作生活的成本进行对比分析，最终才可以决定要去哪个城市工作定居。此时你也一定需要认真考虑到最坏情况，假如你去到选择的城市但却面临失业的困境，此时你也应考虑这个地区失业保险能否维持你的基本生活。假如你选好了未来要从事的工作，也确定了未来要工作生活以及定居的城市，而且找到了理想的工作，那时你可能会考虑给自己充电，为今后的职业生涯增加砝码。此时你可能想要了解该地教育培训机构和培训水平的有关信息，这些信息都能够在美国的一站

式就业服务网站上查询到相应的信息。

该网站从本质上看是以人为数据源点，将薪资水平、失业保险、就业培训等多方面数据展开全面整合，并做好关联研究。这仅仅是大数据应用于生活的初步体现，在未来，随着人们对大数据研究和应用的深入，数据开放性水平的提升，大数据的应用空间将会进一步增大。

（三）加速智慧教育生态体系的构建

1. 智慧教育生态体系的构成要素

在前面的论述当中，我们从很多方面对大数据给教育带来的一系列作用和影响进行了阐述，大数据在教育领域当中的突出作用除了体现在以上方面之外，更为关键的是能够促进智慧教育生态体系的构建。智慧教育生态体系是以人的教育活动为中心，基于大数据平台等的应用，结合智慧教育发展模式，构建双向价值转移，能够促进教育自循环与可持续性进步的多元互动环境系统。该系统包含五个核心要素，分别是多元教育主体、核心教育活动、优良教育环境、健全教育机制与成熟教育产业。这五个核心要素存在密切的关联，彼此互相作用而又相辅相成。整个的智慧教育实践活动都将教育主体作为核心，围绕其开展成熟智慧教育产业，给教育活动的推进实施提供服务和产品方面的支持，优质智慧教育环境以及健全的智慧教育机制能够给教育活动提供制度方面的强有力保障，推动智慧生态体系的建设与运行，最终确保教育资源全面深度整合与共享，促进教育资源多层次与全方位的覆盖，让全民都能享受到优质的教育资源支持。

具体来说，多元教育主体指以管理者、教师、学习者、家长和公众为核心的主体对象；核心教育活动指智慧教学、智慧学习、智慧管理、智慧科研、智慧评价和智慧服务；良好教育环境指教育政策环境、市场环境和社会氛围；完善教育机制指管理机制、运营机制、反馈机制等；成熟教育产业基础指以丰富多元的教育产品与服务体系为基础的较为完整的教育产业链。

2. 智慧教育生态体系的运行机制

在一个完整的智慧教育生态体系当中，大数据扮演着怎样的角色？发挥着怎样独具特色的价值？如何促进智慧教育生态体系建成呢？在我们看来，伴随大数据技术与教育领域的深度整合和大范围的普及推广，大数据会积极促进大平台系统的建设完成，汇聚多种多样的教育数据建立教育大数据平台；建设大服务体系，提供广泛的教育服务；实现大教育的伟大愿景，让不同人群的终身教育需求得到充分满足。大平台系统负责给整个智慧教育生态体系进步提供基础，借助这个平台，能够整合多元化的教育资源，给优质资源共享与广泛应用提供强有力的支持；大服务体系是智慧教育生态体系发展实施路径所在，借助多元化教育产品与服务宽广的教育渠道，提供广泛而又便捷的教育服务；大教育的伟大愿景是生态体系发展根本目标所在，目的在于让人们的终身学习需要得到满足。

大平台系统负责发挥大数据对教育的整合效应，把整个社会不同种类的教育数据资源整合汇聚成一体，让不同主题掌握的教育数据互联互通，借助教育大数据治理，建设智慧教育服务平台，推动教育大数据的有效共享，借助数据开放、共享、交换等多元化的运营机制治理教育大数据。企业以及教育机构可把这些数据资料作为重要根据，为师生以及学生家长提供多元化的教育产品与服务。另外，教育管理部门可把这些资源作为制定教育决策的根据，以便形成对智慧教育产业的全面监管，为大服务体系建立创造良好条件。

大服务体系将大平台系统作为重要根基，把服务五大主体当作核心，紧紧围绕智慧教学、学习、管理、科研、评价、服务这六个核心教育活动，提供全面化的教育产品服务，拓展便捷的服务获取路径，供给多元化的服务内容。这些教育产品和服务主要表现为：面向管理人员的教育管理系统，如学籍、教务等管理系统；面向教师群体的教育资源库以及教学、备课、教研等应用系统；面向学生群体的学习资源与多元化学习方式；面向家长的家校互联系统等。这些应用系统会产生大量的数据资源，而这些资源会给大平台供给大量持续更新的教育大数据资料。从很大程度上看，数据到服务，再到数据的转换模式，能让教育大平台系统和教育大服务体系构建和谐互动的关联，最终实现可持续发展。

大数据愿景是以大平台系统与大服务体系为基础构建的多层次以及全生命周期的智慧教育发展模式，把一切教育资源整合起来，让所有社会成员均能够享受到受教育的机会，构建终身教育体系。

另外，构建智慧教育生态体系还与很多因素有关，需要多个方面的知识，如教育环境、教育体制机制、教育产业布局等。就环境基础而言，在政策环境方面，国内外政府与有关管理者在长时间的教育管理实践当中已经在思想认识上进行了转变，也意识到信息技术等对整个教育领域施加的影响以及渗透深度都在逐步增加，特别是政府部门越来越接受云计算和大数据等，政府制定激励性政策扶持信息技术在教育领域当中的推广应用，所以政策环境从整体上看是非常乐观的。就市场环境而言，从整个世界领域上看，在线教育、网络教育等和智慧教育紧密相关的前景被大家看好，教育行业信息化建设方面的投入程度逐步增加，在线教育市场逐步增大。与此同时，针对差异化服务主体教育市场细分水平逐步提升。就社会环境而言，公众可以有效借助互联网以及智能手机等工具实施碎片化学习，让终身学习和灵活学习成了可能，以社交网络为基础的群体学习活动俨然成了时尚。就智慧教育运行机制而言，数据资源的协同推进机制在建设和发展的过程当中获得了很多新进展，在线教育企业和传统教育企业开始加大合作和沟通力度，使线上线下教育资源持续不断地进行整合；以数据资源管理为核心的教育大数据运营机制正朝着创新改革的方向进步，在未来极有可能形成多元模式、共同发展的新格局；智慧教育，决策与反馈机制等多个方面获得了很多突破性进展，把大数据技术应用到教育决策中，也越来越多地得到了教育管理部门的肯定。就智慧教育产业根基而言，虽然一直到现在，智慧教育都没有构成完整化智慧教育的产业链，但是从教育信息化与互联网教育产业进步的角度上进行分析，智慧教育的产业链已经具备了雏形。整体的产业发展现况，还有着很多问题亟待解决，如缺乏顶层设计，行业规范不健全等。

3. 大数据在智慧教育生态体系构建中的作用

（1）大数据加速"大平台"系统的形成

大数据技术在教育领域的普及应用提升了教育数据的开放性水平。提升教育数据资源开放度，能够全面汇聚多元教育主体手中握有的教育资源，利用沟通、共享等方式优化教育改革发展的环境，让整个教育事业向着大平台的方向进步。这里所提及的开放，一方面是以政府、学校、科研机构等为主体的狭义层面的教育数据资源开放,其开放程度的增加能够让教育政策环境得到明显改善,为大数据的深度应用提供政策支持;另一方面则是广义层面上的开放,涵盖企业、政府、教育机构乃至社会公众等多方面的主体,是一种全社会领域的教育数据资源共享。利用这样的开放,能够有效优化教育发展的市场以及社会环境。

大数据技术在教育领域的普及和深度应用能够促进教育信息共享,缩小地区教育差距。有了大数据这一观念的支撑,全部教育信息在整合应用的过程当中,能够建立教育资源的信息化平台,利用互联网将多个资源展开数据整合与合理化配置,可以让优质资源有效流动,构成一个良性循环,让资源渠道得到拓展,让学习资源发挥的作用持续增加,让人能够接受教育信息资源的不断扩大,进而建立更高层次且能够实现互通有无的教育资源信息平台。有了这个平台,作为有效支撑,广大学习者能够有效借助文字、视频、动画等多元化的呈现形式学习知识和发展技能,广大教师可借助多元化的教育技术工具与设备优化教育管理,让课堂教学更具人性化,充分满足学习者的个性化需要。

第一,开放特性。一方面,以"智慧"为名义的教育平台对用户是完全开放的(用户可以根据需求自行上传、下载平台上的内容)。另一方面,以"智慧"为名义的教育平台对政府、学校、学生家长和其他第三方机构完全开放,运用这种全方位开放模式激发广大参与者自愿自发地获得优质教育资源,主动参与到教育体系建设中,成为教育互动的一分子。

第二,整合特性。这样的整合特性具体体现在大数据对教育的整合以及破除效应方面。一方面,大数据能够让线上线下的教育数据资源实现整合,进而构建O2O教育产品闭环。这一教育闭环系统的建立,能够极大程度促进线上线下资源的共享,维护教育的公平以及教育资源的均衡分配;有利于让线上和线下的教育资源实现优势互补与互通有无,使得学生的学习效率和质量大幅提升;有利于线上线下教育成果的转化,全面升华学习价值。O2O教育闭环系统把线上与线下资源的优势进行了全方位的整合,将教育领域当中的数据实施充分深度整合,突破教育数据区域壁垒,发挥破除效应。尤其是学校教育当中,数据变成教学方案改进最为明显而又有效的一项指标。一般情况下,这类数据主要指的是考试成绩和入学率、出勤率、辍学率、升学率等。就课堂教学而言，数据应该可以说明教育成效，如识字准确率、习题正确率、举手答题次数、师生互动频率等。

（2）大数据加速"大服务"体系的构建

在有了大数据作为教育事业发展的强有力支撑之后，能够让大数据成为推动国家教育体制改革的强大助力，而教育体制改革涉及教育制度、教学资源分配、课程设置、人才培养等多方面的改革。例如，国家部分开放共享和入学、毕业等相关的基础教育数据，借助大数据技术，挖掘历史数据信息，以此为根据优化教育决策、教育政策影响，促进教育体制改革质量的提升。

大数据在教育当中的应用能够起到改善教育决策的作用，提升教育决策的准确度。在如今的教育事业发展过程中，大数据的概念已经逐步实质性应用在了教育政策探究和实践环节。例如，澳大利亚政府推出"我的大学"项目，借助大规模实时在线数据的整合研究，把和学生与家长评价有关的本科到研究生课程、大学排名和政府政策建立直接关联。此外，经合组织和成员国在教育数据库方面的工作在不断增加，展示教育政策可能会受益于经科学研究处理的大数据证据。这样的教育观念已然彻底突破了传统过于粗糙的统计数据，倡导更为精细化地捕捉不同层面的动态变化数据和由数据分析获取的复杂因素以及相关关联。将大数据应用到对政策进行科学化设置当中拥有极大优势，具体体现在两个方面。第一，大数据时代伴随软硬件升级，具备了分析更多数据的可能性条件与手段，不再依赖随机抽样的方式。第二，大数据时代，人们已经不再过度追求精准度，在大数据的支撑下，我们常常不必再针对某个现象探根究底，只需把握大致发展方向即可。特别是在决策方面，宏观意义是大于微观意义的，通过适当忽视微观精确度的方式，能够让宏观方针的洞察力得到提升。

大数据会在极大程度上促进学校人才培育模式的创新。借助学习、考评等系统生成的海量教育数据资料，分析这些数据信息，改革教育环境与模式等多个方面，对学生学习行为轨迹数据精准描绘，如记录鼠标点击率，能够探究学习者活动轨迹，发现他们在面对不同知识点时的差异化反应以及所用的时间，哪些知识内容需重复或特别强调，怎样的陈述方法和工具更为科学有效。记录个体行为的教育数据资料看似是杂乱而没有任何章法的，但是当这些数据累积到了一定程度，群体行为即会在数据方面显现出秩序与规律。在分析这些秩序和规律之后，在今后在线学习当中，就可以有效弥补没有教师面对面指导的缺陷。

大数据与教育领域的融合会促进教学过程的一系列变革。在具体的教学过程当中，加强对大数据的应用与分析，可以更好地对学生的学习习惯、效果、教学改进等展开针对性聚类研究。比方说，在个性化英语教育领域，如果是在原有的传统教育模式之下，教师要耗费很多时间用于透彻研究每个学生的学情，并有针对性地制订相对应的教育解决方案，所以会耗费大量的时间用于备课，增加了教学成本。而在如今的大数据背景之下，教师的所有操作十分简单易行。在一款基于大数据技术运用的少儿英语学习 My English Lab 在线学习辅导系统当中，通过对大数据技术进行灵活应用能够全过程和全方位地跟踪学生个体与全班整体的学习进度、学生的学情动态变化以及学习获得的成果，方便教师及时发现其中存在的问题，便于因材施教、对症下药，实现对学生学习全过程动态化的监督与管理。大数据分析系统将学生作为核心，组织线上学习内容与过程，把师生、家长、机构等用户群整合在一个完整的学习管理系统当中，构建了个性化课堂、个性化的家庭辅导支持以及良好的自学环境。

大数据通过激励社会公众主动参与推动社会创新。广大社会团体以及高校联盟等组织，可以借助公共教育资源共享平台对在线学习与全民教育的学习轨迹，展开深层次的研究，激励社会创新，有效发现和培育优秀的创新型人才，促进教育数据增值。企业等大量的网络公众媒体负责供给大量开放性的课程资源，扩大流量，实施有效的商业精准营销。

大数据会加快全民终身教育体系的构建步伐。在如今这个大数据时代环境之下，大数据接口和学生数据的软件应用得到了大家的关注，服务于终身学习与个性化学习的教育信息系统会进一步地被开发与推广。翻转课堂、社交网络等的研究会让教育朝着实证科学的方向演变。信息为人的发展提供服务，信息无处不在，终身教育会变成社区教育基石，让全民拥有一个开放免费的学习平台。

(3) 大数据加速"大教育"愿景的形成

智慧教育大教育愿景，有以下几个方面的表现：从教育范畴上看，应该涵盖学前教育、小学、中学、职业、高校教育、特殊教育、全民教育等多个方面。就教育时间而言，需涵盖全日制教育、业余教育与终身教育三个方面；就教育机构而言，大教育将会有效突破单一化的教育机构模式，让学校、社会与家庭教育形成一个统一整体，使得教育可在全部部门开展；就教育方式而言，大数据会运用所有科学有效的教育路径与教学方法，涵盖教学、自学、正规和非正规教育、集中教育培训等多个路径与方法；就教育目的而言，大教育观提倡的是学习和教育不单单是谋生的工具，也不是功利化的手段，其目的在于完善人性，推动个人人格健全，促进个体个性化和全面化发展；就教育体系而言，大教育注重建立家庭、学校、社会"三位一体"的教育网络，教育是学校的主要任务，但同时又是相关家庭和全社会的共同义务。

把大数据技术应用到教育领域能够让大教育观当中很多原本无法实现的设想轻松实现，也让我们设想与追求的大教育拥有可实现性。例如，上海市特别考虑到全民学习和终身教育的实际需要，积极搭建教育大数据平台，有效拓展和累积数字教育资源，搜集教育服务平台学习者的行为与爱好等数据，为广大学生提供个性化以及优质的终身在线学习平台和服务，让各项教育资源得到充分的共享和最大化利用，落实因材施教，提升教育教学水平，也为教育政策的制定与实施提供支持。构建以大数据为基础的教育资源服务机制，让所有学习者拥有个性化选择的机会，也让他们享受到终身学习的优质在线服务。

通过对上面的一系列内容进行具体深入的研究，我们获得的一个结论是：伴随大数据与教育整合应用程度的加深，大数据的强大影响力及不可忽略的效果将会逐步凸显出来。大数据服务性、智慧性以及开放性的特性将会促进大平台系统、大服务体系以及大教育愿景的形成和发展，最终构建具备可持续性发展实力的智慧教育生态体系。在这样一个生态化的体系当中，能够灵活运用开放、免费、共享等多元化的方法，让多元主体的教育资源应用率大幅提升，从而优化教育的政策、市场与社会环境。

优质环境会为智慧教育的形成发展奠定强有力的根基。与此同时，通过健全教育产品与服务，建设教育产业链，把大数据更加深层次地推入到教育领域，运用大数据促进国家优化教育决策，促进区域教育均衡持续发展，推动教学过程智能化和教育管理精细化，让教育生态系统最大化地发挥功能价值，让全民享受到更为优质的终身学习服务，从根本上推动教育事业的长效发展。

第二节 大数据时代高校教育的变革与均衡发展

在大数据背景下，大量教育数据的生成让区域教育均衡发展道路拥有了创造性的思路与启发，也为灵活科学地应用大数据技术推动区域教育发展拓宽了渠道。在如今这个大数据时代，为了促进区域教育又好又快以及均衡性发展，一定要将数据作为重要根据，掌握区域教育的动态发展情况，充分发挥大数据技术的价值，从教育环境、资源、机会与质量均衡这几个方面着手，多角度和多领域地助推区域教育均衡进步。

一、大数据时代下教育的变革

（一）大数据时代教师的教学

大数据背景之下，有效适应大数据时代的教育要求，给广大教师提出了更高的要求以及标准。首先，就教学设计而言，教师要注重合理设计与实际相等的有关本专业的大数据实验及实践环节。其次，教师要加强对网络资源的利用效率，积极选用任务驱动教学法以及其他多种多样的教学方案，利用新型教育科技与模式培养学生的学习兴趣，借助团队协作的方式，培养学生的合作精神，鼓励学生实现学习资源的共享与开放，更加高效地完成学习任务。具体模式可以按照下面的步骤实施：其一，将实际例子作为切入点，有效引入学科教学主题，营造相应的教学情景，引入课题，结合学生实际生活或者是从学生生活当中选取问题让学生思考，激发学生的求知欲与好奇心。其二，教师在新课教学环节有效选用多元化的多媒体数据资源，为学生营造一个活跃轻松而又自由和谐的课堂气氛。教师借助呈现多元化数据资源的方式，让学生生动直观地掌握专业学习内容，充分体会到所学内容的实用性价值，为学生主动进行理论与实践融合奠定坚实基础。其三，鼓励学生试着进行知识要点的总结，并在此基础之上拓展延伸，让学生可以学以致用。广大学生在教师耐心和个性化的指导之下，自主进行所学知识的归纳总结，之后，由教师进行修正与补充，巩固学生所学知识，丰富学生理论积累，促使学生在实践操作当中应用理论和验证理论。

大数据时代背景下的教师不能只是知识教授者，还应成为促进者、合作者，在教育教学当中与学生成为同伴，激励学生大胆思考与探究，锻炼学生实践操作、动脑与动手整合的能力。

1. 谨慎选择教学资源是关键

就目前而言，网络教学资源正在成倍增长，这些丰富多彩的信息资料能够成为学生拓展学习内容的强大助力，与此同时，还存在大量的精品课程以及名师名课，这让广大教师和学生目不暇接。所以，为了更好地适应大数据时代，选择以及运用在线学习资源，成为必不可少的一个环节。当前，大量高校通过准确定位学校的办学特色，构建了规模多样的教学资源，同时借助数据库在线学习网络与视频，打造突破时空限制的学习模式，充分体现了学习的本质。

2. 改变枯燥的学习模式

在大数据的时代背景之下，课堂讨论活动能够从校园延伸到无处不在的网络，如人人网、微博、邮件和其他社交网络媒体，为学习各方提供更多的选择，打破学习交流的限制。开放性和自主性的学习，能够彻底打破时空束缚，彻底突破传统的枯燥和被动性的学习模式。

3. 预测、了解、评估教学行为变得简单

美国教育部在 2012 年 10 月发布了《通过教育数据挖掘和学习分析促进教与学》报告，该报告当中特别指出大数据在教育当中的运用有两个重要方向，分别是教育数据挖掘与学习分析。所谓教育数据挖掘，实际上就是综合运用多元化的数据挖掘技术手段，分析教育大数据，利用数据建模的方式找到学习结果与内容、资源、教学行为等不同变量之间存在的相关关系，进而预测学习趋势。所谓学习分析，主要指的是有效借助多元学科理论手段，利用广义教育大数据处理分析方法，借助已有模型与手段回答影响学习的诸多重要因素，评价学习行为，并给广大学生提供个性化的反馈。

大量的教育研究表明，大数据给学习活动带来了诸多改变，主要体现在三个方面：其一，我们可以收集在过去不现实，甚至不可能聚集的反馈数据。其二，我们能够有效迎合与满足学生个性化的学习需要，而不是为类似学生提供个性化学习方案。其三，我们能够借助概率预测的方式对学习者的学习内容、时间、方式等进行合理化的调整与改善。

简言之，挖掘与研究教育大数据能够探究诸多教学变量和学习效果之间存在的相关关系，在解密教学黑箱、革新与优化教学过程、提升教育质量等方面发挥着不可替代的作用。

(二) 大数据时代学生的学习

1. 基于大数据的个性化自适应学习过程

美国《通过教育数据挖掘和学习分析促进教与学》报告提出了学习者自适应学习结构和数据的流程，可以完成对显性与隐性数据的分析，有效建立凸显学习者特征的模型，为学习者提供适应性强的学习路径与对象的内容，与此同时，使得教师可结合学习行为与需求给予个性化的教育干预。

所以，以大数据为根基的个性化自适应学习系统要借助协同过滤技术，为广大学习者推送和他们兴趣爱好相近的学习信息资源。这样的过程能够让学习者进行自我学习的调控，提升其自主性，能够让教师给出个性化的引导与支持，与此同时还能够让系统发挥辅助作用，让学习者获得更多的辅助信息资源。

在分析了以大数据为根基的个性化自适应学习过程结构后，我们能够清楚地看到不仅仅要结合学生的个性化特点，还要考虑在大量数据当中挖掘具备极高价值的学习信息的方法要素。

第一，数据与环境。数据环境主要指的是传统学习管理系统、社会媒体、开放性学习环境、自适应学习系统等。通过师生、生生以及学生和资源的交互产生大量的数据，绝大部分的数据来源都是自适应学习系统中的活动数据交互生成数据。其中需要特别考虑把数据环境中生成的碎片化、零散化、异构性数据实施全面整合，让学习者可以顺利地完成知识体系的建构。

第二，受益者。受益者包含学生、教师、智能导师、教育机构、研究者和系统设计师等。对广大学生来说，特别关注的是自组织学习，另外还要有能力对用户信息进行有效保护，避免出现数据信息滥用问题；对于教师来说，一定要把学习者当作核心，结合学习信息进行教学方案的调整，做到有针对性地干预；对智能导师来说，要综合分析学习者的特点，特别是考虑到他们的学习兴趣、认知层次以及风格等方面的表现，为广大学习者提供个性化的学习资源与途径；对于教育机构来说，一定要细致研究存在潜在危险的学习者群体，在发现危险和危险隐患之后要给出预警和警告，之后还要进行相应的干预与指导，提升学生的成绩水平，丰富学习成果，优化学生日常出勤，促进学生升学率的提升等。

第三，方法。为更为有效地记录、追踪以及把握学生差异化学习特征、需要、基础与行为，针对差异化学生提供个性化学习情境，选用的大数据学习分析策略主要有个性化推荐、数据统计、数据挖掘等。关键是要综合运用多元化的技术手段，构建为学生成绩水平提供支持的个性化自适应学习分析系统，保证系统稳定持续地运行，同时具备极强的可操作性以及可扩展性特征。

第四，目标。大数据学习要达成的目标涵盖监控/分析、预测/干预、智能授导/自适应、评价/反馈、个性化推荐和反思等多个方面，在此基础之上，给出针对性的测量指标，目的在于促使学习者有效地控制与适应学习，拓展他们的学习路径、工具、资源、伙伴等。

2. 大数据带领我们走近并最终走进智慧学习

智慧学习能够让教育大数据得到有效的应用。在推动智慧教育的建设和发展的过程中可以有效借助大数据思想，并进行大数据思维的渗透。其一，定量思想：遵照可测量准则，推动学习行为、兴趣爱好、内容等多个方面的数据化。其二，关联思想。探究不同数据间存在的内在关联，探究差异化学习者认知景象的信息，奠定活动安排与内容设计的基础。其三，实验思想。借助大数据分析能够增强学习者运用大数据工具的热情，让他们能够更加自主自动地进行学习与合作，从中把控自身的学习行为，调控学习方案，让学习更富智慧。

3. 大数据时代的学习如何被评价

大量专家通过研究分析发现，大数据时代思维方法让教育评价的改革拥有了新思路和新的解决路径。其一，构建发展性教育评价观。侧重于推动教育评价对象主体化发展，将学生的实际需求作为根本出发点与落脚点，关注学生的学习过程以及这一过程当中产生的实践体验，与此同时，还需强调师生之间的密切交流。其二，延伸教育评价范围。把教育评价的对象进行扩展，评价的不单单只是学生，还有课程、教师、学校等多个方面。其三，反思片面追求学习成果，也就是考试成绩的行为。考试分数不能够和物理测量单位直观相等，在教育评价环节不能只依靠简单数字进行解读。

网络已融入了人们的日常生活与学习，让发展性评价体系的构建拥有了技术手段以及方法方面的知识。我们可预见到，大数据将会彻底变革教育评价核心，延伸评价范围，强化教育评价技术支撑，从而促使教育评价朝着更为客观和全面的方向发展。

(三) 大数据时代学校的管理

我们常常将传统教育决策叫作"拍脑袋决策"，事实上就是说决策者忽略实际，将自己的假想、主观臆断以及经验当作推理根据做出决定，所以这个决定包含着大量决策者的个人思维与情感。这样的决策实际上可以被称作头脑发热下的决定，通常不能长久实施，甚至会进入朝令夕改的境地。有效发挥教育大数据的应用价值，则能从根本上避免这一片面决策行为的产生，有效弥补传统教育决策当中的很多缺陷。

1. 大数据从哪些方面优化了教育管理

首先，大数据让教育管理拥有了一个开放性以及和谐化的坚实平台。教育者能够提升数据资料获取的针对性与科学性，还能实现对有关数据的添加、修改与分享；大数据平台当中还涵盖大量底层数据，也就是很多系统外的社会数据资源，这些数据也是制定出准确教育决策不可或缺的要素，会给决策的制定带来很大的影响。

其次，大数据让教育管理具体化水平大幅提升。大数据涵盖教育过程当中的主题、活动、结果等多元数据，要把这些数据资料进行有效处理，会让教育管理具体化水平得到提升。

最后，大数据能够推动教育管理朝着专业化与精练化的方向发展。教育管理系统不单单能够成为教育数据的存储空间，还能成为专业化的数据处理平台，确保整个处理过程专业而又精练。

2. 大数据教育管理应该遵循哪种模式

从20世纪50年代开始，西方教育管理的变革发展步伐就从未停止，从开始的正规模式，到学院模式，再到文化模式，随着时间的推移产生了模式方面的持续化转变。不同模式是以特色和相应理论作为根基的，所以侧重差异化。在过去的几年中，我国有很多的年轻学者在中西方教育管理问题方面投入了很多的研究精力，但是更多是一种理论或理论思维模式的研究，在实践方面还需要丰富和完善。

教育管理大数据应该把主客体、资源与目标当作核心，构建共享多媒体教育云，有效发挥云技术的支持作用，优化教育服务，实现公平合理的教育资源优化配置。究竟大数据教育管理的新型模式应该是如何的呢？

首先，教育管理多元化及专业化，决定教育管理主体的多元化、管理系统的多样化。在这一过程当中，许可并且激励社会机构参与到管理体系中，但是第一责任人是学校校长与教师。

其次，教育对象是一切教育数据的来源，除了校长、教师和学生等学校内部人员，还包括社会上接受教育的其他人士。

再次，教育管理资源占据主导地位，包括人才资源、财务资源、知识资源和技术资源。人才资源是核心；财务资源是基础配置；知识资源包括教育内容、教育理论、教育方法和教育经验等；技术资源是生产力，满足教育服务需要。

最后，通常是预期目标，当然教育管理也是如此。大数据教育管理目标是构建以智慧教育为代表的现代教育治理体系，构建以大数据为基础的现代教育服务体系；有效提高教育管理主体与服务对象的数据分析与挖掘能力，彻底变革教育管理模式，让现代教育管理走向智慧化的道路。

主体、对象、资源和目标共同构成了大数据背景下教育管理创新模式的四大引擎，促进教育管理现代化、智能化、科学化。

3. 教育大数据管理应如何实施

教育大数据管理是一项系统性的工程，需要经历漫长的发展时间。与此同时，在整个过程当中必须循序渐进。尤其是通过对当前教育信息化的发展水平进行评估，我们认识到要真正实现彻底的教育大数据管理还有很长一段路要走。要积极促进理论与实践的整合发展，结合实际需要选取恰当路线，合理设计长期的行动规划。

在底层部分使用教育云建设。区域数据，一定要严格遵照国家标准，为云端教育资源供给硬件。与其处在同一层面的是教育数据挖掘，利用分析统计方式研究教育中的数据，为管理决策者提供应用程序数据资源。在最高层次的是教育大数据管理，从公共服务一直到学生个体的全面进步，充分发挥大数据的优势，推动教育资源合理化配置以及个性化支撑，最终推动素质教育目标的达成。

4. 大数据将教育决策推向科学性

有些人觉得，在如今这个大数据时代，制定教育政策时不再局限在简单的归纳经验方面，也不是从自身经验和主观判断出发，而是提倡精细化捕捉多个层面的动态数据，挖掘数据之间体现出来的因果关系，把教育治理和政策决策当中遇到的困难和危机转化为前进的动力。

另外，也有一部分人觉得，通过对大数据进行合理化应用，能够让决策者在全面经验基础之上优化决策，提升决策水平，让教育决策脱离意识和主观领域的偏见。就教育决策而言，教育大数据不管是在辅助决策者，客观掌握现状，获取全面高价信息上，还是在制定落实与调控教育政策方面都有着不可替代的价值。

5. 大数据助力质量管理

有关报道指出，大数据时代的到来给大量数据提供了综合精良工具，让数据价值可以被充分地挖掘和发挥出来，高等教育质量指数不单单能够助力质量监测以及系统运转等一系列工作，还能作为大数据技术广泛应用到教育中。

在大数据的时代背景下，无论是哪个层级的教育教学活动，都能够建立动态化教育质量监控体系，以此为根基能够有效调整与把控影响教育质量的诸多因素，提升教育质量水平。

二、区域教育信息化与教育均衡发展

什么是教育大数据系统环境？所谓系统环境，是系统周围多元因素的集合体。在我们看来，针对教育大数据，其系统环境涵盖教育大数据发展的社会环境、应用服务、应用场景、技术体系框架等多个方面，在云计算以及大数据等现代信息科技的迅猛进步过程中，互联网的集成性和规模在不断增大。在教育信息化的实践过程中，以往教育信息化通常是将学校作为单位实施的，这样的操作方法非常简便，可操作性强，但是也存在很大的缺陷，那就是会造成不同学校间重复建设、资源浪费、数据不能互相联通共享等多个方面的问题，出现信息孤岛现象，让资源共享和提升资源利用率的目标无法达成。所以，将区县作为重要单位建立起来的区域教育信息化开始得到了重视，也受到了社会各界的关注与支持。区域教育信息化，指把整个区域当作重要载体，实施教育信息化顶层设计，积极构建集中性数据中心，对多元化的教育数据进行收集处理与反馈，给教育大数据的产生应用创造了良好条件。

与此同时，通过区域教育信息化建设水平的提升，能够在极大程度上突破区域教育不均衡的问题。我国正处在中国特色社会主义事业建设的关键时期，面临的教育环境多样且极为复杂，城乡、区域、校际都有结构失衡问题存在。不同类型的学校都着手构建数字校园，并在建设过程中部署大量信息化教学与管理系统，持续不断地生成着大量的教育数据资源。怎样创造性地对这些信息资源进行合理化应用，推动区域教育均衡进步，成了摆在教育综合改革面前的重大研究课题。

区域教育信息化建设的核心是数据，根本是课堂，重点以及关键点是应用，突破点则是创新。区域教育信息化的推广应用让教育信息化工程实践当中的诸多关键性要素得到合理化的调配，促进了供需平衡目标的达成，同时也有助于满足学校与学生个性化发展的实际需要。在区域教育信息化持续发展和进步的过程中，教育资源与管理服务平台建成，各类教育教学平台建设完成，会聚集更大规模的教育资源与管理信息，建成能够支撑教育教学以及教育管理的综合教育大数据。借助大数据技术可以有效获得学习进程当中产生的一系列动态数据资料，让教学的整个过程被充分记录下来，这样获得的数据资料比以往的数据更为全面和更具真实性。有关教育机构可以借助数据准确了解教育教学的实际情况，保证教育决策的制定拥有正确和全面的根据。

发挥大数据技术在数据收集追踪等方面的优势，对所获数据展开全面综合的统计研究与挖掘，能够极大程度上拓展学生的学习与成才机会，与此同时，还可以获得全面科学的发展评估报告。教育大数据可以研究教师专业化成长的信息，有效发现教师在教育教学工作当中存在的优势和缺陷，督促教师专业化进步，与此同时，还能够促进教师资源的合理化分配，让学校可以充分发挥自身的特色。大数据可以给师生的个性化学习提供坚实的平台基础，推动个性化教育目标的达成；可以让区域教育聚焦于师生和学校，让均衡发展和个性化进步协调一致；可以准确把握与评估区域教育现状，预测将来的发展态势，让区域教育均衡进步，彻底改变过去经验主义的决策制定方法，把客观数据作为根本依托，提高决策的科学性与准确性，让全域教育改革成效进一步增强。

在把大数据作为支撑助推区域教育均衡和可持续性发展的基础时，我国国内的很多城市开展了试验与探索。在未来会建设更为完整的数据库，有效发挥大数据技术的优势作用，让区域教育走上均衡性和可持续性的发展道路，从根本上提高区域教育质量。

三、教育大数据的技术体系框架与学习分析

（一）教育大数据的技术体系框架

教育大数据处理的流程主要包括数据的采集、处理、分析和呈现。

教育大数据的技术体系框架从上到下分别是所有数据的采集层、处理层、分析层、展现层。利用数据的传输接口,采集层将收集到的多元化数据资料传递到处理层,借助数据整合存储等方法构建数据平台;把这个平台作为重要根基,分析层能够分析挖掘数据,把分析结果借助接口传递到展现层。在这个框架当中,安全与监控贯穿全程,形成对不同环节教育数据安全的强有力保障;标准和规范是框架根基,确保不同环节间和教育系统教育数据融通共享。

将教育数据与其他数据进行对比分析,发现其拥有独特性。如果简单进行概括的话,教育数据是分层的,只有把握不同层级数据,才能够针对性地提供相应层级的数据报告,辅助教育决策的合理化制定。

为提升教育大数据的价值,首先要把好源头质量关,也就是要合理处理原始数据,保证信息处理的质量。与传统教育当中数据资料进行对比分析,教育大数据来源多且广,拥有规模极大的数量以及多元化的格式,同时在质量方面也各不相同。所以,教育数据采集一定要对数据格式进行合理化规范,同时实施初级层次的预处理,为后续数据存储应用提供便利。

教育数据处理涵盖数据整合、存储这两个重要环节,所谓数据整合,是运用高效数据整合法,加工处理数据资料,在保留原来语义的前提条件下,去粗取精和去噪处理,从整体层面上确保数据相关与一致;所谓数据存储,是全部数据集中性地进行存放。构建教育大数据存储系统,不单单要用极低成本储存大量的数据,还必须满足非结构数据管理的实际需要,确保数据格式可扩展,教育业务丰富多样,具备明显的灵活性以及差异化的特征,所以一定要考虑教育数据类型与目标,灵活科学地选用数据处理方法。

(二)教育数据挖掘与学习分析

2012年,美国教育部发布《通过教育数据挖掘和学习分析技术来提高教与学:问题简述》报告,该报告提出的主张是运用大数据挖掘分析的方式进行自适应学习系统的优化调整,推动个性化学习的实现。这个报告还特别指出,把大数据技术运用到教育领域当中,主要集中在教育数据挖掘与学习分析这两个领域,结合报告给出的观点,教育数据在收集处理之后,要深层次挖掘数据价值,此处选用的是教育数据挖掘与学习分析。

所谓教育数据挖掘，实际上指的是把来自不同教育系统的原始数据变成有价值信息的一个过程，这些具备有用价值的信息资料，能够被多个主体使用。过去的传统教育数据挖掘更多侧重的是结构化以及单一对象的小规模数据采集，把挖掘的重点放在了结合当前经验知识预先构建模型，之后，根据既定模型完成分析。而在面向非结构化与异构数据时，因为不具备先验知识作为根据，所以通常往往无法有效构建显性教学模型，这就需要应用到更高层次的数据挖掘技术。这个报告通过对相关领域的专家展开深度访谈，列出教育数据挖掘的研究目标：

第一，整合学习者的详细信息开展学习模型构建，对学习者学习发展趋势进行预测。

第二，探究与调整涵盖最佳教育内容与顺序的领域模型。

第三，探究多元化学习软件提供的教育支持有效性。

第四，利用构建数据计算模型，尤其是学习者、领域、教育软件模型的方式，确保有效学习。

所谓学习分析，主要指的是利用测量、搜集、分析、汇报等方面的数据资料，理解与优化学习及其发生环境。事实上，学习分析与上面刚刚论述的教育数据挖掘存在非常紧密的关联，选用的分析技术手法也有很多的相似性。就目前而言，学习分析常用的方法有网络、话语与内容分析法。近些年来，开始有更多的研究人员逐步应用滞后序列分析方法进行在线学习行为模式的识别与分析。除学习分析与教育数据挖掘这两项重要行动之外，怎样借助数据可视化技术对分析结果进行格式化处理，给广大用户提供便利，也是教育大数据发展过程中急需解决的重要问题。

报告当中给出的观点是，学习分析综合应用多元学科理论方法，通过广义教育大数据处理分析，运用已知模型方法解释学习重大问题，评估学习行为，并提供适应性反馈。教师和学校方面可以把学习分析获得的结果作为最重要的依据，调控教学内容，及时干预和指导存在失败风险的学生等。学习分析通常是由五个环节构成的，分别是数据采集、存储、分析、呈现、应用。

第三节 教育大数据的应用服务与载体

教育数据应用服务主要指的是把数据分析结果应用到优化教育业务方面，有效服务于教育改革与可持续性进展。就目前而言，教育数据应用服务把关注点放在五个方面，分别是精准化教学、科学化管理、全面与个性化评价、个性化服务、科学研究。服务对象包括五个类别，分别为教师、家长、学生、教育管理者和公众。

一、教育大数据的应用服务——个性化学习环境

借助教育数据分析这样的活动，能够给广大教师提供优质的帮助，使得教师可以针对性地调控与优化教育教学方案，进行教学计划的重新构建与全面优化，并有效健全课程设计和开发工作；为广大学生推荐个性化学习资源、活动、路径与任务；让家长全面和深入认识孩子，通过家校密切合作的方式助力孩子的个性化发展与成长成才；帮助广大教育管理者制订出更为科学合理的管理决策，提升管理质量与效率；帮助广大公众掌握教育现状，让公众享受到更为优质的终身学习服务。

以个性化英语教育为例，以往教师会在逐个分析学生学情的过程当中耗费大量时间与精力，会根据他们个性化的特征逐个制订指导策略，所以延长了备课时间，也增加了教学方面的成本。不过有了大数据作为强有力的支撑，让教师的一系列教育教学操作变得非常简洁。就拿培生集团出版的全球少儿英语旗舰课程 BigEnglish 作为实际例子，此课程引入首款用于少儿英语学习的 MyEnglishLab 在线学习辅导系统，通过对大数据技术的合理化运用，有效分析学生个体和全班整体的进度、学情、学习成果等方面的情况，以便有效发现其中存在的问题和障碍，动态化管理学生的整个学习过程与结果。

通过对比分析，我们能够看到 BigEnglish 大数据分析系统围绕学生展开，

依照教学学习测评的方式，组织线上学习内容和安排相应的过程，把教师、学生、家长、机构整合在学习管理系统当中。既有分工，又有合作，各自承担相应的职能，构建了一个具备个性化特色的学习与管理环境。

在定量层面进行研究，MEL 为 BigEnglish 全六级每个级别配备了入门水平、单元、阶段性和期末测试。这究竟意味着什么？其一，我们能够获知学生个体在整个学习过程当中的测试结果资料，以便获得针对学生个体学习成果的，带有个性化特征的学习报告。其二，能够发现全部学生总体水平的发展层次，他们普遍遇到困境的地方，哪些方法能够让学生从中受益等，让教师充分践行知情学习。学校便捷地开展教育管理工作，清晰地管理学生学习档案和教师教学进度。

从定性层面进行研究，广大教师可以有效凭借 MEL 给予的报告工具支持获知与学生相关的具体数据资料，如学生在习题上花费的时间，包括最长时间、最短时间、平均时间。听力阅读水平是否一致？到达如今水平总共做了几次练习？利用这些数据资料，不但能够细致把握学生整体的状态，还能够立足学生实际，个性化地进行系统设置。例如，部分学生的听力水平特别薄弱，因而更多地给他们设置听力练习内容；学生在词汇把握方面能力较差，因而更多给予词汇方面的练习机会。

除此以外，教师还能够结合教学需求进行任务性质的调控。假如教师希望学生可以集中注意力，并且毫无拖延地做好作业，就可对作业完成时间给出具体的规定。有了自动计时这样的督促，学生会集中注意力完成作业，消除作业拖延；假如教师不希望学生做错题后无法得到帮助，就将提示功能设置在开放的状态，让学生可以在教师不能提供面对面指导的情况下知道自己的失误；假如学生总是不能够有效区分大写和小写，在写完一句话之后不加标点，就可开放大小写与标点检查这样的功能，有效规范学生的语言表达习惯，让学生的书面表达技能得到有效发展。借助大数据的学习分析活动，可以给每位学生量身定做个性课程与优质的学习环境。与此同时，还能够构建预警机制，及时获知学生学习成绩滑落、厌学等潜在的学习风险问题，为学生提供具备挑战性和趣味性的学习规划，让学生始终保持强烈的探索欲望和积极性。

有人提出预言，将来学习会步入大数据驱动时代，广大教育从业者必须主动利用大数据技术分析学习过程与结果，优化和创新教育教学策略，为学生提供自主学习平台，从根本上提高学生学习质量。

二、教育大数据的重要载体——自适应学习系统

大数据的思想认识已经深入了人们的内心当中，教育大数据更是呈现出爆炸性增长的趋势。多种多样的教育实践活动，是教育大数据出现的根源。不同于传统教育数据，教育大数据收集活动拥有连贯性、全面性、实时性特征，教育大数据的分析处理以及实际应用，具备智能化与个性化的特征。从整个教育领域范围看，教师和学生是两大核心主题所在。教育大数据运用的是一种用数据说话的方式，可以帮助师生更加客观深入地进行自我认知，让教与学朝着个性化的方向发展。有了教育大数据作为强有力的支撑，教师能够有效把握学生的整体学习情况，有针对性地落实因材施教；学生能够充分分析和把握自身的学习目标与兴趣爱好，还能有效发现自身在学习当中存在的不足，有效获得与个人学习特征和需要相符合的学习资源与指导。

自适应学习系统是对教育大数据进行收集分析以及供给个性化自适应服务的有效载体。早在1996年，布鲁斯拉夫斯基就对该系统进行了分类，同时给出通用模型，强调该模型包含领域模型、用户模型、适应模型、自适应引擎四个模块。领域模型是由领域当中概念及其内在关联构成的。用户模型是对用户信息的抽象描述。适应模型对内容呈现、链接导航自适应以及用户模型更新规则进行了定义。自适应引擎主要应用在响应用户需求，为用户提供针对性服务方面。

近段时间，Knewton 自适应学习平台备受关注，同时也开始被大家熟悉，平台设置的主要目的是要全面实现个性化。

自适应学习把关注点放在了适应学习环境方面，强调要积极营造能够适应学习者差异化特征和个性化学习需求的良好个性化学习环境，让因材施教得到全面落实。Knewton 平台认为自适应学习系统必须要确保持续性的适应，及时反馈学生学习表现以及质量，以便在正确时间结合正确内容，给予恰当的学习

干预与指导，保证学生接触到最为合适恰当的学习内容。另外，根据学生任务完成度，自适应系统能持续性地把学生引入下一个活动当中。

为了维持持续性的自适应，Knewton 平台开展概念领域的专业化数据收集处理，同时还专门构建了专业化数据与学习过程数据关联映射，构成了一个极为专业化的数据模型，不但能够评估学生的行动，还可以从概念领域把握学生的学习状况，给学生下一步学习提供可视图示。该平台的持续自适应更多表现在空间强化、记忆力与学习曲线、学习档案等领域。

第三章　现代数字化高校与智慧高校的发展

1998年1月31日，美国副总统戈尔在美国加利福尼亚科学中心发表了题为"数字地球：21世纪认识地球的方式"的演讲，最先提出了"数字地球"的概念，全世界普遍接受了数字化的概念，随即引出了"数字城市""数字校园"等各种概念。1993年开始实施的"211工程"（中国政府面向21世纪重点建设100所左右的高等学校和重点学科的建设工程），拉开了中国高等教育信息化的序幕；1998年启动的"985工程"（教育振兴行动计划里包含的建设若干所具有世界先进水平的一流大学的建设工程）中，信息化也是其中的重要组成部分。随着我国高等学校的体制和教学改革，如何理解、构建和加强数字化校园建设一直是大家十分关注的同题。

第一节　数字化高校的发展与实施

数字化校园概念最早来源于1990年由美国克莱蒙特大学教授凯尼斯·格林发起并主持的一项大型科研项目"信息化校园计划"。我国的数字化校园研究起始于20世纪90年代末期，陈少波、蔡立德、蒋东兴等人发表了有关数字校园方面的论文，在"面向21世纪教育振兴行动计划"中提出并强调了要利用信息技术来推进教育的改革，从而拉开了中国数字化校园研究的序幕。

一、数字化校园的基本概念

通过十几年来的探索和研究，国内外对教育信息化的定义和内涵都有了更深刻的认识：教育信息化就是将信息作为教育系统的一个基础元素，在教育领域中广泛地利用信息技术，促进教育现代化的过程。数字化校园和教育信息化关系十分密切，可以把教育信息化看作数字化校园的基础，或者数字化校园建设是教育信息化建设中的主要内容。

数字化校园是以数字化信息和网络为基础，利用计算机技术、网络技术和通信技术实现与学校的教学科研、日常管理和生活服务有关的所有信息资源的数字化，以及信息和知识资源的共享，以构成统一的用户管理、统一的资源管理和统一的权限控制，是网络化、数字化、智能化有机结合的新型教育、学习和研究的教育环境。这种新型的、开放式的教育模式提供了适应学习者个性化成长和发展需求的学习环境。

如果用简单通俗的语言描述一下，可以说数字化校园是运用现代信息技术，在校园里实现信息传输网络化、信息资源数字化、用户终端智能化。

数字化校园的概念是在传统校园概念基础上提出的，它的核心内容是学校利用先进的信息化手段和工具，将现实校园的各类资源数字化，形成一个虚拟的数字空间，从而使现实校园在时间和空间上获得延伸。数字化校园是以网络为基础，以教师、学生、管理人员为主体，以教学、科研、管理活动为主要服务对象，从环境、资源到活动全部数字化，实现网上办公、网上管理和网上服务。通过校园数字化可以实现资源高度共享、信息高速流动，建设数字化教学、科研与管理环境。

数字化校园建设的实质就是学校教育管理部门通过信息化手段，实现对各种资源的有效集成、整合和优化，实现各类资源的有效配置和充分利用，实现教学和校务管理过程的优化与协调，实现教学过程与学习过程的优化，从而提高学校各类工作的效率、效果和效益，提高学校的教学质量，适应社会发展对学校提出的要求。

数字化校园建设就是在校园信息化需求的基础上，用层次化、整体化的观点进行规划，为校园信息化建设与实施确定一个清晰的目标而提出的。数字化校园的建设将对学校的所有信息资源进行统一的、科学的组织和管理，对校园网上的信息进行更好的组织和分类，让用户在网络上更快地发现自己需求的信息，为师生提供网上交流的信息环境，让管理人员科学地、规范地管理自己的信息，并将这些信息方便地发布出去，以最有效的方式提供给用户，为各类校园用户服务。

数字校园的建设包括校园基础信息化环境的建设和校园应用系统的建设。校园基础信息化环境包括校园网络化环境、基本的信息化终端建设、数字教室的建设。校园应用系统应包括基础应用系统和功能应用系统。校园一卡通在学校内也称为校园卡系统，是数字校园的有机组成部分。校园一卡通工程是数字校园的标志性工程和前导性工程。校园卡是将广大师生员工与数字校园有机连接在一起的最有效的媒介，实现了"一卡在手，走遍校园"。校园卡是校园数字化的重要形象和重要标志之一。所谓"校园一卡通"，即在学校内，凡有现金、票证或需要识别身份的场合均采用卡来完成。此种管理模式代替了传统的消费及身份识别管理模式，使学校的管理高效、方便、安全。一卡通系统是数字校园建设的重要组成部分，是为校园信息化提供信息的基础工程之一，具有学校管理决策支持系统的部分功能。

从管理角度看，数字化校园就是把学校传统的主要党政业务数字化（包括组织、教学、科研、管理、后勤、校园文化、校园生活等），以统一的管理和安全策略，在校园网的环境中从事日常业务工作。

从技术角度看，数字化校园就是运用信息和网络技术，采用 Web 浏览器和服务器（B/S 模式）、客户机和服务器（C/S 模式）的混合体系结构，采用分布式与集中式相结合的存储结构，采用主流的有一定规模的计算机、操作系统、数据库系统和应用软件，在校园网的环境中对学校各类业务信息进行存储、处理、查询和统计的一个综合性的系统。

从用户角度看，数字化校园就是可以在任何时候、任何地点，在规定的权限范围内对学校的有关信息进行查询和处理。

简单来说，数字化校园就是把学校的教学、研究、管理以及服务等主要工作建立在校园网环境下的综合应用系统，是学校的教育信息化的目标和体现。

数字化校园是一个系统。它是跨越整个校园范围的完整的信息系统，包含与学校职能相关的所有信息资源，并提供对这些信息的处理与统计功能，支撑学校相关职能的正常运作。

数字化校园是一个工程。它是一个循序渐进、阶段性建设的系统工程。信息技术的不断发展也影响着数字化校园建设的进程。数字化校园因为涉及学校相关的所有职能，所以不是一个计划、一个项目能够一蹴而就的。需要制订阶段性建设方案，逐步实施数字化校园工程建设，并在此过程中不断吸取新需求和新技术，保持数字化校园的实用性和先进性。

数字化校园是一种标准。其建设过程中很重要的一部分就是在符合我国现行教育体制和需求的基础上，建立校园范围内的数字化信息交换标准和学校职能相关事务流程的规范。这些是与学校的体制改革和教学改革密切相关的，是一个循序渐进的标准化过程。

数字化校园是一种文化。其建设过程就是信息数字文化在校园内，以及在学校教育和管理的整个过程中的普及与深化；就是学校教职员工和管理人员传统思维的改变与提高；就是学校整体观念和文化的与时俱进。

二、数字化校园建设的发展历程与现状

校园信息化和数字化校园的发展与计算机科技的发展紧密相关，因此，分析校园信息化和数字化校园的发展可以从计算机技术发展的不同阶段入手。由于计算机技术的发展通常分为主机、个人计算机和计算机网络三个时代，因此，校园信息化和数字化校园的发展同样可以分为三个阶段。主机时代，从20世纪六七十年代起，计算机开始参与到学校的教学与科研活动中。除科学计算以外，各种计算机辅助教育软件即CAI软件的开发先后列入国外一些高校的研究计划中。不过由于当时计算机的应用还不够普及，使用的方式过分集中，缺乏方便的人机交互手段，以及基于计算机昂贵的价格，CAI的实际应用有诸多困难。

从20世纪70年代开始，个人计算机的出现及其普及，为CAI的研究、发

展与应用提供了条件。20世纪80年代,美国许多高校建立了CAI教室,学生随时可以到这类教室中通过计算机进行自学,也可在其中开展教学、辅导和培训等活动。如伊利诺伊大学是当时开展计算机辅助教学活动水平比较先进的学校之一,有一个很大的CAI中心。在指定的计算机实验室中,可以进行不同种类课程的教学活动。比较典型的有英语语言教学,学生可以随时通过计算机终端,自学不同阶段的英语课程,这在当时已经很先进了。这个时期尽管计算机在学校的许多活动中,如教学、科研、行政管理等得到了一定的应用,但它只是作为传统教学和管理的一种辅助手段,传统的教学和管理模式并没有受到很大的冲击,如"黑板+粉笔"的传统课堂教学仍然占主导地位。

20世纪90年代,计算机网络特别是因特网的出现,给学校教育带来了深刻的影响,校园信息化进入了一个崭新的阶段,数字化校园的概念也被提出。我们可以从以下几个方面进行分析。

(一)传统教育模式的变革

在学校正规教育里,信息化和数字化使以教师为中心、面对面、"黑板+粉笔"为主导的传统教学模式受到了很大的冲击。首先,信息技术进入传统的课堂,多媒体、网络等新技术手段取代了"黑板+粉笔",使课堂教学更加生动、更加有效。除此之外,信息化还带来大量网络教学的新模式,如网站教学、网络辅助教学、资源型学习、兴趣学习、互动学习等。这些新的教学模式与传统的模式相比,不仅形式新颖,还引进了许多新的教学理念,如强调以学生为中心,更加注重发挥学生的主动性的个性化教育方式。信息化不仅从各个方面影响了学校的正规教育,同时使函授、业余教育等传统的远程教育,从内容和形式上都发生了巨大的改变。基于网络的现代远程教育正在对普及高等教育、提高国民素质以及实现终身学习等方面产生重大的影响,已引起不同领域专家以及各国政府的高度重视。

我国高等学校大规模的信息化建设大多始于20世纪90年代,比西方发达国家起步晚了10~20年。近年来,在沿海地区和较发达的城市,校园信息化和数字化校园的建设有了十分迅猛的发展,信息技术已广泛地应用于学校的教学、科研以及管理等各个领域,取得了很好的效果。据清华大学计算机与信息管理中心提供的材料，清华大学目前每学期已有 700 多门课程采用网络辅助教学，校内有两万多名学生通过网络学习课程。我国基于网络的远程教育也有很大的发展，据报道，1999 年我国仅有 4 所大学开始建立远程教育试点，在读学生最初只有 7000 多名；目前已发展到 67 所大学，共有学生 130 多万名。

（二）网络化数字教育资源的建设和利用

校园信息化提供的另一个重要机遇是数字教育资源的共享与利用，这一点也将会改变我国整个教育事业的面貌。特别是因特网出现以后，资源共享已经国际化。从教学角度看，网络的资源共享，使我们有可能学习并享用最先进的教学内容和教学方法，真正实现国际化的"名校名师"的教学模式。教学资源的共享，在较短的时间里，既可缩短我国与先进国家的差距，又可缩短我国东西部地区间的差距。从高等院校的科学研究、博士研究生与硕士研究生等高层次人才培养的角度看，网上资源的开发与利用，也可以较快地缩短我国与发达国家的差距。因此，我国数字（教育）资源的建设与利用是校园信息化面临的重要课题。

与发达国家相比，应该说我们国家是相对落后的。以数字图书馆为例，美国一个校级的图书馆，如加州大学数字图书馆，就拥有 3200 万项数字学术资源。我国数字资源的建设才刚刚起步，中文网上资源还十分匮乏。这些现状同样会影响到校园信息化和数字化校园的建设。

（三）数字化校园的发展

信息化不仅影响到学校的主要教学与科研活动，也给传统教学、科研带来了巨大的变化。同时也会给学校现行的运行体系与管理机制提出挑战，推动着它们进行变革。推动这种变革的动力来自两个方面：一方面，是信息化带来传统教学、科研模式的变化，需要新的管理机制；另一方面，是以信息技术为手段的校务管理，也需要新的机制，即需要一个数字化的校园。数字校园的建设也是校园信息化的重要组成部分，数字化校园的建设也渐渐成为校园信息化的核心内容。

国内外政府部门和高校对校园信息化工作不断加大投入，更多的高校制定了整体建设规划和财务预算；以统一规划、分步实施为主要特征的数字化校园，已成为高校信息化建设的主流；信息标准体系、安全保障体系、运维保障体系，已成为今后学校信息化建设与运行维护的重点；校园信息门户、统一身份认证、数据交换与共享（数据中心平台）等基础平台建设、为学校各部处建设相关的管理应用系统、数据资源库建设、公共通信平台（邮件、即时通信、短信等）和校园电子商务（与一卡通结合）将是今后信息化建设的热点；为师生用户提供方便、快捷、有效的信息服务和培训是今后信息化校园的工作重心。

数字化产业已经由原来的注重产品价格向注重产品质量和服务方向转型，尤其是教育领域。教育涉及千家万户，教育信息化已成为为人民群众提供公平的受教育机会，解决教育资源分配不均，满足群众对发展教育的期望，推动教育在更高起点上实现更大发展的重要力量。加快教育信息化建设已成为我国教育事业改革与发展的必然选择。

从总体上看，我国教育信息化建设取得了重大的历史性突破，但同时面临着一系列突出的问题。如信息化基础设施建设仍处于低水平状态，缺乏统筹有效的投入机制。信息化基础设施不能有效满足各级各类教育的发展需求，在投入内容上，重建设轻应用的现象也普遍存在。

三、数字化校园的需求

学校建设数字化校园的目的就是对教学、科研、管理、服务等校园职能相关信息进行收集、处理、整合、存储、传输和应用，使教学资源得到充分优化与利用。因此，数字化校园的建设实施是为了满足校园信息化建设中的以下需求。

（一）对学校业务流程进行有效的规范

通常学校每个部门的业务流程都不尽相同，这些业务流程既有合理的也有不合理的地方。学校的信息化建设中也常常遇到相关的问题，各个职能部门的业务流程不明确影响了学校整体效率的提高。数字化校园在实施过程中就需要规范学校的各项业务流程，提高工作效率，减少以往一些工作由手工操作带来的随机性大、流程不易规范化的缺点，合理优化地配置学校的各类资源，最大限度地实现安全高效的校园资源共享。

（二）解决校园信息化中的"信息孤岛"问题

传统的校园中，各个职能部门都各自独立地保存业务相关的数据信息，教师也大多自己收集和开发与教学相关的资源，至多是在具体的教学组织中实现有限的教学资源共享。这就是信息化中要解决的"信息孤岛"问题，分散的信息维护存在数据不一致、数据获取效率低下、数据利用率低等问题。

数字化校园的建设就是要将学校内部相对独立分散的网络系统统一整合，消除学校"信息孤岛"的问题，有效地实现数据共享，消除对数据的重复管理及数据不同步的问题；使学校各个部门分别管理的业务相关信息的数据采集点唯一，使所有的数据信息都可实现共享。当某个部门需要用到其他部门信息的时候，可以直接从校园网上获得，并具有可信赖的安全机制，这样就避免了多部门的重复劳动，节约了人力成本，保证了数据的标准化。例如：学校教务处需要人事处的人员统计信息时，就可通过数字化校园信息基础平台从人事处调用相关数据，而教务处管理人员无须对数据进行维护，这样就可以保证数据信息的同步，也不会出现不知道哪些数据是目前最准确的、最可信任的问题。

（三）降低劳动强度，提高工作效率

传统学校管理中需要各个部门的管理人员维护大量的重复信息，特别是在查询和统计过程中需要进行大量的工作，具有很高的劳动强度。建设实施数字化校园，可以将学校管理人员从重复的数据输入、传送、管理、检索等工作中解脱出来，尤其是数字化校园的基础信息平台提供的信息检索及统计报表生成的功能，把以往需要花费大量时间和精力进行的信息查询、统计、计算工作，交给信息系统来完成，大大降低了工作强度，提高了工作效率，使人员的脑力价值得到提升，改善了师生员工的工作环境、学习环境和生活环境。

（四）使信息处理具有实时性和权威性

传统校园中的各类信息分散在各个管理部门，很难实时地被获取和分析，也很难保持数据的一致性和可靠性。数字化校园的实施应用可使校园各类用户随时随地从校园网上获取学校的各类信息。此外，由于信息的录入与发布都是由校园信息化建设中规范了的部门来完成的，数据采集点唯一，这就保证了信息采集的唯一性和权威性。

（五）创造新的教育和工作模式

技术和社会的发展对学校教育和工作模式提出了新要求，学校建设就要顺应技术和社会的发展，提供更有效、更高质量的教育和管理模式。数字化校园的建设将先进的信息技术引入教学、科研、管理和服务等各项活动中，提高学校教、学、管的质量和效率，创造新的教育和工作模式，完成传统教育模式难以实现的目标。教育信息化和数字化校园建设的过程就是教育思想、教育观念、教育模式转变的过程。

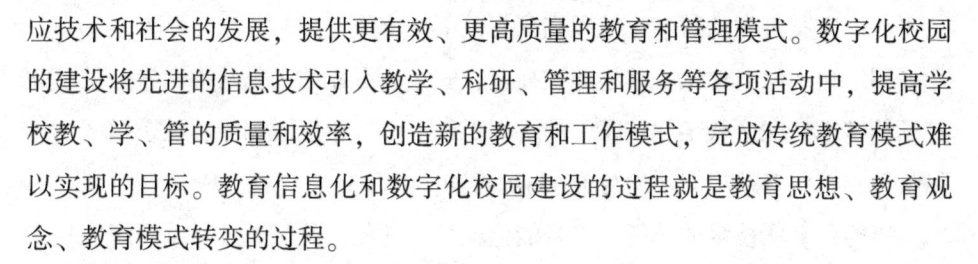

（六）创建虚拟校园空间，实现跨地域管理

现代学校教育已经不再局限在校园范围内，通过网络和电视网的远程教育已经成为学校教育的一个重要组成部分。数字化校园建设以信息资源与信息服务为核心内容，实现数字化的学习、教学、科研和管理，创建数字化的生活空间，创建虚拟校园空间，实现教育信息化和现代化。虚拟校园空间可为学校的跨地域教学和管理提供坚实的基础保障，如系统通过提供分校区各业务部门的统计图表，就可帮助学校领导进行业务优化，促进学校各项工作的开展，有效地支持现代学校教育的远程教育职能，创建更完善的教育体系。

以上是校园信息化建设中的各类需求。在当前教育行业信息化的大背景下，数字化校园的建设水平不仅体现了学校教育信息化的程度，也反映了学校决策者对现代教育发展趋势的高瞻远瞩，更是衡量学校办学能力和教学科研水平的重要标准之一。数字化校园的实施和应用，还可以让更多的人有机会了解到学校的情况，有助于孕育学校的发展机遇，拓展新的市场，提高学校的知名度，吸引更好的生源以及优秀的科研和教学人才。

简单来说，构建数字化校园的初衷是解决学校建设中存在的效率问题、成本问题和流程整合问题。效率问题是由信息分散和重复带来的学校整体效率低下的问题；成本问题与效率问题相关，同时，信息化程度的提高会降低学校的管理成本，增加科研教学方面的投入；流程整合问题就是要解决学校管理部门之间以及管理和教学之间的整体问题。

数字化校园建设就是顺应学校发展中的校园网络化、资源数字化、教学数字化、学习数字化和管理数字化的需求，适应社会和技术发展的要求，提高学校的教学和管理水平，更好地为社会发展和个人发展服务。

数字化校园需要将原有信息系统的数据进行整合，形成统一的、科学的信息平台。完整可靠的数字化校园应具有以下几个特点。

网络化。网络化是一种趋势，高速、安全、可靠的基础网络设施是数字化校园的基本特征。数字化校园中的所有工作、学习和生活都将被赋予鲜明的网络特色，都将直接或间接地与 Internet 相连。

智能化。从技术的角度讲，智能化就是自动化，就是通过一系列智能技术使设备或者系统部分地具有人的智能，从而能够部分地代替人的劳动。建设数字化校园要考虑到提高各类应用系统平台的智能，提高人机交互界面的友好程度，提高系统整体的使用效率，减少管理人员和各类用户的负担。

个性化。个性化的影响已经越来越大，通过网络，人们可以将自己的需求发布出去；也可以通过其网站和定制系统获得所有具有相同需求的资料。可以说，个性化是信息技术所取得的最为伟大的成就之一，数字化校园更要为个性化教学和服务投入足够的精力。

数字化校园建设中要针对以上网络化、智能化和个性化的需求投入相应的人力和物力，在系统设计和实施过程中认真满足这些需求。

四、数字化校园的目标与结构

(一) 数字化校园的目标

数字化校园建设的目标其实在数字化校园的概念中已经有所体现。数字化校园是利用计算机技术、网络技术和通信技术，对与学校的教学科研、日常管理和生活服务有关的所有信息资源进行全面的数字化；并利用科学的管理规范对这些信息资源进行整合和集成，以实现统一的用户管理、统一的资源管理和统一的权限控制；把学校建设成为面向校园内也面向社会的一个超越时间和空间的虚拟校园。

根据研究和实践，数字化校园建设的目标应该是：建设一流的数字化网络环境、数字化的教学资源、数字化的教学与学习环境、数字化的管理手段和工作环境，实现数字化学习、数字化教学、数字化科研和数字化管理，创建数字化的生活空间，创建虚拟校园空间，实现教育的信息化和现代化。

数字化校园建设可以形象地概括为"修路""买车""运货""培训驾驶

员"这四个工程。"路"就是校园网络基础设施，它是数字化校园的基础，包括结构化综合布线、服务器和终端机、网络连接设备（如各类交换机和路由器等）、系统软件平台的选择和建设。"车"就是运行在校园网基础设施上的各类应用系统，主要包括校园信息支撑平台、教育管理平台、人事管理平台、网络多媒体教学系统等。"货"就是应用系统上的基础数据，包括人事信息、学生信息、教学信息、教学多媒体资源等。"驾驶员"就是数字化校园的各类用户，包括学校管理人员、系统管理人员、教师学生用户等。

从使用角度看，在数字化校园建设完成之后，每个人在校内都只有一个经过认证的身份，用这个身份登录后，将出现一个个性化的界面，可以得到相应的服务，处理自己的工作（事务）。数字化校园建设的过程中还伴随着推进教育体制改革，改变不合理的流程与管理内容，使用先进的信息化技术，建设一个管理高效、学术创新的校园环境。

从技术角度看，在数字化校园建设完成之后，在校园范围内要建立安全的、可管理的、可扩展的、高可用性的、可审计的计算机网络传输平台，安全的、开放的公共信息服务平台，为面向师生员工的教学、科研、管理、服务等应用系统提供开放的接口，提供完善的个性化的网络信息服务等。

数字化校园建设可以包括以下一些基本内容。

①建设一个为全校提供服务的数据中心，包括主机托管、虚拟主机、应用服务、数据存储服务、数据备份服务、数据安全服务等。

②建立全校统一的电子身份认证体系，并使用统一的电子身份体系为各种网络应用系统服务，使全校用户在所有网络应用系统中都使用唯一的电子身份。

③建设完整的校园信息管理系统，为实现"网上办公、网上管理、网上教学、网上服务"提供全面的支持。

④建立严密的全校网络安全体系，保证校园网络安全，保证关键数据、关键应用以及关键业务部门的安全，实现校园网络及其应用系统的安全高效运行。

⑤建设面向校内外的信息服务网站，及时发布学校各类信息，针对社会公众和校内师生提供不同的信息服务以及进入相应校园信息管理系统的入口。

(二）数字化校园的结构

1. 层次结构划分

数字化校园是一个与现实校园紧密相关的数字空间，它是现实校园空间的延伸和扩展。数字化校园是一个层次结构，可以用一个层次关系来描述，着重表现在功能方面的层次划分。层次结构的下层是基础，上层是在下层的基础上提供更进一步的服务。

数字化校园按照功能可划分为五个层次：网络基础层、网络基本服务层、应用支撑层、信息服务层和个性化门户。

①网络基础层。计算机网络是数字化校园的基础设施，是数字化校园中数字信息流动的管道。如果没有相应的网络基础设施，数字信息就不能流动，也就形成不了数字空间。网络基础层主要包括网络线路、交换路由设备、服务器等硬件设施。

②网络基本服务层。网络基本服务是数字信息流动的软件基础，包括域名服务、身份认证、目录服务、网络安全以及网络公共服务（如电子邮件、文件传输、Web 服务、BBS 服务、时间服务）等。

③应用支撑层。应用支撑系统是数字化校园的核心支持系统。它主要处理业务逻辑，将各类数据按照业务的逻辑规范管理、组织起来，包括办公自动化系统、数字图书馆、管理信息系统和网络教学系统等。

④信息服务层。它主要处理用户逻辑，将规范化的数据按照用户的需要提取出来提供给用户，为用户提供服务，如信息服务系统、社区服务系统、电子商务系统和决策支持系统等。[1]

⑤个性化门户。它是数字化校园的总入口，各类用户通过门户进入数字化校园，可以获得与其身份相对应的信息与服务。在校园充分数字化后，学校的功能将突破围墙限制，构建一个可以覆盖网络所有可达范围的无疆域的数字校园。

2. 从功能划分

数字化校园建设进展到一定阶段后，出现了新的需要解决的问题，如信息

---

[1] 王继成，李竹林主编：《大数据时代高校信息化战略与实践》，东北大学出版社，2016 年版. 2016：34-49.

有效共享、应用有效集成、统一用户接口等。其最核心的内容就是应用支撑系统和信息服务系统，它们又统称为大学资源计划，即 URP。除了用层次结构来描述数字化校园的结构以外，还可以从其他的角度来看数字化校园的结构。从功能划分上看，数字化校园可以包含用户体系、管理体系、安全体系、标准体系和技术体系等几个部分。

①数字化校园的用户体系。指提供统一的数字化校园的用户管理和认证管理，为其他信息管理系统提供完善的身份认证接口，在数字化校园范围内实现安全可靠的单点登录功能。此外，数字化校园的用户体系要实现用户权限和管理的分层管理，集中管理和分散管理相结合，具有完善的权限授予与继承的机制，提高用户管理的效率。

②数字化校园的管理体系。指为学校定义和实施高效便利的各类教学资源和管理职能的处理流程，实现以学生为中心的服务型管理体系，整合学校的教学资源和管理职能，面向教学和科研传统校园管理体系进行改造和整合，达到各类资源的优化高效配置。

③数字化校园的安全体系。指提供完善的数字安全防护体系，对来自校园网内外的各类安全威胁提供有效的预警、防护和监控。与数字化校园的用户体系相结合，对数字化校园中的各类用户进行监控，保证整个数字化校园平稳、可靠、高效地运作。包括系统安全、信息安全、安全管理、安全审计等。

④数字化校园的标准体系。数字化校园建设过程中很重要的一部分工作就是建立与校园职能相关的各类标准，实现职能流程和交换数据的标准化，包括管理规范、实施规范、维护规范等，它是保障数字化校园系统高效安全运行的基础条件。

⑤数字化校园的技术体系。指提供先进的可靠的技术平台，为其他体系提供基本的技术保障，并具有良好的接口体系和发展空间，保证数字化校园能够平稳地随新技术和新需求的出现而发展。

五、数字化校园的实施

（一）指导思想

数字化校园的建设须坚持"统一规划、分步实施、加强应用、整合资源、共享数据"的指导思想。

①统一规划。高校数字化校园综合管理平台建设是一个庞大的系统工程，涉及计算机技术、网络技术、通信技术与网络工程、软件工程、项目管理等多个方面，具有投资高、建设难、周期长、涉及部门和人员多等特点，因此建设之前必须站在整个学校的层面，做好项目分析和规划设计工作，整体考虑、统一规划，确保统一的信息标准、统一的技术路线、统一的基础架构和统一的组织管理。

②分步实施。高校数字化校园综合管理平台建设是一个建设周期比较长的项目，涉及需求调研、方案论证、系统选型、部署与集成、人员培训、推广应用、运行反馈、修改完善等多个步骤，因此整个建设过程必须统筹安排、分步实施，确保项目的进度和质量，降低项目失败的风险。

③加强应用。高校数字化校园综合管理平台建设的核心目的就是"应用"，使各个职能部门实现管理信息化，实现上下级部门之间更简便快捷的沟通，实现不同职能部门之间的数据共享与交换，提高决策的科学性和民主性，减员增效，形成充满活力的新型管理机制，为广大师生提供个性化的综合信息服务。因此，数字化校园综合管理平台建设必须时刻坚持以应用为主导，优先确保应用系统建设，加强应用，以"应用起来"为主要目的。

④整合资源。高校数字化校园综合管理平台是一个庞大的系统，许多高校经过10多年的信息化建设，购置、开发了不少应用系统，积累了大量的信息资源，平台建设必须考虑保护原有的投资、充分利用已有的信息资源，充分发挥它们的作用。因此，数字化校园综合管理平台建设必须不断整合已有的信息资源、开发新的资源，建设集中的信息资源管理机制。

⑤共享数据。大部分高校原有的多个应用系统不能互联互通、不能共享数据，形成一个个信息孤岛，导致重复建设、重复工作，严重影响了学校的信息化建设和日常管理工作。因此，数字校园综合管理平台建设必须确保各个应用系统之间的数据共享与实时交换。

数字化校园是一项系统工程，涉及校园生活的各个方面，需要持续相当长的时间，所以不能一蹴而就，需要进行整体规划，分步实施，并在实施过程中根据遇到的新问题和技术的新发展对数字化校园建设计划作相应的调整,整合遗留系统,合理配置校园各类资源,达到技术和资源的高效利用,实现信息化效益的最大化。

(二)信息化建设的内涵

教育信息化建设的内涵一般包括三个方面:一是教育信息化环境建设;二是教育信息化资源建设;三是教育信息化组织建设。

①环境建设主要包括校园网、网络中心、多媒体教室、网络教室、电子阅览室、计算机终端等基础设施,硬件和办公自动化系统,教育管理自动化系统,财务、人事、档案、电话、一卡通等应用软件系统的建设。

②资源建设主要包括多媒体素材(包括文字、图片、图形、动画、音频、视频)、多媒体课件、电子教案、教学案例、题库、电子文献(包括图书、期刊、报纸)、网络课程和电子文档的积累与建设。

③组织建设主要包括教育信息化建设的组织机构建设、管理队伍建设、技术队伍建设、教师队伍建设、制度建设。

其中,环境建设是基础和前提,资源建设是核心和灵魂,组织建设是保障。数字化校园的核心是指用全数字化的信息获取、存储、传输及处理技术,去控制和操纵整个学校的事务,包括教学、科研、管理及技术服务。

(三)数字化校园建设的不同阶段

根据前面描述的数字化校园的层次结构,由于经费和管理规范水平需要逐步到位,数字化校园的建设一般可以分为以下几个阶段。

①以基础网络环境为主的建设阶段。这一阶段主要关注的是校园网络的硬件基础建设,同时提供部分网络基本服务,与此同时,也进行部分信息系统应用内容的建设,如数字化图书馆、学校综合管理信息系统等。

②以信息系统为主的建设阶段。这一阶段的主要工作是应用支撑系统的建设,如办公自动化、各类管理信息系统、数字图书馆、网络教学系统等。由于应用的需要与推动,要继续完善网络基础设施建设并提供更多的网络基本服务(如身份认证)。另外,随着校园应用的增加,统一的应用服务系统开始建设。由于各管理部门的信息化建设与学校的管理模式和部门的具体业务活动紧密相

关，这一阶段的工作将伴随着学校教育体制改革的进程而进行，是一个长期的艰苦的过程。

③虚拟校园环境的建设。在校内信息化普及后，建设一个新型的虚拟数字化校园环境将是此阶段的主要任务。这一阶段是数字化校园真正展现功效的时候。现代化的远程教育、虚拟实验室、个性化信息服务将是这一阶段的重点。

数字化校园建设的过程是一个长期的过程，需要预先进行细致的调研，制订整体规划和阶段性实施计划，分阶段分模块地构建数字化校园环境。不同的学校根据自身情况和需求，将会建设不同的功能系统。

网络基础设施主要是指校园网络环境，以及提供各类数字化校园应用的服务器和存储硬件。

网络基本服务包括代理服务、电子邮件、域名服务、目录服务、DHCP 服务、Web 服务、数据库服务、VPN 虚拟专网服务、FTP 远程文件传输服务、视频点播与直播系统、BBS、综合网管系统等。

身份认证和用户权限管理对数字化校园中的各类用户的身份进行认证，并分层次地管理用户权限，为其他系统提供集成认证服务。

校园一卡通系统是通过学校与银行、电信公司合作，采用银行卡的通存通兑功能以及电信电话卡的功能，同时结合校园卡的计费、管理功能，实现银行卡、校园卡、电话卡三卡合一。由于资金从个人的账户转到了学校的账户以及电信公司的账户上，给学校增加了大量的可用资金，在保证银行业务以及电信业务拓展的基础上，提高了学校的资金利用率，从而保证了银行、电信公司与学校的共赢。校园一卡通系统涉及的应用有银行借记卡业务、电信业务、学生管理、身份识别、各类交费、校内用餐与购物、校内娱乐等。

校园信息集中与信息发布平台实现了学校相关信息的集中存储与管理，为数字化校园用户提供个性化门户访问功能，并为上层信息系统提供信息处理服务。

网络社区提供虚拟的数字校园环境，为校园用户提供个人主页服务、日程、在线交流（同步/异步）等个性化功能。

数字图书馆提供数字化图书资料在线查阅、图书查询与借阅系统，以及各类电子期刊全文数据库、论文数据库、光盘数据库、电子文献等的访问入口。

数字化教学支撑平台以学生和教学为中心,提供完整的网络化、数字化教育管理和服务平台,包括本科和研究生招生系统、数字迎新与离校信息服务平台、学生综合教务管理系统、选课信息管理系统、网络学堂系统等。

电子校务系统和学校办公自动化系统为学校各部门领导及各院系的办公提供集中的平台,实现无纸化、数字化、网络化办公环境。在它们的基础上还提供科研与学科建设管理系统、集成财务管理系统、组织人事(人力资源)管理系统、校园服务管理系统、学校资产管理系统、学校档案管理系统、党务与团务信息管理系统、信息反馈系统等具体的信息管理系统。

(四)数字化校园应遵循的原则

数字化校园建设是一项人机紧密结合的复杂系统工程,是学校的一项全局性工作,不是单纯的技术实现,必须用系统化、整体化、层次化的观点,正确认识数字化校园建设工程的长期性、艰巨性和复杂性。学校在建设中要立足本校实际,在数字化校园规划的研究与实践中注重经济、实用、高效,高起点建设,高水平设计,高技术配置。具体来说,应遵循以下原则。

①先进性。高校数字化校园综合管理平台建设采用先进的思想、成熟的技术与设计方法,顺应当前潮流与未来发展趋势,以便跟上信息技术的发展,具有较强的生命力,具有长期使用价值。

②实用性。高校数字化校园综合管理平台建设的核心目的就是"应用",必须坚持实用的设计原则,紧紧围绕学校的实际需求。在能够满足学校数字化校园综合管理平台建设要求的前提下,以尽可能少的投入取得尽可能大的效益。

③开放性。高校数字化校园综合管理平台具有良好的开放性和兼容性。采用面向服务的公共管理平台,通过信息门户、统一身份认证和公共数据交换,整合、集成各类应用系统和各种信息资源,以尊重历史、满足现状、适应发展。

④标准化。高校数字化校园综合管理平台应符合业界主流标准与规范,包括基础架构与各个应用系统,包括系统集成与数据整合,均遵循标准化原则,不依赖特定的网络、系统软件与硬件,能够部署并运行在各种主流的软硬件环

境中。

⑤可靠性。高校数字化校园综合管理平台支撑着整个学校的日常管理，必须具有高可靠性、高容错性和强大的数据处理能力。使用成熟的热备份技术和集群技术，以确保不间断运行、局部出错不影响整体、快速响应。

⑥稳定性。高校数字化校园综合管理平台必须具有良好的稳定性，保证持续运行时间长、故障间隔大、无故障时间长。

⑦可扩展性。高校数字化校园综合管理平台必须具有良好的可扩展性，对于管理模式的变化、组织机构职能的调整、业务流程的改变等，能够通过规则引擎简便配置即可快速适应变化、满足需求。

⑧易升级性。高校数字化校园综合管理平台采用独创的版本控制机制与更新包技术，能够简便快捷地完成平台整体或部分的版本升级。

⑨安全性。高校数字化校园综合管理平台涉及学校各个职能部门的大量敏感数据，安全运行至关重要。必须构建全方位、多层次、完善的安全保障体系，通过安全制度建设和安全教育培训，在保证物理安全和网络安全的基础上，保证数据安全。根据基础架构及各个应用系统的设计要求，采取不同的安全策略与安全措施，保证系统安全。

⑩保密性。高校数字化校园综合管理平台通过身份认证、角色定义与权限分配，确保每个用户能且只能访问相应的信息资源与应用服务。

⑪维护性。高校数字化校园综合管理平台的用户包括校领导、各个职能部门的管理人员、教师教辅人员和学生，必须坚持易维护的设计原则，确保结构清晰、界面友好、操作简单、维护方便。

⑫可管理性。高校数字化校园综合管理平台具有高可管理性，使平台管理员和运行维护人员的管理简便快捷，降低运行维护费用。

第二节 智慧高校的发展与应用

高校作为知识与信息服务机构的前沿，应该抓住机遇，通过物联网的系统化发展与应用，打造智慧校园。智慧校园是通过物联网技术来改变师生和校园资源交互的方式，以便提高交互的明确性、灵活性和响应速度，从而实现智慧化服务和管理的校园模式。具体地说，智慧校园是把感应器嵌入和装备到食堂、教室、图书馆、供水系统、实验室等各种物体中，并且被普遍连接，形成物联网，然后将物联网与现有的互联网整合起来，实现教学、生活与校园资源和系统的整合。

一、智慧校园的内涵和特征

从智慧校园的内涵与特征来看，不同研究领域的专家学者给出了各有侧重的定义。物联网技术专家突出智慧校园的智能感知功能，认为智慧校园是以物联网为基础、以感知或挖掘的信息相关性为核心的信息化应用模式。教育技术学专家侧重智慧学习环境与智慧课堂等教学方式改革的角度，认为智慧校园是基于新型通信网络技术构建业务流程、资源共享、智能灵活的教育教学环境。学校信息化建设专家则侧重智慧校园的应用和服务，认为智慧校园的建设不仅是物联网技术的应用，那只是感知部分，应更多考虑技术的特点，突出应用和服务。综合上述观点，智慧校园首先是学校信息化回归"以人为本"的一个新的发展阶段。智慧校园强调"以服务为核心，以管理为支撑"的理念，包括智能感知、资源组织、信息交换、管理逻辑与科学决策等。智慧校园环节的最终目的都是向用户提供更好服务。其次，智慧校园需要体现校园活动的"深度融合"。"深度融合"包括学校信息化工作与学校各项常规工作在机制与机构等层面的融合、信息化平台资源的融合与集约化利用、信息化业务流程与消息数据的融合、信息化基于所有校园活动以及与外部环境（如智慧城市）的融合四个层面。简言之，智慧校园的内涵可以用"以人为本、深度融合"进行表述。

智慧校园的特征是其内涵的具体化与形象化，其基本特征包括：

①具备对现实中人、物、环境等因素特征、习惯的感知能力，并能依据建立的模型智能地预测一般规律与发展趋势。

②以高速多业务网络体系支持各类消息、数据、信息的实时传递，最大限

度地消除时空限制。

③实现信息化平台的整合与集约化利用，体现资源的良好组织与优化存储。

④基于"大数据"理念的资源挖掘与资源推荐，实现智能化的决策、管理与控制。

⑤构建开放的、多维度的学习与科研空间，具备支持多模式、跨时空、跨情境的学习科研环境。

⑥信息化应用体现面向最终用户的个性化、综合化与社会化，信息化应用真正与社会整体信息化应用环境实现融合。

二、智慧校园的主要技术载体

技术是教育信息化发展的支撑与载体，近年来信息化新技术呈现出井喷的态势。云计算、大数据、移动技术、物联网及社交网络等技术被深入研究与推广应用，为智慧校园的实践打下了坚实的基础。

（一）大数据与数据挖掘

用智慧的计算构建智慧的校园，是智慧校园的重要特征。智慧的计算，就是在大数据环境下利用数据库、智能计算与数据挖掘技术，实现信息化体系对用户的理解和对趋势的把握。

大数据是数据分析的前沿技术，它具有从多样的数据库和海量数据中快速获取有价值信息的能力。大数据的特点体现为四个"V"，即大量化、多样化、快速化和高价值。

随着云教育平台建设，学校的数据尤其是非结构化数据增长很快，校园数据资源逐渐成为学校的宝贵财富。对学校的数据资源进行深入挖掘与分析，将为学校的政策制定提供更有说服力的数据支持，同时可以在因材施教、生活服务、舆情监控等方面发挥巨大作用。虽然大数据在智慧校园中有光明的应用前景，但目前仍有个人隐私保护、数据的可信度等问题，还需进一步的研究与探索。

（二）智慧课堂与未来教室

智慧课堂是指以"共享、融合、交互"为特征的教学信息化环境。智慧课堂鼓励教师、学生在课堂内使用移动设备和 WiFi 接入校园网和互联网，获取学习资源。教师利用多媒体教学设备，如电子讲台、电子白板和短焦投影仪随时查看学生的学习情况，实现师生、生生间的实时讨论与协作。未来教室在智慧课堂的基础上，增加了更多的虚拟情境、人工智能等技术因素，突出教室模拟现实世界的能力。

建设智慧课堂与未来教室的目的是把信息化运用于课堂教学，从而创新教育模式和学习方式，提高教学效果和质量。近年来，在课堂教学方面涌现了许多技术与产品，虽然技术基础已逐步趋于一致，但各产品在接口标准、开发理念和实现能力方面还是参差不齐。实现智慧课堂技术与产品的融合和一体化应用，仍有很长的路要走。

（三）物联网与环境感知

从网络角度看，物联网是一个泛在网络，如何高效、可靠、完全、智能地在泛在网络中进行信息传感、感知与处理是物联网的核心问题。从本质上看，物联网的信息传递平台仍然是网络（包括有线和无线），但物联网在网络终端增加了信息感知与处理功能，主要的感知技术包括射频识别、红外感应、视频监控、全球定位、激光扫描等。与传统终端到人的网络不同，物联网实现了人与物、物与物之间的智能识别、定位、跟踪、监控和管理，能够体现智慧校园的"智能化"特征。物联网已经在智慧校园的教学科研、校园生活、节能安保等方面逐步投入应用，如教学科研的实验室管理、图书识别与借还等，校园生活的一卡通、考勤管理、水电自动计费、节能安保的智能照明、智能插座等。但是，目前物联网在高校仍未得到体系化的部署与应用。

环境感知技术是与物联网类似的感知技术，主要应用在教学与科研场景。环境感知技术通过主动感知学习者、科研人员所处的学习科研环境的特征，建立和识别其所处的学习科研的模式和类型，智能地适配并提供各类教学科研资源。环境感知技术是一个复杂的跨学科技术，目前仍处于研究阶段，缺少典型的应用案例。

（四）移动互联与移动应用

移动互联技术包括 3G、4G、WiFi、自组织网等移动接入技术，移动互联突破了校园有线网络对网络接入的空间限制，体现了智慧校园的"开放化"特征。无线网络支撑智慧校园的校园移动互联环境必须兼具"规模、高速、融合、扩展"四个特点："规模"指移动信号的覆盖范围和接入数量；"高速"指移动互联的传输容量与质量；"融合"指移动网络与校内有线网络的相互贯通与认证一体化，"扩展"指移动网络承载新业务的扩展能力，以及与校外网络环境的适应性。

与传统网络相比，移动网络还有接入终端多样化的特点。智慧校园必须建设适应智能手机、PDA、平板电脑等多类型终端接入的移动应用平台。智慧校园应从提高信息服务的便捷性、简易性和集成性着手，开发轻量级的移动应用，并引入社交化、可运营、自我发展等新特点。最近，国内高校纷纷建立起校园移动应用体系，但目前该应用热点集中在消息获取、生活服务和应用查询等方面，仍缺少社交化、可运营方面的考虑。

(五) 基于云平台的教育资源整合与组织

为实现信息化新的发展时期信息资源共享、信息应用互通的目标，满足教育信息化的多样化、个性化、可持续发展的需求，《教育信息化十年发展规划(2011—2020年)》提出了"建设覆盖全国、分布合理、开放开源的基础云环境，支持形成云基础平台、云资源平台和云教育管理服务平台的层级构架"的建设目标。教育资源与云平台的融合，有利于资源的聚合、共享、升级、推送，解决教育资源分布不均、更新速度慢、共享程度低等问题，从而促进教育资源的均衡发展。

数字化校园主要完成了教育资源的初步整合和静态组织。受平台限制，这种资源整合主要体现在物理存储方面，资源本身在逻辑上很难体现良好的关联性。云平台"虚拟化、按需分配和易扩展"的特点为挖掘与关联教育信息化资源之间的隐含关系创造了条件，从而能够形成教育资源云中信息化资源的全局拓扑关系，更大限度地发挥教育信息化资源的效益，避免重复建设。数字化校园的资源组织多采用人工构造的静态的元数据技术，组织形式缺乏主动性与动态变化能力。基于云平台的资源组织将利用教育资源云在资源广度和深度方面的优势，感知并建模学习者在学习过程中的行为与兴趣，借助语义Web与本体技术根据学习者需求从多个维度形成教育资源的组织形态，充分体现教育与学习过程的个性化。

（六）社交网络与学习协作

社交网络可理解为社会性或社会化的网络服务，是为方便人际交往而形成的虚拟化的网络服务平台。社交网络已经成为当前信息技术发展的潮流，成为互联网向现实世界推进的关键力量。"社交网络以它开放式的联络方式、低成本的交际费用、迅速的信息更新等优势成为大学生们维系社会实体关系、展现自我个性、表达利益诉求的首选方式。"

从早期的电子邮件、BBS 到近年来应用广泛的微博、微信，随着移动互联技术的兴起，社交网络的信息传播方式已经完成由"一对多"到多元化传播模式的转变，成为最有效的学习协作和工作协作工具。如何在智慧校园建设中充分利用社交网络在协作方面的优势，是体现智慧校园社交化、拉近智慧校园与用户黏合度的重要课题。

三、现代智慧校园的发展策略

发展智慧校园，必然要有一个全面、正确的策略，在数字化校园的基础上引领教育信息化继续向前发展。发展智慧校园要重点考虑五个要素。

（一）增强智慧校园信息化的凝聚力与协同力

目前，部分学校对信息化工作的认识和定位仍不够到位，信息化部门仍处于辅助甚至边缘的地位。发展智慧校园，必须进一步提高信息化部门的管理、监督与统筹能力，加强顶层设计，把智慧校园纳入学校发展战略中。同时，学校要充分整合信息化发展资源，加强凝聚力与协同力，彻底改变多头建设、各自为战的工作局面。

（二）智慧校园建设要与学科、科研发展相结合

智慧校园中云计算、移动计算、大数据和智慧课堂等主要技术载体是当前信息技术的研究热点，许多学校在学科建设和科研项目中均积累了不同程度的研究成果。学校要注重学科、科研发展与智慧校园建设的相互促进、相互转化，这对形成学校自身的智慧校园发展优势与特色是大有裨益的。

(三) 利用智慧校园不断提高教育教学质量

对比高校的智慧校园与智慧城市、智慧社区等概念，最根本的区别就是智慧校园的教育特色，因此，教育教学模式的创新与变革是智慧校园应用的基本点。数字化校园注重对校务系统应用的整合，对教育教学模式发展的推动是有限的。智慧校园要形成其持久的生命力和影响力，必须牢牢抓住教育应用这个中心。

(四) 提高师生在智慧校园中的参与能力与创新能力

智慧校园的内涵与特征要求师生转变传统的信息化思维与应用模式。从智慧校园服务的角度看，用户要从被管理向主动参与、主动应用、主动反馈转变，从而保持信息化服务的生命力和可持续发展能力。从智慧校园教学模式的角度看，教师要进一步提升自身信息素养，掌握新的教学模式和方式方法、培养组织能力和创新能力；同时，也要激发学生兴趣，帮助学生掌握参与式、互动式的学习方法。

(五) 坚持用户驱动、应用驱动发展智慧校园，注重应用与技术结合

学校应以解决用户的实际应用需求为出发点，以信息化技术为工具和手段，坚持"以人为本"的智慧校园发展理念，建立规范准确的用户模型和反馈机制。智慧校园对用户的个性化支持是建立在对用户的理解和准确描述的基础上的，良好的用户模型是提供个性化支持的核心与关键，决定了个性化服务的效率和质量。

此外，智慧校园建设还要注重应用之间、技术之间、应用与技术之间的融会贯通，避免形成新的应用和技术孤岛。

四、智慧校园的应用

(一) 校园生活中的应用

校园生活的应用包括食堂管理、浴室水控管理、考勤管理、智能照明控制等。

1. 食堂管理

食堂管理是智慧校园的重要组成部分，基于 RFID 技术的食堂管理系统主

要分成三个部分。

含 RFID 电子标签的饭卡：师生每人拥有一张这样的饭卡，卡里面包含了用户信息。

RFID 阅读器：在每个食堂售饭窗口安置一个 RFID 阅读器，将读到的信息传至后台数据库查询，读取卡上金额，并扣除消费金额。

后台数据库管理系统：将用户的注册信息存储在数据库中，可以方便管理员对食堂消费业务的查询。

2. 浴室水控管理

基于 RFID 技术的浴室水控管理，可以实现用水自动化管理，主要功能如下：

信息数据实时显示：当 RFID 卡位于阅读器感应区时，阅读器就显示卡上余额，然后可立即进入用水计费状态。

消费模式：消费模式采用实时计费模式，即读卡就出水，并根据用水量实时进行扣费。

计费方式：按使用的流量计费，即外接脉冲流量表，可根据计算产生的流量进行计费。

3. 考勤管理

学生考勤是学校日常教学过程中必不可少的一个组成部分。常规考勤工作主要由教师承担，花费了教师额外的时间与精力。

基于 RFID 技术的考勤管理工作流程：每次上课前，学生用含 RFID 标签的校园卡（或手机卡）刷卡进教室，教室内的设备在接收到读卡器发送来的学生刷卡记录数据后，将数据发送到远程服务器；远程服务器接收到数据后，将数据存储到数据库中；然后，教务人员或者教师通过浏览器登录到考勤查询网站，可以实时地远程查询某一节课或某一个学生或某个教室在某一段时间内的考勤情况；学期结束时，每门课程学生的出勤情况或者某个学生在一个学期的出勤情况可以自动统计出来。

4. 智能照明控制

智能照明是利用物联网技术，使校园室内外的照明系统能够自主组网，每一盏灯都能遥测和遥控，教室和道路的灯可以接受控制中心的命令，反馈灯的各种状态，根据光强度和时段自动调节照明亮度。例如，对教室照明进行智能控制，当教室光照比较暗时，灯自动变亮；当光照比较强时，灯自动变暗；如果发现教室里没人，可以远程控制灯的开关。

（二）教育管理中的应用

包括日常教学、智慧图书馆和实验室管理等。

1. 日常教学

利用物联网技术有利于建立全面和主动的教育管理体系，利用 RF1D 技术的支持，可以完善教育管理的组织系统、评价和考核系统，从而为教学的质量建立保障和监控体系；有利于拓展学习空间、培养学习者自主学习能力，物联网能为学生的自主学习等提供支撑环境。例如，无锡市感知生长校园数字化农植园系统，就是让学生通过"感知"动植物生长情况，利用计算机及网络收集、处理和发布观测信息，交流种植经验，展示研究成果，从而提升学生的科学素养。

2. 智慧图书馆

智慧图书馆是数字图书馆与物联网相结合产生的新型图书馆，它具备了二者的所有特征。智慧图书馆的核心是人物互联，其基础则是数字化、智能化和网络化，智慧图书馆的精髓就在于实现了从知识服务到智慧服务的转变。

智慧图书馆通过物联网来实现智慧化的服务和管理，它的理想模式就是无需人工服务。目前，物联网在图书馆中的应用，主要是 RFID 电子标签，下面以智能书车为例来说明。

智能书车是一种移动式 RFID 文献归架管理设备，具有查询、定位书架进行智能导航等功能，可实现文献架位信息收藏、文献分拣、新文献上架等功能。具体流程：书籍拣到书车上，通过阅读器识别书籍的 RFID 中存储的信息，记录并显示文献在书车上的位置，同时根据获取的书籍存储架位信息，将需要上架的位置和书车上对应的书的存放档位对应起来，并在书车的显示屏幕上按照书库的位置将该书的具体上架位置显示和指引出来，方便工作人员进行高效率归架。

智慧服务模式对于高校图书馆中的工作人员以及服务设施都提出了一定的要求，要实现图书馆的智慧信息服务，就需要多个方面相互协作，共同服务。

3. 实验室管理

物联网应用到实验室中主要包括设备管理、实验过程管理和智能插座等。

设备管理：RFID 存储实验设备的基本属性等信息，可以利用阅读器方便地获取相关信息，然后利用网络进行统一管理。

实验过程管理：首先，RFID 可以帮助学生方便地获取实验步骤、操作要点、使用帮助等信息；其次，在实验过程中，操作不当时，能自动警告并中断实验过程，避免不必要的损失。另外，实验数据可以被实时采集并以适当的方式提供给实验者，实现实验教学的数字化、网络化与智能化。

智能插座：除了拥有传统电源插座功能外，它能够将各个实验设备的耗电量信息实时反馈给实验室管理员，管理员能随时开关插座，实现插座与人的对话，起到高效节能的作用。

智慧校园是通过物联网来实现智慧化的校园服务和管理，它通过物联网实现了校园内任何人、任何物、任何信息载体、任何时间、任何地点的互联互通，海量信息在物联网平台聚合而产生新的信息，从而给广大师生提供了智慧化的业务和服务模式。

毫无疑问，智慧校园为师生带来了极大便利，同时也面临着许多挑战。首先是成本问题，建设智慧校园首先要有一个统一的基础设施平台，包括有线与无线双网覆盖的网络环境；其次是师生隐私安全问题，由于物联网可以跟踪用户的行动、习惯以及偏好等，信息资源及师生隐私如何得到保护成为创建智慧校园亟待解决的问题；最后是管理机制尚未完备，物联网如何维护、如何管理、如何使用都是很大的问题。目前，智慧校园还处于摸索阶段，前景不明朗，但从长远来看，由于物联网应用前景相当广阔，智慧校园一定会像浙江大学在信息化"十二五"规划中描绘的那样：无处不在的网络学习、融合创新的网络科研、透明高效的校务治理、丰富多彩的校园文化、方便周到的校园生活。

第三节　物联网技术与数字化和智慧高校

物联网是通过射频识别（RFID）、红外感应器、全球定位系统、激光扫描器等信息传感设备，按约定的协议，把任何物品与互联网连接起来，进行信息交换和通信，以实现智能化识别、定位、跟踪、监控和管理的一种网络。物联网被称为继计算机、互联网之后世界信息产业发展的第三次浪潮。美国研究机构 Forrester 预测，物联网所带来的产业价值将比互联网大 30 倍，物联网将成为下一个万亿元级别的信息产业业务。近年来，物联网概念在我国也受到越来越多的关注。

一、物联网概述

（一）物联网的概念与发展

1. 物联网的概念

物联网这个概念，中国早在 1999 年就提出来了。当时它叫作传感网。其定义是：通过射频识别（RHD）、红外感应器、全球定位系统、激光扫描器等信息传感设备，按约定的协议，把任何物品与互联网相连接，进行信息交换和通信，以实现智能化识别、定位、跟踪、监控和管理的一种网络概念。"物联网概念"是在"互联网概念"的基础上，将其用户端延伸和扩展到任何物品与物品之间，进行信息交换的通信的一种网络概念。物联网的概念与其说是一个外来概念，不如说它已经是一个"中国制造"的概念，它的覆盖范围也不断与时俱进。

构成物联网产业五个层级的支撑层、感知层、传输层、平台层和应用层分别占物联网产业规模的 2.7%、22.0%、33.1%，37.5%和 4.7%。而物联网感知层、传输层参与厂商众多，成为产业中竞争最为激烈的领域。产业分布上，国内物联网产业已初步形成环渤海、长三角、珠三角以及中西部地区四大区域集聚发展的总体产业空间格局。其中，长三角地区产业规模位列四大区域之首。物联网的概念，早期国内外普遍公认的是 MITAuto-ID 中心 Ashton 教授 1999 年在研究 RFID 时最早提出来的。用一句话来理解物联网：把所有物品通过信息传感设备与互联网连接起来，进行信息交换，即物物相息，以实现智能化识别和管理。最简洁明了的定义：物联网是一个基于互联网、传统电信网等信息承载体，让所有能够被独立寻址的普通物理对象实现互联互通的网络。它具有普通对象设备化、自治终端互联化和普适服务智能化三个重要特征。

物联网指的是将无处不在（Ubiquitous）的末端设备（Devices）和设施（Facilities），包括具备"内在智能"的传感器、移动终端、工业系统、楼控系统、家庭智能设施、视频监控系统等，和"外在使能"（Enabled）的，如贴上 RFID 的各种资产（Assets）、携带无线终端的个人与车辆等"智能化物件或动物"或"智能尘埃"（Mote），通过各种无线和/或有线的长距离和/或短距离通信网络实现互联互通（M2M）、应用大集成，以及基于云计算的 SaaS 营运等模式，在内网、专网和/或互联网环境下，采用适当的信息安全保障机制，提供安全可控乃至个性化的实时在线监测、定位追溯、报警联动、调度指挥、预案管理、远程控制、安全防范、远程维保、在线升级、统计报表、决策支持、领导桌面等管理和服务功能，实现对"万物"的"高效、节能、安全、环保"的"管、控、营"一体化。

物联网的分类如下：

①私有物联网：一般面向单一机构内部提供服务。

②公有物联网：基于互联网向公众或大型用户群体提供服务。

③社区物联网：向一个关联的"社区"或机构群体（如一个城市政府下属的各委办局，如公安局、交通局、环保局、城管局等）提供服务。

④混合物联网：是上述两种或以上物联网的组合，但后台有统一运维实体。

⑤医学物联网：是将物联网技术应用于医疗、健康管理、老年健康照护等领域。

⑥建筑物联网：是将物联网技术应用于路灯照明管控、景观照明管控、楼

宇照明管控、广场照明管控等领域。

2. 物联网的发展

物联网的实践最早可以追溯到1990年施乐公司的网络可乐贩售机——Networked Coke Machine。

1991年，美国麻省理工学院（MIT）的Kevin Ashton教授首次提出物联网的概念。

1995年，比尔·盖茨在《未来之路》一书中也曾提及物联网，但未引起广泛重视。1999年，美国麻省理工学院建立了"自动识别中心"，提出"万物皆可通过网络互联"，阐明了物联网的基本含义。早期的物联网是依托射频识别（RFID）技术的物流网络，随着技术和应用的发展，物联网的内涵已经发生了较大变化。2003年，美国《技术评论》提出传感网络技术将是未来改变人们生活的十大技术之首。2004年，日本总务省（MIC）提出"Japan计划"，该战略力求实现人与人、物与物、人与物之间的连接，希望将日本建设成一个随时、随地、任何物体、任何人均可连接的泛在网络社会。

2005年11月17日，在突尼斯举行的信息社会世界峰会（WSIS）上，国际电信联盟（ITU）发布《ITU互联网报告2005：物联网》，引用了"物联网"的概念。物联网的定义和范围已经发生了变化，覆盖范围有了较大的拓展，不再只是指基于RFID技术的物联网。2006年，韩国确立了"u-Korea计划"，该计划旨在建立无所不在的社会，在民众的生活环境里建设智能型网络和各种新型应用（如DMB、Telematics. RFID），让民众可以随时随地享有科技智慧服务。2008年后，为了促进科技发展，寻找经济新的增长点，各国政府开始重视下一代的技术规划，将目光放在了物联网上。在中国，同年11月在北京大学举行的第二届中国移动政务研讨会"知识社会与创新2.0"提出，移动技术、物联网技术的发展代表着新一代信息技术的形成，并带动了经济社会形态、创新形态的变革，推动了面向知识社会的以用户体验为核心的下一代创新（创新2.0）形态的形成，创新与发展更加关注用户、注重以人为本。而创新2.0形态的形成又进一步推动新一代信息技术的健康发展。2009年，欧盟执委会发表了欧洲物联网行动计划，描绘了物联网技术的应用前景，提出欧盟政府要加强对物联网的管理，促进物联网的发展。2009年1月28日，奥巴马就任美国总统后，与美国工商业领袖举行了一次"圆桌会议"，作为仅有的两名代表之一，IBM首席执行官彭明盛首次提出"智慧地球"这一概念，建议新政府投资新一代的智慧型基础设施。当年，美国将新能源和物联网列为振兴经济的两大重点。2009年2月24日，2009 IBM论坛上，IBM大中华区首席执行官钱大群公布了名为"智慧地球"的最新策略。此概念一经提出，即得到美国各界的高度关注，甚至有分析认为IBM公司的这一构想极有可能上升至美国的国家战略，并在世界范围内引起轰动。2009年8月，温家宝"感知中国"的讲话把我国物联网领域的研究和应用开发推向了高潮，无锡市率先建立了"感知中国"研究中心，中国科学院、运营商、多所大学在无锡建立了物联网研究院，无锡市江南大学还建立了全国首家实体物联网工厂学院。自温总理提出"感知中国"以来，物联网被正式列为国家五大新兴战略性产业之一，写入政府工作报告，物联网在中国受到了全社会极大的关注，其受关注程度是美国、欧盟以及其他国家和地区不可比拟的。

2010年，发改委、工信部等部委会同有关部门，在新一代信息技术方面开展研究，以形成支持新一代信息技术的一些新政策措施，从而推动我国经济的发展。2011年12月，酝酿已久的《物联网"十二五"发展规划》（简称《规划》）正式印发。《规划》明确，将加大财税支持力度，增加物联网发展专项资金规模，加大产业化专项等对物联网的投入比重，鼓励民资、外资投入物联网领域。《规划》提出，到2015年初步完成产业体系构建的目标：形成较为完善的物联网产业链，培育和发展10个产业聚集区，10家以上骨干企业，一批"专、精、特、新"的中小企业，建设一批覆盖面广、支撑力强的公共服务平台。"十二五"期间，物联网将实施五大重点工程：关键技术创新工程、标准化推进工程、"十区百企"产业发展工程、重点领域应用示范工程和公共服务平台建设工程。其中，重点领域主要涉及智能工业、智能农业、智能物流、智能交通、智能电网、智能环保、智能安防、智能医疗和智能家居等。

物联网的发展，已经上升到国家战略的高度，必将有大大小小的科技企业受益于国家政策扶持,步入科技产业化的进程中。从行业的角度来看,物联网主要涉及的行业包括电子、软件和通信,通过电子产品标识感知识别相关信息,通过通信设备和服务传导传输信息,最后通过计算机处理存储信息。而这些产业链的任何环节都会形成相应的市场,加总在一起的市场规模就相当大,可以说,物联网产业链的细化将带来市场进一步的细分,造就一个庞大的物联网产业市场。思科最新报告称,未来10年,物联网将带来一个价值14.4万亿美元的巨大市场,未来1/3的物联网市场机会在美国,30%在欧洲,而中国和日本将分别占据12%和5%。

(二) 物联网的关键技术与应用领域

1. 物联网的关键技术

在物联网应用中有以下三项关键技术:

①传感器技术。这也是计算机应用中的关键技术。大家都知道,到目前为止的绝大部分计算机处理的都是数字信号,需要传感器把模拟信号转换成数字信号计算机才能处理。

②RFID 标签。这也是一种传感器技术,RFID 技术是融合了无线射频技术和嵌入式技术为一体的综合技术,RFID 在自动识别、物品物流管理方面有着广阔的应用前景。

③嵌入式系统技术。这是综合了计算机软硬件、传感器技术、集成电路技术、电子应用技术为一体的复杂技术。经过几十年的演变,以嵌入式系统为特征的智能终端产品随处可见:小到人们身边的 MP3,大到航天航空的卫星系统。嵌入式系统正在改变着人们的生活,推动工业生产以及国防工业的发展。如果把物联网比作人体,传感器相当于人的眼睛、鼻子、皮肤等感官,网络就是神经系统用来传递信息,嵌入式系统则是人的大脑,在接收到信息后要进行分类处理。这个例子很形象地描述了传感器、嵌入式系统在物联网中的位置与作用。

2. 物联网的应用领域及案例

(1) 应用领域

①智能家居。智能家居是利用先进的计算机技术、物联网技术、通信技

术，将与家居生活有关的各种子系统有机地结合起来，通过统筹管理，让家居生活更舒适、方便、有效与安全。

②智能交通。智能交通系统（ITS）是以现代信息技术为核心，利用先进的通信、计算机、自动控制、传感器技术，实现对交通的实时控制与指挥管理。交通信息采集被认为是ITS的关键子系统，是发展ITS的基础，成为交通智能化的前提。无论是交通控制还是交通违章管理系统，都涉及交通动态信息的采集，交通动态信息采集也就成为交通智能化的首要任务。

③智能医疗。智能医疗系统借助简易实用的家庭医疗传感设备，对家中病人或老人的生理指标进行自测，并将生成的生理指标数据通过固定网络或3G无线网络传送到护理人或有关医疗单位。根据客户需求，运营商还提供相关增值业务，如紧急呼叫救助服务、专家咨询服务、终生健康档案管理服务等。智能医疗系统真正解决了现代社会子女们因工作忙碌无暇照顾家中老人的无奈，可以随时表达孝子情怀。

④智能电网。智能电网是在传统电网的基础上构建起来的集传感、通信、计算、决策与控制为一体的综合数物复合系统，通过获取电网各层节点资源和设备的运行状态信息，进行分层次的控制管理和电力调配，实现能量流、信息流和业务流的高度一体化，提高电力系统运行稳定性，以最大限度地提高设备利用率，提高安全可靠性，节能减排，提高用户供电质量，提高可再生能源的利用效率。

⑤智能物流。智能物流打造了集信息展现、电子商务、物流配载、仓储管理、金融质押、园区安保、海关保税等功能为一体的物流园区综合信息服务平台。信息服务平台以功能集成、效能综合为主要开发理念，以电子商务、网上交易为主要交易形式，建设了高标准、高品位的综合信息服务平台。同时为金融质押、园区安保、海关保税等功能预留了接口，可以为园区客户及管理人员提供一站式综合信息服务。

⑥智能农业。农业物联网的一般应用是将大量的传感器节点构成监控网络，通过各种传感器采集信息，以帮助农民及时发现问题，并且准确地确定发生问题的位置，这样农业将逐渐地从以人力为中心、依赖于孤立机械的生产模

式转向以信息和软件为中心的生产模式，从而能够大量使用各种自动化、智能化、远程控制的生产设备。

⑦智能城市。智能城市产品包括对城市的数字化管理和城市安全的统一监控。前者利用"数字城市"理论，基于3s（地理信息系统GIS、全球定位系统GPS、遥感系统RS）等关键技术，深入开发和应用空间信息资源，建设服务于城市规划、城市建设和管理，服务于政府、企业、公众，服务于人口、资源环境、经济社会的可持续发展的信息基础设施和信息系统。后者基于宽带互联网的实时远程监控、传输、存储、管理的业务，利用中国电信无处不达的宽带和3G网络，将分散、独立的图像采集点进行联网，实现对城市安全的统一监控、统一存储和统一管理，为城市管理和建设者提供一种全新、直观、视听觉范围延伸的管理工具。

（2）应用案例

物联网的应用其实不仅仅是一个概念，它已经在很多领域有实践，只是并没有形成大规模运用。常见的运用案例有：

物联网传感器产品已率先在上海浦东国际机场防入侵系统中得到应用。机场防入侵系统铺设了3万多个传感节点，覆盖了地面、栅栏和低空探测，可以防止人员的翻越、偷渡、恐怖袭击等攻击性入侵。

ZigBee路灯控制系统点亮济南园博园。ZigBee无线路灯照明节能环保技术的应用是此次园博园中的一大亮点。园区所有的功能性照明都采用了ZigBee无线技术，达成了无线路灯控制。

（三）物联网的产业链分析

1. 设备制造商

物联网设备制造商能够生产出看得见的产品，如传感器、射频卡、芯片等，用户可以通过对相关产品或业务的使用得到亲身的体验。其优势是：

①处于市场的前端，对用户需求把握比较到位。

②快速将技术转化成产品，实现技术的商业价值。

③制造出有形的产品，用户容易接受，也愿意为之付费。

物联网是未来发展的焦点，如今，物联网产业链和产业体系已初步形成，均由概念走向应用。如英特尔公司为满足消费者对于更加智能、互联生活的需求，进一步扩展其芯片设计、制造工艺以及软件能力，以构建个性化的"互联计算"体验，将智能计算扩展到更广阔领域，全面助力零售、教育、交通、医疗等众多产业发展。

2. 系统集成商

系统集成是一个多厂商、多协议和面向多种应用的体系结构，需要解决各类设备、子系统间的接口、协议、系统平台、应用软件等与子系统、建筑环境、施工配合、组织管理和人员配备相关的一切面向集成的问题。因此，系统集成商相比设备制造商具有更明显的优势，可以整合多方资源，在产业链中具有上下整合的优势，因此也容易形成多方参与的商业模式。如最早提出"智慧城市"概念的银江股份，银江股份是一家"左右逢源"的系统集成商，专注于城市智能交通、智能医疗和智能建筑等物联网垂直行业应用领域，被认为是A股中少有的"纯正"物联网公司。

3. 网络运营商

未来物联网应用规模化普及的时候，受益最大的将是网络运营商。网络运营商直接面向规模用户，掌握庞大的用户数据库，拥有的资源多，业务推广能力与产业链整合能力强，因此是未来最被看好的获益环节。目前，各大通信运营商都已经开始了物联网业务发展，并且也加快了3G、无线网络等方面的建设，通信运营商是最有可能转化成为物联网运营商的。如早在2008年8月，AT&T就面向商业用户推出了一项计算机网络和存储服务SynapticHosting，由此成为首个进入云计算领域的电信运营商。

4. 平台供应商

物联网平台原是运营商差异化竞争的重要手段，也是运营商进军物联网的最佳切入点。随着物联网的快速发展，更多不同的物联网平台应运而生，如物联网信息平台、物联网服务平台、物联网应用平台、物联网云平台、物联网公共服务平台等。物联网平台为最终客户提供更可靠、更全面的管道服务，为系统集成商提供灵活的代计费和客户服务，为设备制造商提供终端监控和故障定位服务，为国际化终端厂家和物流厂家提供统一的计费和网络服务，为中小应用开发者提供快速、低廉的开发工具。如中国硅谷在线（www.sinos.vo.cn），作为中国物联网产业国际化交易平台，融合了生活物联网各个领域的尖端科技产品，并且通过一个平台就打通了采购、交易、物流等多个环节，让普通民众足不出户就可以轻松使用到潮流、智能的物联网产品，消费体验拥有生活物联网的高品质生活。物联网作为计算机、互联网、移动通信后的又一次信息化产业浪潮，有广阔的应用前景，在我国获得国家新兴产业战略层级的定位，将有巨大的发展契机和欣欣向荣的发展前景。

全球范围内物联网的产业实践主要集中在三大方向。第一个实践方向被称作"智慧尘埃"，主张实现各类传感器设备的互联互通，形成智能化功能的网络。第二个实践方向是广为人知的基于RFID技术的物流网，该方向主张通过物品物件的标识，强化物流及物流信息的管理，同时通过信息整合，形成智能信息挖掘。第三个实践方向被称作数据"泛在聚合"意义上的物联网，认为互联网造就了庞大的数据海洋，应通过对其中每个数据进行属性的精确标识，全面实现数据的资源化，这既是互联网深入发展的必然要求，也是物联网的使命所在。比较而言，"智慧尘埃"意义上的物联网属于工业总线的泛化。这样的产业实践自从机电一体化和工业信息化以来，实际上在工业生产中从未停止过，只是那时不叫物联网，而是叫工业总线。这种意义上的物联网将因传感技术、各类局域网通信技术的发展，依据其内在的科学技术规律，坚实而稳步地向前行进，并不会因为人为的一场运动而加快发展速度。

物联网概念的问世，打破了之前的传统思维。过去的思路一直是将物理基础设施和IT基础设施分开，一方面是机场、公路、建筑物，另一方面是数据中心、个人电脑、宽带等。而在物联网时代，钢筋混凝土、电缆将与芯片、宽带整合为统一的基础设施，在此意义上，基础设施更像是一块新的地球工地。故也有业内人士认为物联网与智能电网均是智慧地球的有机组成部分。

这几年推行的智能家居其实就是把家中的电器通过网络控制起来。可以想见，物联网发展到一定阶段，家中的电器可以和外网连接起来，通过传感器传达电器的信号。厂家在厂里就可以知道你家中电器的使用情况，也许在你之前就知道你家电器的故障。某一天突然有维修工上门告诉你家中空调有问题，你

第三章　现代数字化高校与智慧高校的发展

还惊异地不敢相信。物联网的发展，必然带动传感器的发展，传感器发展到一定程度，变形金刚会真正地出现在我们的面前。

（四）我国物联网的发展目标与发展趋势

1. 我国物联网的发展目标

物联网在中国迅速崛起得益于我国在物联网方面的几大优势。其一，我国早在1999年就启动了物联网核心传感网技术研究，研发水平处于世界前列；其二，在世界传感网领域，我国是标准主导国之一，专利拥有量高；其三，我国是能够实现物联网完整产业链的国家之一；其四，我国无线通信网络和宽带覆盖率高，为物联网的发展提供了坚实的基础设施支持；其五，我国已经成为世界第二大经济体，有较为雄厚的经济实力支持物联网发展。

我国物联网发展的十年目标是把我国初步建成物联网技术创新国家。教育部工信部授权理工科高校开设物联网课程，为学生传授物联网相关知识，但劣势是，师资力量相对缺乏。总体来讲物联网产业在中国的发展令人期待。中国物联网产业发展目标有以下三点：

第一，自主创新能力明显增强，攻克一批核心关键技术，在国际标准制定中掌握重要话语权，初步实现"两端赶超、中间突破"。即在高端传感、新型RFID、智能仪表、嵌入式智能操作系统、核心芯片等感知识别领域，高端应用软件与中间件、基础架构、云计算、高端信息处理等应用技术领域实现自主研发，技术掌控力显著提升；在M2M通信、近距离无线传输等物联网网络通信领域取得实质性技术突破，跻身世界先进行列。

第二，具有国际竞争力的产业体系初步形成。在传感器与传感器网络、RFID、智能仪器仪表、智能终端、网络通信设备等物联网制造产业，通信服务、云计算服务、软件、高端集成与应用等物联网服务业，以及嵌入式系统、芯片与微纳器件等物联网关键支撑产业等领域，培育一批领军企业，初步形成从芯片、软件、终端整机、网络、应用到测试仪器仪表的完整产业链，初步实现创新性产业集聚、门类齐全、协同发展的产业链及空间布局。

第三，物联网应用水平显著提升。建成一批物联网示范应用重大工程，在国民经济和民生服务等重点领域物联网先导应用全面开展；国家战略性基础设施的智能化升级全面启动，宽带、融合、安全的下一代信息网络基础设施初步形成。

从网络发展角度看，今后 10~40 年发展物联网技术的第一要务是要建设让大众快捷获取信息和知识、能有效协同工作、享受更高品质生活的信息网络。网络技术经济宽带化、移动化和三网融合，走向下一代互联网，进一步向后 IP 时代的新网络体系发展；物联网从监视、控制、反馈一体化，向泛在网络发展；在网络服务方面，基于物联网的现代服务业快速发展普及。网络媒体进入主流媒体，传统媒体与网络媒体融合，联合构建媒体舆论引导的新格局。云计算平台为物联网提供支持环境；物联网科学将从交叉学科融合，向完善的网络信息论发展。物联网相关技术和服务将相互影响，实现人类向往的充满智慧、更加美好、幸福的物联网时代。

2. 物联网的发展趋势

未来，全球物联网将朝着规模化、协同化和智能化方向发展，同时以物联网应用带动物联网产业将是全球各国的主要发展方向。

规模化发展：随着世界各国对物联网技术、标准和应用的不断推进，物联网在各行业领域中的规模将逐步扩大，尤其是一些政府推动的国家性项目，如美国智能电网、日本 Japan 计划、韩国物联网先导应用工程等，将吸引大批有实力的企业进入物联网领域，大大推进物联网应用进程，为扩大物联网产业规模产生巨大作用。

协同化发展：随着产业和标准的不断完善，物联网将朝协同化方向发展，形成不同物体间、不同企业间、不同行业乃至不同地区或国家间的物联网信息的互联互通互操作，应用模式从闭环走向开环，最终形成可服务于不同行业和领域的全球化物联网应用体系。

智能化发展：物联网将从目前简单的物体识别和信息采集，走向真正意义上的物联网，实时感知、网络交互和应用平台可控可用，实现信息在真实世界和虚拟空间之间的智能化流动。

结合本国优势、优先发展重点行业应用以带动物联网产业：物联网仍处于起步阶段，物联网产业支撑力度不足，行业需求需要引导，距离成熟应用还需要多年的培育和扶持，还需要各国政府通过政策加以引导和扶持，因此，未来几年各国将结合本国的优势产业，确定重点发展物联网应用的行业领域，尤其是电力、交通、物流等战略性基础设施以及能够大幅度促进经济发展的重点领域，它们将成为物联网规模发展的主要应用领域。

二、教育信息化发展进程

教育信息化是一个长期的发展过程，有其客观路径及规律，具有阶段性的特征。数字校园是教育信息化发展到一定阶段的必然产物，它在教育现代化进程中发挥着不可替代的作用，成了突破"信息孤岛"的利器，被赋予了"整合优质教育资源，打破部门之间信息壁垒，为教育教学提供优质服务"的重任。

经过一个周期的教育信息化建设，当前教育信息化又衍生和积累了一些新现象和新问题，信息化外部环境发展演进活跃，新理念与新技术不断涌现。在此背景下，教育信息化发展已清晰地呈现出智能化、开放化、个性化与社交化等特征。随着物联网、云计算等新一代信息技术的迅速发展，以用户为中心、协同创新、开放创新为主要特点的用户参与的知识社会创新 2.0 环境正在悄然形成，"智慧地球""智慧国家""智慧岛""智慧城市""智慧校园""智慧教室""智慧学习环境"等逐渐进入了人们的视野，给人们带来一种智能化程度极高的用户体验，使人们能够最大限度地享用技术发展的成果。"智慧校园"逐渐取代"数字化校园"，成为当前信息化发展的主题与潮流。

（一）从数字化校园到智慧校园

21 世纪初，国内学校围绕着数字化校园的酝酿、规划、建设和应用展开教育信息化工作。数字化校园建设的内涵主要体现在数据整合与应用集成两个方面，其目标是实现学校信息资源整合、信息应用集成，构建基于统一标准、各类信息充分共享和流通的学校统一数字平台。回顾、总结、重新审视数字化校园的建设过程与应用效果，我们发现，数字化校园远非学校信息化发展的终极目标，甚至还没有达到信息化发展的高级阶段。数字化校园在一段时期内确实给学校的传统业务流程及教与学模式带来一些变革，但这种变革仍然是被动、缓慢的，没有产生显著、可持续的影响。究其原因，江苏师范大学的王运武以系统思维的视角论述了数字化校园建设过程中的系统思维缺失现象，北京师范大学黄荣怀等从学习环境的变革趋势视角分析了由数字化校园向智慧校园演进的必然性。当前数字化校园的建设与应用主要存在以下问题：

①数字化校园建设主要聚焦信息门户平台与部门管理系统的业务整合和数据集成，在最根本的教与学方面融合度不够，难以推动教学模式的变革。

②大集中式、并发式的建设牺牲了业务部门管理信息系统的专业性、复杂性和可扩展性，导致许多管理系统的应用效果不如预期。

③数字校园整体上体现的仍是管理思维，服务模式单一，主要依赖被动处理，对最终用户的服务支撑能力依然偏弱。

④访问方式在时空特性上存在局限，校园内外信息化环境相互"割裂"，交互性不强，难以形成覆盖学校内外各项活动的整体联动的信息化应用环境。

技术并非产生上述问题的主要原因，其原因可以归为两个层面。第一个层面出现在数字化校园建设理念与整体规划上。数字化校园建设初期，大部分学校都建成并应用了基本覆盖学校工作的办公自动化系统与业务管理系统。学校的数字化校园规划基本上都围绕着实现系统间的数据整合、交换以及业务流程贯通展开，但这些系统是为了方便业务部门的日常管理建设的，并没有很好地体现面向最终用户的服务理念，在使用上往往以用户的不便来换取管理的便利。在这种建设理念下，即便是数字化校园建设与应用效果较好的学校，信息化应用与最终用户的紧密度和亲和度仍存在很大差距。第二个层面出现在数字化校园建设实践过程中。数字化校园建设是一个庞大的系统工程，涉及学校工作的方方面面，因此，协调与合作成为数字化校园建设实践中遇到的一个最大的难题。多数情况下，参与数字化校园建设的学校各部门，由于角色、视角、能力的不同，容易产生校内群体的利益博弈。在平衡与协调校内利益的过程中，学校很难形成一股保证数字化校园正向进化与协同发展的合力。

因此，学校信息化迫切需要从数字化校园向智慧校园转型。而云计算、物联网、移动技术和社交网络等新技术的迅速发展与广泛应用，也为这种转型创造了良好的外部环境与实现手段。

技术对教育变革的影响极其漫长，但这次对教育的影响却极其迅速，教育领域很快接纳了"智慧"这个词语。在教育领域对能否实现"智慧"还在争论的时候，意识超前的专家学者对"智慧校园""智慧教室""智慧学习环境"进行了探索，教育中的"智慧"应用正在开展。例如：黄荣怀教授等发表了系列论文对"智慧学习环境"的概念与内涵、构成要素和技术特征，支持智慧校园建设的五种关键技术，智慧学习环境中的学习情景识别，智慧教室的"SMART"模型概念等进行了探讨。陈卫东博士等对未来课堂的特性、智慧性体现、智慧学习环境的实现技术等进行了探讨。江南大学、厦门大学等已经将智慧校园建设付诸实践，典型智慧应用正在逐步开展，如手机开门、借书、考勤、消费，电子围篱，车牌自动识别，水电自动监控，移动智能卡，学习过程自动分析，学习情景自动识别等。随着人们信息化水平的提升，人们对技术发展的依赖性正逐渐增强。尽管智慧学习环境的研究和实践探索刚刚开始，数字化校园作为学习环境的重要组成部分，其发展必将趋向智慧化，智慧校园将会成为数字化校园未来发展的形态。

现实校园数字化为数字化校园，数字化校园智慧化为智慧校园，智慧校园是智慧学习环境的组成部分。现实校园、数字化校园、智慧校园之间是"耦合"的关系，耦合程度越高，越有利于数字化校园的建设与发展。数字化校园和智慧校园是现实校园的补充，并非取代现实校园。智慧校园是数字化校园智慧化到一定程度的产物，智慧校园的"智慧"主要表现在智慧环境、智慧管理、智慧教学、智慧学习、智慧科研、智慧生活等方面。

①智慧环境。教室、图书馆、实验室等学习场所的温度、湿度自动感知、自动调整，灯光亮度自动调节；空气污染、噪声自动检测，自动通风，自动降低噪声；恶劣气候环境智能提醒，细菌超标自动提醒。

②智慧管理。校园安全自动监控；师生心理问题动态化智能干预；智能考勤；智能门禁；水、电、暖气等能源的自动节能监控；办公文件的智能流转；重要事情智能提醒；图书智能借阅，仪器设备的智能借阅；财务智能转账（如校园卡内低于100元时，自动从银行转账）；网络故障、服务器故障的自动报警（如有故障时，立即给管理员发信息）；网络流量智能管理；教室、体

育场、会议室等智能管理。

③智慧教学。教学内容的智能聚合；教学方法、模式的智能推荐；依据学生水平，智能组卷；网络协同备课；教师教学能力的智能训练。

④智慧学习。学习情景自动识别，学习资料的个性化推送；学习过程的自动分析；学习结果的自动分析；人生成长的数字化记录；职业生涯的智慧咨询；相同兴趣学习伙伴的智能聚合；无处不在的个性化移动学习；学习内容难度的自适应。

⑤智慧科研。科研资料，尤其是最新研究进展、学术会议信息的自动推送；科研团队的网络化聚合；科研数据资料的自动分析处理；科研论文的网络协同协作；科研创新的智能发现。

⑥智慧生活。旅游路线的智能设计；购物、就餐智能推荐；血压、血糖等自动监测；用药智能提醒；基于共同兴趣、个性化需求的智能交友；团体活动、娱乐信息智能推荐。

尽管很多学校都在进行数字化校园建设，很多专家学者都对数字化校园进行了研究，但是数字化校园建设是一项复杂的系统工程，在其推进过程中还存在很多有待进一步研究的问题，需要从管理学、教育技术学、系统科学、计算机科学、教育学等不同的学科视野对其进行探讨。当前，数字化校园建设中存在的概念内涵理解因人而异、功能结构偏离核心业务、规划与设计顾此失彼、对数字校园认识简单化等问题制约着数字化校园功能效益的发展，制约着数字化校园未来的发展。运用系统思维对数字化校园建设中的群体利益关系、系统的输入输出、推进困难的多重原因、系统的实体关系、系统循环等进行分析，可以加强对数字化校园的深刻理解，寻找到数字化校园建设中的关键问题及解决策略，以从根本上推动数字化校园的建设与发展。

尽管目前对智慧校园的研究和实践探索还很少，但是它必将是数字化校园未来发展的主要形态。当前对智慧校园的探索还是一个美好的愿景，智慧化程度还有待进一步提高。智慧校园未来发展的关键是"智慧"体现在何处、如何体现，尤其是在"节能减排""绿色环保""生态文明""勤俭节约""效益最大化"的理念下，如何建设个性化、智慧化特征鲜明，实用性强，用户满意度高的智慧校园。

教育信息化的发展和应用水平正日益成为学校的核心竞争力之一。学校信息化由数字化校园向智慧校园的演进是教育信息化发展客观规律的必然体现，也是当前教育信息化发展的趋势与潮流。如何准确理解智慧校园的内涵与特征，融合信息化热点技术，科学制定智慧校园的发展策略成为学校在大信息时代的重要课题。

（二）国内外校园信息化建设的现状

1. 国内校园信息化建设的现状与问题

（1）校园信息化

《中共中央国务院关于深化教育改革全面推进素质教育的决定》指出，要大力提高教育技术手段现代化水平和教育信息化程度；《国家教育事业发展"十一五"规划纲要》指出，以教育信息化带动教育现代化。随着信息化高速公路的迅猛发展，人类社会向高技术、高学历特征发展，高等校园信息化建设已引起政府的高度重视。

校园信息化（"数字化校园"）是以网络为基础，利用先进的信息化手段和工具，实现从环境（包括设备、办公空间、研究空间、教学空间等）、资源（如图书资料及专业数据库、教师讲义与课件、网上专业咨询等）到活动（包括教、学、科研、管理、服务、办公等）的数字化，在传统校园的基础上，构建一个既对应又有本质不同的数字空间，拓展现实校园的时间和空间维度，为师生提供网上信息交流环境，提升传统校园的效率，扩展传统校园的功能，创建电子校务、教育资源、虚拟社区及网络服务的数字化虚拟大学教育环境，最终实现教育过程的全面信息化，从而达到提高教学质量、科研和管理水平与效率的目的。

随着信息化高速发展，校园信息化经历了四个发展阶段：

①校园网硬件平台搭建的硬件集成阶段，即信息化基础设施建设阶段，包括网络硬件环境的构建和基本服务系统的开发，是校园信息化建设的初级阶段。

②学校管理信息系统建设的应用软件集成阶段，即综合信息系统建设阶

段,将网络应用到校务系统建设和管理,如教务管理、人事管理、财务管理等,并实现单位间、人员间数据共享,提高管理效益,是校园网"信息高速公路"的发展阶段。

③网络教学建设阶段,学生可以在多媒体电子阅览室获取教学光盘、音频、电子图书等海量信息,如网络选课、考试和自主学习、远程课堂等,借助数字投影仪、多媒体等进行网络教学,实现电子商务和办公自动化,并通过不同渠道发布校园信息,促进校园信息化建设发展的良性循环。

④数字化校园建设阶段,包括计算机网络、多媒体、虚拟现实等数字化技术与教育教学多个环节的融合,其对教育体制、教学模式、内容等进行重构的现代数字技术群体,实现网络数字化和知识生产,教育信息系统从信息管理转向知识管理,教育软件智能化程度不断提高,不仅是教育信息化的实体表现,能拓展现实校园的时间和空间维度,而且对国家实现"科教兴国"战略目标的意义更加重大。

校园信息化技术被广泛应用到校务管理的不同领域。其一,电子校务工程。通过在校园网上建立学校门户网站,如教学处、档案室、图书馆、医务室等,建立部门内、部门间的网络平台,实现师生沟通、网上办公、对外宣传、政务公开等,实现办公自动化向管理信息化转变。其二,电子教务工程。网上进行学生学籍、课程、考务管理,继续教育和培训,网络课堂等,提高教育管理效率。其三,数字化教学。建立由学校带头,各教研室、实验室、图书馆、学生年级和社团广泛参与,联合共建和共享的校园网络系统,同时纳入课堂教学、远程教育、在线考试、个性化学习和辅导等形式和内容,凸显其强大的生命力。其四,后勤保障信息系统。后勤管理是校园运行的安全保障,包括财务管理、资产管理、一卡通、设备维修等,可实现身份识别、无现金支付、个人数字化助理等功能。其五,远程教育、社区服务系统。面向社会的远程备课、授课、辅导及考试等远程教学多维管理,是实现资源最优化利用的有效手段。

(2) 国内现状

为大众所熟知的校园网,是在一定的教育思想和理论指导下,为学校师生提供教学、科研和综合信息服务的计算机网络,它更偏重于网络硬件基础的建设。校园信息化是以数字化信息和网络为基础，利用计算机技术、网络技术、通信技术和科学规范的管理，对校园内的学习、教学和科研等所有信息资源进行整合和集成，信息技术运用到教育教学的过程，它更偏重于支撑系统的建设。校园信息化比校园网包含的内容更加广泛，不仅有硬件的部分，还包含多方面的数字化服务、基础建设。现阶段我国高校校园网的主带宽以千兆为主，部分高校是万兆级的校园网，校园网的终端主要用于学生使用和教学、科研、管理使用。

我国高校信息化建设与国外发达国家高校相比起步较晚，但发展很快，高校信息化建设在上级机关的大力支持下，在各领域均取得了突飞猛进的发展，取得了巨大的成就，主要表现在以下几个方面：

①在硬件方面，基本都建成了千兆以太校园网，信息化体系初现规模。

②各院校都拥有设备先进的教育技术中心、网管中心和计算机机房，自主开发了学院门户网站、部门网站和形式多样的个性化网站，教室基本都进行了信息化改造。

③通过各种软件进行了大量的资源建设，为教学训练信息化积累了庞大的数字化资源。

④办公自动化系统、车辆管理系统和档案管理系统等相继研发成功并投入使用，使信息化办公、管理和保障等领域建设成绩显著，还进行了校园"一卡通"的尝试，实现了校园内部各类信息的共享，提高了管理质量和效率。

⑤在开展信息化教学训练的同时，大多数院校都利用网络资源丰富了校园文化生活。

信息化教学和高校管理信息化在部分本科院校运用得较为成熟，投入和建设也比较多，而在部分高校，教学与管理方面的信息化程度都远远不够。教学中，只有教学 PPT 的使用率比较高，网络资源也只有在少数本科院校使用情况良好，网络教学的使用就更不乐观。高校管理的信息化建设，必须建立一套科学的、规范的运行机制，通过现代化的手段和管理方式来提高管理效率，实现管理信息化。

我国部分高校在数字化校园建设与应用以及促进入才培养模式创新方面已

取得一定进展：大部分高校各个专业积极推进高等教育精品资源共享课程，进一步完善精品课程网站建设，实现资源共享与互动；通过校园网实现图书文献资源的校际与网络共享；智能教室等信息设备的配置与使用为教育改革和创新提供了支撑；合作成立校级虚拟仿真实验教学中心，同时，部分高校正在建立虚拟仿真实验教学平台，实现师生、生生跨校区远程实验指导与交流等信息化建设；师生积极使用诸如课程中心、课程申报系统等信息化资源，加快对课程和专业的数字化改造，不同高校针对不同的专业课程也在积极建立专业的网络教学课程资源平台，比如北京航空航天大学电子信息工程学院"微波学堂"网络社区整合了包括微波技术、电磁场理论、高等电磁场、电波传播与天线等多门电磁场与微波领域课程的数字化教学资源，实现网络共享与互动讨论。此外，高校还应主张不断创新信息化教学与学习方式，提升个性化互动教学水平，创新人才培养模式，提高人才培养质量。高等教育信息化发展规划还应在以下几个方面重点加强：其一，持续加强绿色、文明、安全的数字化校园建设，在此基础上不断促进信息化环境下的人才培养模式创新；其二，应积极与科研院所、对口企业共建共享科技教育资源，完善巩固科研创新信息化支撑体系，推动高校知识创新，构建数字化科研协作支撑平台，推进研究实验基地、大型科学仪器设备、科技资源与数据、科学文献的共享，支持跨专业、跨领域、跨地区的协同创新；其三，积极利用信息化手段，推进产学研用结合，加快优质科研成果转化，提高高校服务经济社会发展的能力。

总的来说，高校信息化建设是一个庞大的系统工程，涉及高校从教学到管理的方方面面，还需我们继续在摸索中前进。

（3）存在问题

随着我国高校建设信息化校园的规模不断扩大，一些问题也逐渐凸显出来。

①基础设施落后。大多数高校的校园网建设时间相对较早，而网络信息发展速度飞快，校园网在设备、技术上处于落后水平，已无法满足信息化需求。

②软件建设远远落后于硬件建设。在一个完整的信息系统中，硬件是身体，软件就是灵魂，两者相互依存，不可分割，无论忽视了哪一方面都会对另

一方面产生不利影响。随着信息产业的发展，硬件的性能迅速提升，技术标准统一，而且成熟稳定，建设相对简单，在较短时间内就能看到成效，所以硬件建设已经不是信息化建设中的难点。然而软件的建设却不像硬件那样容易实现，原因就在于：首先，软件需要花费时间进行详细的需求分析，通用的软件无法完全满足该单位的特殊需要，需要进行二次开发；其次，软件的开发占用的人力物力多，需要根据需求不断地试用、调整和完善，解决出现的各种问题并优化，开发周期较长。以上两方面的原因就使软件的建设速度远远慢于硬件，难以在较短时间内建成使用，形成了硬件性能过剩而软件应用不足的局面。

③缺少统一的软件建设标准。对于软件，用户关心的是功能体验，对于底层技术和实现方式很少提出具体的要求，由于缺少统一的软件建设标准，已经建立的应用信息平台标准不一，信息系统互不兼容，成本消耗大。再加上开发人员擅长的开发手段多种多样、水平参差不齐，就使得不同开发人员在进行同一系统的开发部署时有很大的差别，开发架构、函数接口、变量命名方式、数据存储、文档和程序编写风格的不统一让软件的升级和维护工作基本上不可能让其他开发人员接手。缺少统一的软件建设标准的另一个后果就是软件的可扩展性变差，业务逻辑上有关联的软件相互独立，数据的交换需要进行转换，影响了用户操作的连续性，降低了工作效率。

④重复建设多，系统间互操作难以实现。目前，院校信息化建设的方式是由下向上的，也就是上级领导只是提出了笼统的建设要求，具体的实施则由下级业务部门根据自身需要来进行，没有统一的规划，就形成了如下局面：

a. 基础数据重复建设多。软件操作的核心在于数据，编制体制、人员信息等公共基础数据尤为重要，是每个软件保持生存的必不可少的基础。但是由于缺少统一的规范，每个软件在开发时都根据需要建立并扩展了各自的公共基础数据库，同一类事务的数据存储方式和表现形式均不相同，信息的完整性和准确性得不到保证，与其他软件无法互联互通，既增加了开发的成本，又造成了理解的混乱和管理的困难。

b. 应用系统重复建设多。目前院校应用最多的是以海量应用数据为支撑、通过网站形式出现的综合信息发布平台，包含了新闻资讯、资源共享、论坛等应用，只要条件允许，每个单位都可以建立。这些信息发布平台提供的功能相近，但是界面风格不一致，随意性较强，无法统一管理，并且提供的文档、图片、新闻、视频等数据的内容难以监控，相同或类似的资源重复发布的情况较多，占用了宝贵的存储资源，增加了维护人员的工作难度。

c. 设备应用率低。很多高校在选择硬件设备的过程中，过多地考虑硬件设备的先进性，对其应用过程中的使用率和使用方案关注少，实用性不强。

d. 前期投入多，后期维护少。学校过多关注"硬指标"的配置，对已配置的设备后期维护不足，资源更新及加工投入不足，缺少相应的技术管理人员，而现有的管理人员缺乏统一的管理标准和制度。

2. 国外现状

教育信息化问题首次提出是在1993年美国"国家信息基础设施"报告中，在此之后成为美国乃至世界各国教育改革与发展的重点与突破方向。美国教育信息化发展战略的演变经历了四个阶段。第一阶段是NETP1996（即《帮助美国学生为21世纪做好准备：迎接技术素养的挑战》），其发展任务包括全国所有教师得到他们所需要的培训和支持，从而帮助学生学会使用计算机和因特网；所有的教师和学生拥有配备现代化计算机的教室；所有的教室都连接信息高速公路；优质的学习软件和在线学习资源成为学校课程中一个有机的组成部分。第二阶段是NETP2000（即《数字化学习：为所有学生提供触手可及的世界课堂》），其发展任务包括所有的学生和教师都能在教室、学校、家里和社区中使用信息技术；所有的教师都能有效地运用技术来促进学生的高水平学习；所有的学生都具备信息技术素养；通过研究和评估促进技术在教学中的应用；利用数字化的学习内容和网络应用程序改变教学。第三阶段是NETP2004（即《迎来美国教育的黄金时代：因特网、法律和学生如何变革教育期望》），其发展任务包括提升领导能力、考虑革新预算、改进教师培训、支持在线学习和虚拟学校、鼓励使用宽带网、迈向数字内容、整合数据系统。第四阶段是NETP2010（即《变革美国教育：技术助力学习》），要对整个教育系统进行革命性的变革，并提出了"技术支持下的21世纪学习模型"，该模型包含了学习、评价、教学、基础设施和生产力这五个重要要素。

美国国家教育技术规划（NETP2010）《变革美国教育：技术助力学习》强调应用信息技术与手段促进美国教育的全面变革，大力提高教育生产力。美国高校在管理、教育及图书资源等的信息化建设方面已取得了突出成绩，具备了丰富经验。

新加坡教育部分别于1997年、2003年、2008年发布了教育信息化一期（MasterPlan1）、二期（MasterPlan2）、三期（MasterPlan3）发展规划，简称MP1、MP2、MP3。MP1（1997—2002年）注重拓展丰富开放的学习环境，加强校内外联系；鼓励创新思维、增强社会责任感；促进教育行政管理能力的提升。以此为基础，MP2（2003—2007年）侧重信息技术与课程教学的融合，在教学过程中充分应用信息技术来加强课程、教学以及评价的联系；教师有效利用信息技术，积极开展信息技术在教育中的应用研究，促进自身专业发展；信息技术基础设施能保障信息技术的广泛传播和有效使用。MP3（2009—2014）强调利用信息技术促进学生的自主学习，并在学习者、教师、学校、基础设施等方面确立四个目标，分别为：学习者充分有效使用信息技术，培养自主及协作学习能力，成为有远见及责任感的信息技术应用者；学校引导在教育中的信息技术应用，为师生使用信息技术开创条件；教师帮助学生丰富信息化环境的学习体验，促进其自主及协作学习；信息技术基础设施能支持实现随时随地、无处不在的学习。

新加坡和我国的教育信息化战略目标存在相似之处但又各具特色，其相似点是都提出在保证教育信息化基础设施建设全面覆盖的基础上注重优质教育资源的人人享用。新加坡重视充分使用信息技术，使其深入渗透到教学过程之中，促进学生自主、协助学习。

英国自20世纪末开始充分发挥其综合国力优势，增加经费支持科研开发，加强信息化基础设施建设，提高了教育信息化的整体水平。英国高校联合信息系统委员会于2009年发布的《JISC2010—2012战略》是面向高等教育信息化领域具有典型意义的一份战略规划文件。英国通过法律敦促教育信息化建设，为进一步通过信息技术手段构建学习型社会提供保障。英国政府借助信息技术运作的"产业大学",把学习者的需求和各类教育资源的供给及时、有效地结合起来,极大地推动了英国终身学习社会的构建。

英国的全国学习网络搜索功能强大,成为欧洲最大的教育门户网站,它是一个可以满足每个人学习需求并向所有学习者提供优质学习资源的新型平台,这个学习网由遍布在全国、分布合理的各个学习中心组成,在终身学习环境构建方面值得我国学习。

韩国教育信息化的发展大体经过了四个阶段。在启动与基础阶段(1996—2000年),韩国政府斥巨资资助所有学校的信息化基础设施建设,建立全国性教育门户网站EDU.NET,开展信息素养教育等;ICT应用阶段(2001—2003年)的发展重点是教育内容开发与传递的标准化、教育资源共享(ERS)、教育管理信息化(建立国家教育信息系统)等;电子化学习阶段(2004—2005年)旨在基础教育方面建立网络家庭学习系统,将教师、学生和家长紧密联系起来,高等教育信息化则主要表现在对电子化学习的应用与研究方面;普适学习(u-learning)阶段(2006年至今)侧重未来教育研究与开发,探索新的技术和新的教学模式,开展普适学习,进行ICT整合于课程的深入研究,继续支持和建立大学电子化学习支持中心,进一步加强信息技术教育应用的国际交流与合作等。韩国高等教育信息化的最大亮点是地区性电子化学习支持中心的建立,以及信息技术对大学教学、学习和管理、科学研究和学术创新等方面的促进和支持。

日本教育信息化的快速发展开始于20世纪90年代,进入21世纪后,日本政府相继推出"e-Japan""u-Japan"和"i-Japan"三大信息化发展战略,使日本教育信息化的发展有了质的飞跃。日本政府对于教育信息化的发展十分重视,支持力度大,教育信息化新策略更新比较频繁。此外,日本教育信息化程度高的一个较重要的因素是注重教师的信息化能力培养,日本教师需要接受信息技术方面的考核,在教师资格证更新时还需选择信息技术方面的课程进行学习。

日本通过政策、基础设施建设及学校信息教育推进等多种措施有效加快了本国教育信息化进程,取得了很好的成效。在政策推进方面,日本从1992年到2002年10年间5次制定并出台教育信息化实施计划,大幅度加快了日本大中小学校信息技术与教育教学的融合进程。日本为实现已定教育信息化目标，从 1994 年开始在基础设施建设方面不断增加政府经费投入，加快计算机和互联网的建设进程，目前已实现每个家庭享有高速高效的信息互联网络。日本 2010 年发布的《教育信息化指南》中，从信息技术教育等九方面详细阐述了今后日本教育信息化建设与发展的重点与方向。

（三）提高高校校园信息化建设的建议

1. 统筹发展，资源共享

高校信息化建设最关键的首先是顶层设计，成立信息化建设领导小组，信息化建设应从总体设计、具体实施、技术应用、人才队伍、制定规范等方面制定战略规划，统筹、协调、保障各个部门按照规划顺利运作，从全局出发对信息化建设的各个阶段建设步伐提出实施方案，利用集中型体制的特点，通过统一规划、集中部署、整体实施，信息资源的互通和共享，在顶层设计的统筹规划下，使信息化建设的决策更具有科学性，增强高校信息化的核心竞争力。

2. 先进的教育理论作指导

信息化教学，是现代信息化技术手段的运用过程，也是深化教育改革的过程，所以必须要有先进的教育理论作为指导。

3. 建立信息化评价体系和发展长效机制

不少高校对信息化项目的审批、信息化建设水平和服务能力建立了评估体系。信息化项目评估体系主要用于在信息化项目立项前了解其重要性和影响，从而对项目进行分类并划分优先级。

4. 信息技术"一体化"战略

传统的业务系统追求独立性，独立地以某个部门或者服务对象为服务主体，无论是硬件基础设施还是软件数据库都相对分离。这种模式在高校信息化建设的早期，对校园信息化建设和高校行政管理做出了较大贡献。随着信息化技术的发展和服务意识的增强，其建设模式走向了"一体化建设"的道路，以信息"一站式"服务为目标、以用户服务为核心，融合软件、硬件，明确统一的服务入口；业务部门之间进行业务整合和数据贯通，优化和简化业务流程。在虚拟化、云计算等技术的支撑下，极大地提升硬件基础设施的利用率，通过集群承载虚拟机、多设施提供云化服务的方式，实现设备和应用的高度融合，以及信息化建设模式的整体战略转型。

5. 统一要求，自顶向下建立规范的软件建设标准

软件的开发离不开标准，再简单的应用也有其建设的依据。为了解决软件建设标准不统一而导致的管理混乱、权责不明等问题，就需要对工程管理、工程实施中采用的标准进行分析和归类，建立完整的规范体系，作为软件建设的统一标准。有了这样一个标准，软件的研发和验收就可以做到有章可循，工程质量将会得到有效保障。通过进一步细化和不断完善，这个建设标准不仅可以作为院校信息化建设的依据，还可以扩展成为其他行业的信息化建设规范。

6. 整合需求，建立统一的基础数据库和公共软件平台

编制体制、人员的管理模式以及教学和保障的方式方法等内容都是基础数据，能够保证其唯一性，在每个软件中都需要大量使用。如果在信息化建设的过程中不能充分利用现有数据，就会造成信息系统林立，研发资源被浪费的状况发生，甚至因为数据的不一致产生更严重的后果。因此，有必要对现有院校的工作内容、方法和流程进行整理和分析，总结归纳出通用的数据交换格式，对数据的定义、属性等内容进行详细说明，并以此为基础建立相应的基础数据库以及能操作该数据库的公共软件平台，并为更高层次的开发开放接口。由于基础数据被统一管理，以前数据表达不一致的问题能够得到有效解决，其他的软件只需要调用即可，减少了维护的成本并降低了管理的难度。

7. 规范研发，提高资源的整合共享力度与软件系统间的互操作性

基础数据库和公共软件平台只是解决了底层基础数据的一致性问题，要切实推进院校信息化建设，就必须从院校的办学特色出发，研发出符合自身需要的应用系统。教学是院校的中心任务，各部门在业务上既互相独立又保持了紧密的关联，围绕教学和各部门的需求开发的一系列特定的软件注定不能独立存在，相互之间需要有数据交换的通道，这就对软件系统间的互操作性提出了新的要求。因此在软件研发的过程中，应当以软件建设标准为指导，撰写完整的开发文档，数据库建设和代码编写要符合软件工程的规范，预留功能接口并有详细的说明，最大限度地保证已有数据能够被其他系统接收并处理，提高数据

的利用率。已有系统的数据虽然不能被直接使用，但是可以通过引入"本体"等新概念对数据的意义进行标注，在更新软件时做适当调整，以最大限度地实现对旧系统数据的兼容，尽量降低由系统升级而带来的损失。总而言之，院校必须走信息化建设的道路，而信息化建设必须重视软件建设，需要多方协调，全面考虑，打牢基础逐步展开。同时，必须清醒地认识院校信息化建设只是一个手段，建设的最终目的是推动教学改革，提高人才培养的质量，在任何时候都不能偏离这个中心而变成为了建设而建设，确保院校信息化建设沿着正确道路前进。

8. 信息化领域转变

早期高校信息化发展的领域是业务和管理信息化，这一方面受社会上企业信息化的影响，另一方面源于高校行政层级制度，比较容易找到信息化变革目标，自上而下地推行管理信息化；同时所涉及的适用人群较少，遭遇的阻力比在教学和科研领域相对较少。就现阶段而言，高校师生信息素养和服务意识越来越强，单纯通过业务和管理信息化提高行政效率已经不能满足终端用户需求。在教学信息化方面，许多具备良好 IT 应用技能的教师对信息化需求旺盛，使用 1T 手段辅助教学得心应手，涌现出许多第三方、开源在线教学平台，以及利用互联网实施跨区域教学合作的平台等；在科研信息化领域，云技术得到高度重视，利用云计算机和分布式技术开展科研信息化，强化协同工作和知识管理，统一资源，提升计算和存储效率，降低科研工作的门槛。

9. 迈向"服务信息化"

在传统的信息化模式里，业务流程的信息化形式非常重要，但是与用户使用需求之间存在巨大的鸿沟。许多高校正通过信息化"一站式"服务模式整合业务过程，根据师生角色生命周期涉及的服务项目，建立公共服务平台，集聚服务资源，推广移动应用，完善服务体系，推动服务信息化建设。近年来，新媒体、社交网络、移动网络、职能终端的发展改变了信息传播方式、社交方式和协作方式，用户体验成为信息化成果的重要体现，服务碎片化给了用户更加丰富、多姿多彩的良好感受。在智慧校园概念的指导下，物联网、无线定位等新型设施和服务被引进，更扩大了服务信息化的范畴，成为引领教育信息化发展的风向标。

信息化校园的本质是大学教育的革命，它带来了教育、管理、学习模式、校园文化的重大变革，如何将学校建设成一个符合素质教育、继续教育、终身教育以及新兴教学模式的前瞻性信息化校园，是摆在教育管理者面前的重大课题。

我国高校无论在基础设施建设还是教学信息化等方面都取得了明显进步，但与国外高校信息化相比，在某些方面还有待进一步提高。经比较得到的启示为：其一，在校园信息化基础设施建设方面，网站提供的信息服务项目不足，在基础设施联网率及网络传输能力等方面也相对落后；其二，在校园信息化管理、规划和政策的系统性与连贯性方面应加大工作力度，不断提高教师开发、应用和传播电子资源的积极性；其三，当前我国教育信息化建设与发展缺乏统一的评估制度，此外，我国高等教育信息化发展地区差异明显增加了评估的复杂性，教育信息化测评研究应加强。

信息化人才是我国未来教育信息化建设的主力军，在今后的发展中，我国应全力支持信息化师资队伍的建设，促进我国教育信息化的发展。教育信息化水平已成为衡量国家现代化水平和综合国力强弱的一个不可忽略的重要标准。我国教育信息化的发展有着广阔的发展前景，需要不断借鉴吸收国外发展的成功经验，结合我国的实际情况，充分发挥自身优势，力争通过10年时间将我国教育信息化水平从初步应用整合阶段过渡至教育与技术的全面融合创新阶段，从而加入教育信息化大国行列，实现教育强国梦。

第四章 大数据背景下高校教育管理现状与 SWOT 分析

随着大数据、云计算、物联网、智能终端等技术的发展，高校教育管理目前正向智慧化、生态化演进。在高校教育管理智慧化浪潮中，北京、上海、深圳、杭州、无锡五个城市先试先行，重庆、甘肃、贵州、湖北、天津、广西、黑龙江等多个省市紧随其后。传统 IT 产业模式往往有明显地域之分，大多集中在北京、上海、广州等地。基于大数据、云计算等技术的教育管理改革，让西部等边境地区的省份，不再因为地理位置偏僻而影响智慧教育的推进。

第一节 大数据背景下高校教育管理的现状与挑战

大数据在促进高校教学资源共享、教学方式改革、科研方式及教育管理变革等方面取得了一定的成效。

一、高校大数据教育管理现状

（一）高校大数据教育管理发展的主要成绩

当前，高校大数据教育管理发展取得了一些成绩，主要表现在以下几个方面。

1. 高校 CIO 制度初步建立

在"互联网+"时代，网络与高校教育管理的结合就是用互联网来促进教

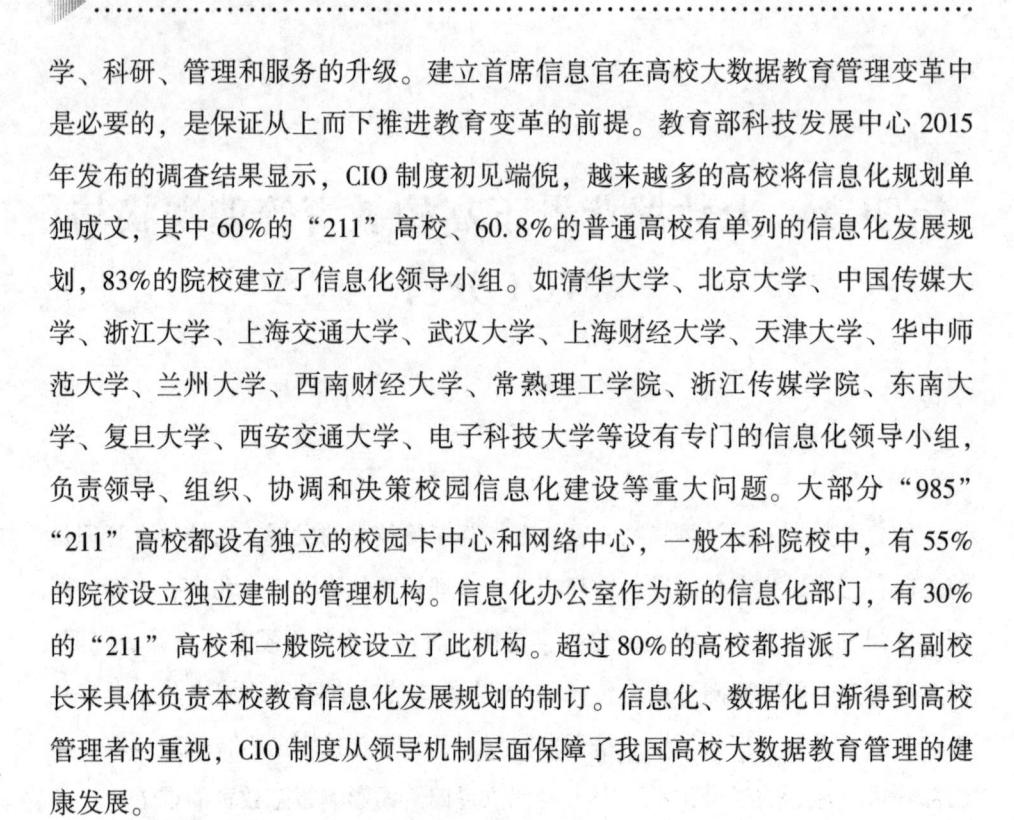

学、科研、管理和服务的升级。建立首席信息官在高校大数据教育管理变革中是必要的，是保证从上而下推进教育变革的前提。教育部科技发展中心2015年发布的调查结果显示，CIO制度初见端倪，越来越多的高校将信息化规划单独成文，其中60%的"211"高校、60.8%的普通高校有单列的信息化发展规划，83%的院校建立了信息化领导小组。如清华大学、北京大学、中国传媒大学、浙江大学、上海交通大学、武汉大学、上海财经大学、天津大学、华中师范大学、兰州大学、西南财经大学、常熟理工学院、浙江传媒学院、东南大学、复旦大学、西安交通大学、电子科技大学等设有专门的信息化领导小组，负责领导、组织、协调和决策校园信息化建设等重大问题。大部分"985""211"高校都设有独立的校园卡中心和网络中心，一般本科院校中，有55%的院校设立独立建制的管理机构。信息化办公室作为新的信息化部门，有30%的"211"高校和一般院校设立了此机构。超过80%的高校都指派了一名副校长来具体负责本校教育信息化发展规划的制订。信息化、数据化日渐得到高校管理者的重视，CIO制度从领导机制层面保障了我国高校大数据教育管理的健康发展。

2. 高校信息基础设施投入不断加大

在数据平台建设方面，将两年投入总和小于200万元的算作"很少"，200万元至1000万元算作"一般"，1000万元至3000万元算作"较高"，大于3000万元算作"很高"。关于数据平台（信息中心）建设经费的投入情况，一半以上的高校两年信息化投入都在千万级，呈现"较高"的特点，信息化投入200万元以下的高校只有4%。"211"院校的信息化投入更高，60%投入在3000万元以上，呈现"很高"的特点；50%左右的一般院校两年的信息化投入在1000万元到3000万元，呈现"较高"特点；而大部分高校的信息化投入都在200万元到1000万元，呈现"一般"的特点。从地区看，信息化投入从高到低排序为：华北地区、西北地区、华南地区、华东地区、西南地区、东北地区、华中地区。华北地区大约有45%的高校投入在3000万元以上，而华中地区只有不到10%的高校投入在3000万元以上。高校数据中心（信息中心）建设资金来源主要是学校下拨的专项建设经费和常规经费，而高校资金

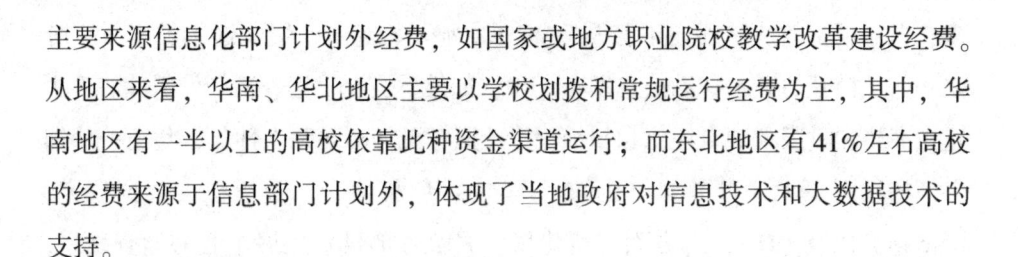

主要来源信息化部门计划外经费，如国家或地方职业院校教学改革建设经费。从地区来看，华南、华北地区主要以学校划拨和常规运行经费为主，其中，华南地区有一半以上的高校依靠此种资金渠道运行；而东北地区有41%左右高校的经费来源于信息部门计划外，体现了当地政府对信息技术和大数据技术的支持。

3. 高校信息化建设稳步推进

所有参与调查的院校均已开始进行信息系统的建设。其中已有48%的院校完成了信息系统开发工作；38%的院校正在建立；14%的院校也已处在起步阶段。多数院校以购买成套软件产品为主，而在未来三年内会倾向于形成外包、合作开发和自行开发三分天下的局面。90%的高校已建立校园一卡通系统，74%的高校建立了统一的身份认证系统，63%的高校建立了统一的公共数据交换系统，65%的高校建立了校园信息门户，58%的高校在社会化网络上开通了官方账号。其中，身份管理与认证系统基本已经普及整个校园，75%的高校身份认证系统支持跨校区访问，25%的高校身份认证系统支持跨学校访问（跨区域的联邦认证），65%的高校身份认证系统支持移动信息平台，68%的高校支持一个账号在两个或多个设备上网。所有参与调查的学校都表示已经开通了网络，85%的高校提供无线网络服务，55%的高校无线上网并不另外收费。将近80%的学校都表示，未来两年内需要升级带宽。在IPv4地址资源竭尽的情况下，47%的校园网出口使用私有IPv4地址，IPv6的部署情况却只有四成，需要发展。在数据中心安全技术策略上，明显看到"211"学校强于其他类型高校。另外，不少国外高校采用的网络安全技术在国内鲜有人知，国内高校网络安全防范的做法比较雷同且传统，这方面还有一定的发展空间。教学信息化是管理信息化之后各高校优先发展的业务，多媒体教室已成标配，近80%的高校采购了全校性网络教学平台，探索信息技术与教学的深度融合。从调查情况来看，网络教学平台产品被替换的比例很高，不少学校表示已经更换或正打算更换网络教学平台。各学校优质教学资源建设受国家项目的影响较大，如精品资源共享课、视频公开课、大规模开放在线课程等，课堂实录也主要是为精品课程建设项目服务，优质教学资源建设尚未进入常态化。最近两年，微课比赛较多，但应用于教学层面还不普及，MOOCs 刚开始起步，影响还不够大，三分之一的学校开始试水移动信息发布 APP，如教学资源发送、通知发送等。不少重点高校注重服务的专业化和精细化，让服务更加高效和人性化，甚至一些知名高校视野更大，思考如何让 IT 与学校特色相结合，希望在大数据研究、IPv6 研究以及 MOOCs 等方面有所建树。据教育部科技发展中心的调查结果，有 12% 的高校已使用云平台，有 3% 的高校未购买平台产品，以年服务费方式租用平台。高校数据中心或信息中心发展的特点：一是都很重视信息安全，注重加强数据安全制度的制订和执行，有近八成的高校已制订并实行或逐步实行安全制度；二是应用系统融合发展趋势明朗，有 1/3 高校正在建立跨应用系统的共享方案，减少信息"孤岛"。高校一卡通全面普及，教学信息化也走向成熟。有五分之一的高校信息化建设已经进入成熟发展期，在卡务服务、信息服务平台、数字化校园、移动信息服务、教师团队与管理建设、邮箱服务及举办赛事活动与信息化讲座方面，都有自己可圈可点的服务管理特色。

4. 高校教育管理效能不断提升

（1）大数据促进教学资源共享

2013 年是中国教育管理大数据元年，也是中国 MOOCs 元年，高校教育资源分布不均、建设经费紧张，在这种情况下，基于云计算技术的大数据 MOOCs 平台应运而生。MOOCs 就是基于开放教育和共享理念，旨在提高教学质量和资源使用效率的产物。我国 MOOCs 的组织模式主要有三种：一是加入国外 MOOCs 平台，如国外 Coursera、Edx 等优秀平台及 MIT 等知名大学 MOOCs 平台；二是建设本土 MOOCs 平台，如清华大学的"学堂在线"、北京大学与阿里合作的"华文慕课"、上海交大的"南洋学堂""好大学在线""人卫慕课""中国大学 MOOCs"、中文泛 IT "开课吧"及过来人首个正式商业运营的"顶你学堂" MOOCs 平台；三是引进国外优秀 MOOCs 资源。"MOOCs 中国"目前已有 121 所高校加入，理事单位 40 家，会员单位 80 家，已有 9911 门课程，用户将近 600 万，其中参与 IT 培训的有 500 多万，学历教育在读学生 50 多万。已有的 MOOCs 课程覆盖了全部一级学科，有些平台推出的微专业课程以专业或者职业为单位进行划分。

虽然商业化的公司也投入在线教育，如淘宝同学推出的1元钱课程，网易云课堂推出的大量免费课程，但是商业公司的目的在于盈利，所面对的消费者也是职业教育需求迫切的学习者，以高校或高校联盟发起的教学资源平台更贴近学习者。高校课程联盟如雨后春笋般涌现，有力促进了优质教育教学资源的共享。2013年8月，上海交大、西安交大、西南交大、北京交大、新竹交大5所海峡两岸交通大学推出"在线学习联合体"，标志着华文在线教育正式开始。东西部高校课程共享联盟成员目前已增加到122所，全国受益学校2000所以上，覆盖大学生1000万人以上，累计400多万名大学生通过联盟的共享课程获得学分。上海高校课程中心、五校交大平台等推出的课程主要以通识课程、基础课程为主，全部免费使用，部分联盟还实现了学分互认，拓展了服务包的内容，增强了联盟的吸引力。混合模式、翻转课堂是上海高校课程中心的优势，在线考试、认证考试是五校交大平台的优势。这些高校联盟相对于商业公司的在线教育来说，在认证方面具有无法比拟的先天优势。

(2) 教学方式改革

大数据时代，"互联网+"教育已深入人心，但是采取哪种策略融合，是对教育者创新能力和智慧的大挑战。美国EDUCAUSE分析中心发布的报告显示，大部分学生认为，移动学习、泛在学习是未来教育的趋势，其有着即时性、参与性、情境性、社会性、泛在性、愉悦性等特点，将在碎片式学习中发挥优势。诸多高校运用大数据技术进行教学方式改革的探索，已略有成效。华中师范大学利用大数据推进教学改革，在顶层设计、规章制度、教学环境、教学设施、教学资源、教学方法等方面取得初步成效。目前，MOOCs已被广大高校所接受，成为翻转课堂和混合式教学的重要支撑。如上海易班（E-classy上海大学生在线），可以说是运用大数据改革教学方式的范例，在沪60多所高校参与，人数达161万，2016年建成一个包含500门专业课程、5000门兴趣课程的资源库。东华大学是利用大数据推进"泛在学习"的代表，2015年设立了在线"学习超市"，即"易课堂"，共开设了179门课程，全校师生对课程共建共享，从而使30%的学生学习成绩得到提高，不及格率显著下降。当然，MOOCs也存在制作成本大、更新快不方便、彩排后录制非原生态课堂等缺点。2014年，东华大学推出秋波智慧教室平台，提供了一套完整解决方案，包含ClassAPP、ClassCloud和ClassNel系列产品，基于移动互联网和位置服务技术路线，实现课前、课上和课后各个教学环节全覆盖，完善学生自动签到、课堂互动、实时在线课堂、课下资料共享与交流等智能教学功能。同时，还提供了导航、社交、电子商务等智慧校园服务入口，服务教学和生活，服务创新和创业。"秋波"课堂能够有效克服MOOCs以上存在的问题，不仅可以实现校内学习与远程学习，而且可以还原真实课堂"原生态"，成为东华大学本科教育的重要改革举措，2015年，全校80%的主干课程实现此功能，并在上海其他高校推广。2014年秋学期，北京大学信息科学技术学院张铭教授利用在MOOCs平台上课的经验，在《数据结构与算法》课程中推行"MOOCs+翻转课堂"混合式教学，他的混合教学实验班分三种类型：普通班、竞赛实验班和翻转班。普通班教授没有课程基础的学生，竞赛实验班教授具有较深知识储备的学生（各省市奥数获奖者），翻转班教授的是对课程有兴趣、想要继续拓展的学生，且强调预习、自主学习和探究学习、强调课堂讨论的节奏控制与重点把握。期末考核显示，三类班级中，翻转班成绩超过普通班10多分，与竞赛班相当。"中国大学MOOCs"推出一大批以文化素质教育课、公共课和专业核心课为主的MOOCs，采用MOOCs+SPOC的方式，促进大规模学习互动与校内专属或小班教学相结合，推动高校教学方式方法改革，持续提高教学质量。高校建设的在线课程总数已超过1400门，课程平台为高校定制课程（SPOC）5600多门次，累计1700多所学校在平台上选用或定制课程，高校和社会学习者选课人次超过3000万。

(3) 科学研究支持

首先，科研大数据的共享是高校进行科学研究、实现科研突破的基础。一位进行地质学研究的院士无奈感慨，"地质研究只能研究外国的，不能研究中国的"，因为地质数据都掌握在国家部门手中，却不对外开放；一位统计学的教授去气象局寻找一些最普通的气象数据，竟然吃了闭门羹。这些故事说明了开放的数据才能成其大，大量数据才能促进科研的发展。同理，高校科研工作也需要开放的大数据支持。科学研究规模不断扩大，复杂性也不断增大，高校作为科研的重要阵地，科研人员需要采集海量数据，这对传统计算技术提出了挑战。以云计算为基础的高校大数据平台，为科研资源的共享、提高资源利用率及按照科研需求定制服务模式等提供了广泛兼容的科研环境。其次，科研大数据驱动社会科学更"科学"。社会科学研究在大数据背景下可以将原子论和整体论融合与统一，形成"从简单分析到复杂处理，从属性数据到关系数据"的新的研究范式，将脱下"准科学"的外衣，全面迈入科学殿堂。哥伦比亚大学社会学家艾伦·巴顿认为，"在过去30年，经验性的社会研究被抽样调查所主导"，这种随机性使社会科学备受逻辑性、科学性不足的诟病。自然科学和社会科学是人类知识的两种类型，自然知识研究的对象是物理世界，讲的是"精确"，也能通过各种努力达到"精确"，如引力波的发现证实了爱因斯坦广义相对论的正确。社会科学因其研究对象是人，其规律是随机的，讲的是概率，导致"测不准"，故而社会科学又被称为"准科学"。但是大数据能够成为我们观测自身的"显微镜"，使越来越多的社会科学由定性研究向定量研究转变，教育也将变成一门实实在在的实证科学。华中师范大学中国农村研究院针对中国农村村庄信息统计无法到村的不足，借助互联网地理信息技术，实现对全国60万个村庄的数字化管理，建设了"中国农村数据库"，实施"百村十年观察计划"，充分利用大数据，实时采集数据，进行社会问题的科学研究。最后，大数据科研管理平台为高校科研管理者提供了智慧化管理手段。我国高校近3000所，其中，"985""211"高校百余所，每个高校教师有数千人，不同学科申请不同的课题，但课题项目重复度较高，不同学科间缺少交流，甚至有的科研工作人员换个相近题目，内容不变，重复申报拿资助。这些问题在大数据统一共享平台下便无处遁形。2012年，中国科学院借助大数据技术，优化科研资源供应链，促进科研经费科学使用，为用户提供更加专业、更具个性的服务，不仅解决了科研腐败的问题，还成功解决了"采购难、核算难、监管难"等科研耗材管理工作中的难题。

（4）教育管理支持

高校要做到对师生统一、明晰化管理，基本要求是对全校数据一览无余。近几年，诸多高校进行了相关尝试，成效初显。

①复旦大学数据中心建设。复旦大学的大数据中心建设已走在我国高校前列，取得了一定的成效。从信息化建设初期，复旦大学就着手建设IMDC校园数据中心。目前，复旦大学数据中心拥有400多个虚拟运行环境，建立了统一数据库，实现了数据的共享，并建立了一套包括采集、存储、分析、计算、展现的完整数据结构。建立了面向师生的包含6个大类17个小类的主题数据展示系统，主要包括教职工信息统计、学生信息统计等人员信息类，文科科研数据分析、教师学术表现等科研类，研究生成绩分析、本科生生命周期数据分析等教学类，一卡通分析、图书馆客流分析等综合服务类，宿舍使用情况统计等学生工作类，教育部高基报表等报表类等。复旦大学还建设了个人数据中心，为师生提供不同管理视角的服务，如集中数据展示、数据填报、数据下载等，同时也简化了以"人"为对象的数据化过程。在个人数据中心基础上，建立校级统一填报中心，师生可见所有基础数据，便于高效利用数据。复旦大学曾对来自不同地区的学生进行数据分析，研究认为，学生成绩受不同地区基础教育发展状况的影响较大。复旦大学依托数据中心，由"集数""读数""识数"转向最终价值追求——"用数"，从而使教育管理决策更加智慧化、个性化和人性化。

②电子科技大学"学生画像"系统。国家教育事业发展"十三五"规划要求，"要鼓励学校利用大数据技术开展对教育教学活动和学生行为数据的收集、分析和反馈，为推动个性化学习和针对性教学提供支持"。利用大数据促进个性化管理和科学决策方面是高校未来的工作重点，这方面电子科技大学已进行尝试并取得较好效果。2015年，电子科技大学研发出一套"学生画像"大数据系统，通过一卡通追踪学生的行为轨迹，可以"算"出所有学生的学习、生活甚至情感状况。这套大数据系统已覆盖2万多本科生，研究表明，学生生活积极行为与学习效果呈密切正相关；就业能力与学习、生活质量呈密切正相关。利用这种大数据分析系统，理论上可以寻找"最孤独的人""最奢侈的人""最节俭的人""最牛学霸""最有效的求职者"等，高校学生教育管理可以实现有的放矢和对症下药，提高工作成效，体现人文关怀。这些优秀的智慧教育管理方案对其他高校有启发意义，并得到推广应用。

③江苏省智慧就业系统。就业作为高校教育生命周期的最后环节，是对其他教育环节的考核，特别是就业率和就业满意度等关键指标，是对一个国家和地区学校教学质量和教学模式等的终极检验。充分利用"互联网+就业"新模式，建立精准就业服务机制，实现智慧就业和智慧招聘是人力资源市场发展的需要，也是以人为本、促进学生发展和社会和谐的需要。江苏省作为教育大省，提出"两个率先"：率先实现现代化、率先实现全面小康。江苏省将智慧教育与智慧江苏相结合，全力打造智慧就业新业态。2008年江苏省高校招生与就业指导服务中心在全省高校推广"江苏省高校毕业生就业管理信息系统（网络版）"；2013年年底与才立方软件公司合作，在双选活动中启动"智慧招聘"；2014年下半年提出"智慧就业"理念，与才立方软件公司联合推出"智慧就业服务平台"。智慧就业网设有用人单位、学生、高校、管理员四个入口，用户根据账号进入不同工作界面，搭建了用人单位与毕业生之间的桥梁，具有信息发布、就业创业指导、认证评估等复合功能。江苏省高校智慧就业平台的技术架构为：一个云端平台（统一的就业协作管理平台）；多个用户终端，如就业APP、就业微信、就业网站等。其技术优势在于人岗匹配、实时推送、行为分析、数据报表等。

④清华大学绿色校园建设。《教育信息化十年发展规划（2011—2020年）》提出，要建立"国家教育云服务模式"，以资源整合为手段，以云计算技术为支撑，探索资源配置与服务集约化的发展途径，构建成本相对较低、性能稳定可靠的国家教育云服务模式。国家教育公共云建设，包括云基础平台、云资源平台、云管理平台等平台建设；高校校园私有云建设，包括云化数据中心、云存储平台、云科研平台、桌面虚拟化平台、远程教育云平台、云应用平台、教育管理服务云平台等平台建设。以云平台、云计算技术为支撑的高校数据中心建设，减少了电脑硬件费、电费、人员维护费，节省了空间，促进了学校教育管理效能提升，有利于绿色节能、可持续、可控可伸缩的控制系统建设。清华大学在2010年成立了信息化办公室，与慕华信息科技有限公司等合作建设教育云平台。

（二）高校大数据教育管理发展存在的问题

目前，高校教育管理正处于从信息化向智慧化演进的过程中，虽然高校教育管理大数据平台建设取得了一定的成效，但也存在一些问题，必须予以高度重视，如高校的信息化建设参差不齐，高校管理层对大数据、云计算技术认识不足、重视不够等。在数据化浪潮中，谁能及时把握先机，谁便能占领竞争高地。各高校要在顶层设计、体制机制、技术研发和推广探索等方面进一步加大力度，要坚持"以人为本"理念和"绿色科技"的原则，推进数据资源的共建、共享和共用，从而使大数据技术真正成为促进学生全面发展、教育管理智慧化和学校内涵建设的利器。目前，高校大数据教育管理发展存在以下问题。

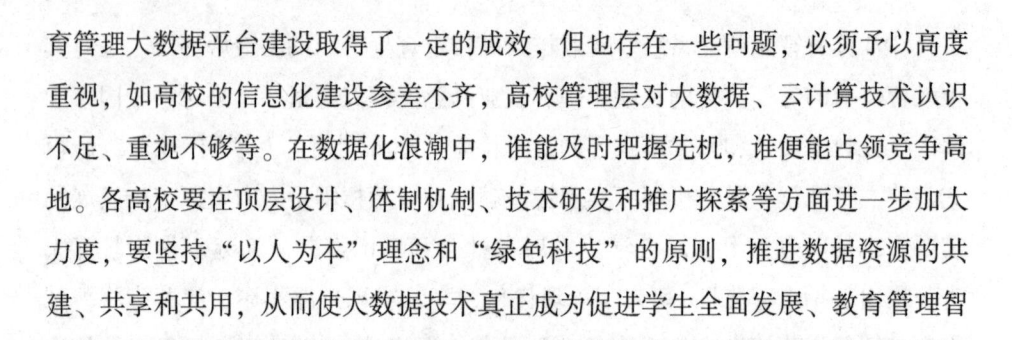

1. 缺乏系统规划

数据中心重复建设现象严重，包括高校数据中心在内，是普遍存在的问题。资源重复建设现象严重，调查中近50%的样本认为存在"资源重复建设"的问题。与此同时，数据中心一年的耗电量是惊人的，堪比三峡水电站的年发电量。这些问题在高校中同样存在。目前，高校每个部门、单位、院系都是一个"独立王国"，各家都根据各自需求，建设有自己的IT系统，没有统一的系统，且存在成本、性能、安全及能源管理等各种问题，这对高校教育管理带来极大的挑战和不便。每个学校都有门户网站及职能部门、二级学院网站等几十个甚至上百个，一般来讲，这些网站对服务器并没有很高的要求，但是都建立了自己独立的物理服务器，付出昂贵的成本，导致资源的严重浪费。虽然高校也建立了OA系统、一卡通、教务管理系统、学生管理系统等，但只是以业务流为主导，各个系统互不兼容，信息之门闭塞。随着高校办学规模扩大、业务部门增多，学生往往要登录多个管理系统等待审批。甚至在系统运维升级时，也面临如新旧系统中仍然处于活动状态的业务处理尴尬局面，新旧系统同时运行，增加了工作人员的工作量。另外，各系统的不同步，对各种数据的精确统计会造成很大麻烦。教务系统有一个学生人数，就业部门也有一个学生人数，奖学金评定部门还有一个学生人数，各种数据之间不能形成关联和同步更新。最后，各部门各单位各院系建设的后台数据库，一旦发生数据变化，就可能造成旧数据的缺失，而对于在线开放课程建设，一些高校还在观望或消极等待，有的什么都想搞、什么都想抓，优势特色不明显，成果成效不突出。这一切问题的出现，究其根本原因都是顶层设计不足。建立一个流程化、可管理、可伸缩、高可靠、安全性、低成本、绿色节能的云化数据中心势在必行。大数据时代，高校管理者也需要加强数据素养和提高数据能力，这样才能对全校信息化建设具有统一论证及科学规划。由于国内教育信息化建设前期缺乏统一标准和统一规划，因此管理粗放，资源浪费严重，影响管理决策的准确性和针对性，建立基于教育云的统一教育管理平台，是大势所趋。因此，高校要加强大数据教育管理发展的统一规划，在高校教育管理系统建设中要引入数据流和业务流（工作流）理念，构建基于数据流的工作流信息系统开发模式，使数据在各个管理部门之间畅通流转。

2. 缺乏资金保障

绝大多数学校认为，学校的信息化投入还是比较高，认为信息化投入很少的学校仅占4%左右。相比较而言，"211"院校的信息化投入程度很高。运行与维护成本高，资金已经成为我国高校大数据教育管理发展的重要制约因素。学校受经费限制，基本采取自维护的方式，这既解决了部分资金不足问题，又培养了信息化人才。通过以网养网，保障运行经费，也已达成共识，但也带来了一些负面影响。有些高校已经尝试流量区分，对正常的教学科研活动实施免费，以消除负面作用。这种积极尝试是一个良好的开端。当然，开放办学，大规模优质有偿MOOCs应该也是高校增收的另一途径，这一切要求高校必须要有长远的眼光和战略性的思维。当前，在我国高校大数据教育管理发展初期，有效的融资机制尚未形成之际，政府应担当起重要职能，加强对教育发展的宏观调控，加大对高校大数据教育管理建设的资金投入。高校也可以探索社会BOT（Build-Operate-Transfer）融资模式，PPP（Public-Private-Partnerships）融资模式，将大数据教育管理中某些建设的资金和经营压力与社会力量分担，诸如网络、服务器、云平台及智慧宿舍等一些硬件建设项目，吸引非营利机构或营利机构进入共建，到项目特许期或专营期满后，所有权和经营权转移给高校。

3. 缺乏法规体系

大数据平台建设及服务将成为未来高校发展的重要课题，那么随之而来的薄弱环节是维护问题，而不是建设问题。由于错综复杂的人群及数据应用，高校大数据平台的安全与管理问题日益突出，这给高校带来了巨大的挑战。"成也萧何败也萧何"，安全问题也是大数据技术发展的最大障碍，建立安全管理体系是建设智慧校园的重要保障。各类安全技术和防护手段，诸如加密、身份验证、访问控制等，涉及三个方面内容：实体安全、运行安全和信息安全。实体安全包括环境安全、设备安全等方面；运行安全包括风险估计、备份和恢复等方面；信息安全包括操作系统安全、数据库安全和网络安全等方面。我国大数据法治建设明显滞后，目前，规范网络技术和保护个人隐私的相关法律法规有《政府信息公开条例》《计算机信息网络国际联网安全保护管理办法》《互联网电子公告服务管理规定》《个人信用信息基础数据库管理暂行办法》《全国人民代表大会常务委员会关于维护互联网安全的决定》《个人信息保护法》等，这些法律已满足不了实践的需求，高校出现的诸多信息失范现象急需统一规范，促进高校大数据教育管理发展的法律还不够完善。近几年，我国相关促进高校大数据教育管理的政策陆续出台：2013年，教育部印发了《国家教育管理公共服务平台省级数据中心建设指南》；2015年，教育部出台了《关于加强高等学校在线开放课程建设应用与管理的意见》，第一次以正式文件的形式明确了对MOOCs的支持态度，为MOOCs发展营造了良好的政策环境；2016年，教育部办公厅印发《教育信息化项目管理暂行办法》；同年，教育部牵头，充分发挥教育信息化专家小组智慧，计划完成《教育数据管理办法》的起草工作，以期对数据的采集、存储、共享和开放等方面做出规范。浙江省、安徽省等教育厅已在2016年制定了本省行政区域的教育数据管理办法。但是散落在一些法律条款中的促进大数据技术发展和保护隐私的规定，已无法适应尊严与权利的要求，用于规范、界定"数据主权"、数据安全管理的相关法律缺失，用于激励促进数据发展的法律缺乏。数据所有权、隐私权是高校大数据教育管理发展中不能回避的问题，这些相关支持体系尚不完善。

4. 缺乏专业支撑

市场巨大、人才缺乏分别是我国大数据发展面临的最大优势和最大劣势。目前，大数据产业炙手可热，无论国内国外，学术界与企业界之间的人才竞争都非常激烈。并且，我国目前还没有建立有利于大数据人才脱颖而出的培养机制,本来我国教育界、科技界的人才就缺乏,而在大数据领域,统计、机械学习等人才力量相比而言更弱,所以这个问题需要引起重视。我国在校用户和技术支撑人员比例较低,接近80%的"211"高校在主管全校信息化建设和规划工作的部门中都拥有16人以上的专业技术团队,有超过50%的普通高校的专业技术人员在16人以上,而70%的高校专业技术人员数量不足16人。并且,真正懂技术的专业人才缺乏,而管理人员过多,使各高校信息化建设人才队伍结构不够合理。美国高校的IT部门人员均超过300人,大部分达到了100∶1以下,而我国"211"高校平均服务人数低于500的仅有28.57%,平均服务500人以上的"211"高校超过50%,而一般高校平均服务人数500人以上的近60%。高校信息技术人员中拥有学士和硕士学位的人员较多,中级职称较多,但拥有博士学位的比例呈下降趋势。高校数据中心建设需要一支技术过硬、分工明确、精干高效,且能够处理应急事故的复合应用型人才队伍,这关乎数据中心建设能否顺利开展。目前,全国有近百所高校设有信息安全本科专业,信息技术人才培养走上专业化道路。但是信息技术、信息安全及大数据应用方面的人才仍然供不应求。以目前年培养网络安全人才不足1.5万人的现状看,到2020年,远远不能满足140万人的网络安全人才需求,尤其缺少具备实战对抗能力的安全人才。大数据人才包括数据项目管理人才和数据分析人才,目前大数据人才更是缺乏,我国高校2016年开始设置大数据专业并培养人才。

5. 缺乏共享机制

国家信息中心和南海大数据应用研究院联合发布的《2017中国大数据发展报告》显示,2016年各地政府投资大数据项目数量整体呈上升趋势,但是七成以上是大数据平台和基础设施建设,应用层面的软件开发不到5%,呈现"重建设,轻应用"问题。同样,这些问题也在高校教育管理中存在。高校大数据发展有三个阶段:管理为主利用为辅,管理与利用并重,管理为辅利用为主,现在仍处于第一阶段,普遍存在"重建设轻利用"的问题。从高校教育管理现状看,现有业务应用系统大多独立存在,系统间难以实现数据共享与交换,海量数据得不到科学管理和有效整合。原因是高校缺少统筹谋划,各教育管理部门在建设自己的信息管理系统时各步调不统一，使用的软件系统和数据标准都不统一，形成一个个信息孤岛。计世资讯调查显示，我国大约有80%的数据中心闲置，一整天中大约15%的处理周期在进行工作（包括高校数据中心），而Google在线应用的数据中心CPU利用率只有30%。相对来说，科研信息化最突出的问题就是科研数据的共享问题。教育部2015年发布的《高等教育信息化发展研究报告》显示，我国高校科研信息系统建设较为落后，只有20%的高校建立了科研知识共享平台，26%建立了科研项目交流平台，也是在教育部大型仪器共享政策的引领下，才有42%的高校建立了仪器设备开放共享服务使用网络化信息管理系统。当然，从2012年开始，武汉大学、厦门大学、复旦大学等在内的一批知名高校开始重视数据的深度分析和应用。例如，武汉大学建成了网格系统与高性能计算系统，正在进行物联网实验室与仿真实验室的建设，未来将以DragonLab学科研究与科研创新平台为基础，对校内外实行教学资源的全面开放；华东师范大学利用预警系统跟踪学生的餐饮消费数据，分析学生是否有经济困难，是否需要帮助。数据的分析利用才是数据中心存在的价值，虽然大数据资源的建设取得了一定的成绩，但是离重视建设到应用驱动、建以致用还需进一步突破。

6. 缺乏协同创新

当前高校大数据教育管理发展还存在校企深度合作不足的问题，大数据应用产品缺乏，活跃的企业不多，如华为与85%以上的"211"高校合作建设智慧校园。此外，成熟的教育软件不多，校企合力不足。目前我国高校信息技术软件应用系统建设模式主要有：购买成套产品；学校主导与开发商合作共同研发；用外包系统，很多定制；用外包系统，很少定制。其中，购买成套产品占大多数。我国高校教育管理软件不够成熟，由于企业擅长技术而短于业务，而高校擅长业务却短于技术，二者研发合力不强，因此，在系统实施过程中，技术企业要根据高校具体业务要求进行定制化开发，针对教育软件用户在教育实践中的痛点，找出亟须改革和解决的问题根源。当然，更提倡高校相关专业教师发挥熟悉业务、了解实践需求的优势，自主开发研究系统。最后，还存在优秀智慧教育方案推广不足的问题。相比发达国家智慧教育，我国智慧教育起步较晚，智慧教育技术研发效能与觉醒程度及创新实力正相关，推广应用效能与观念解放及技术运用能力正相关。"好酒也怕巷子深"，缺乏有效宣传，导致优秀的高校教育智慧设备、教学资源和智慧应用方案得不到广泛运用。借鉴支付宝、滴滴打车、百度云等商业软件的宣传推广策略，智慧教育解决方案的宣传策略应更多注重体验性，营销策略及盈利模式更应注重分步有偿化或"貌似免费"法，技术策略更应注重简单化与融通化，即平台功能丰富、融通，软件使用简单易学。当然，智慧教育理念深入人心、智慧教育技术的"教技合一"必定是一个长期过程，通过有效的宣传和推广，可以将这个过程的时间变短。

7. 缺乏有效激励

高校大数据教育管理的发展在教师中存在一些阻力，虽然我国多数高校为数字化教学资源建设提供了一定额度的资金奖励，提供资源开发工具，提供资源开发的相关培训和一些技术支持，但是教师的积极性并不高，这成为我国高校大数据教育管理发展的另一障碍。主要原因包括以下几个方面：一是高校教职员工对高校大数据教育管理的认识不足，教职员工对什么是大数据教育管理，大数据教育管理会带来什么效果，MOOC、SPOC、微课等对传统教育教学改革有什么意义等问题，并没有清醒的认识，更不能从学校发展的全局和未来教育发展的趋势出发而采取教育教学变革。二是大数据技术、翻转课堂、慕课及微课等新技术群给教师带来学习压力。人的本能是守旧和惰性，对新事物有一种本能的抗拒。因此，智慧教育的教育方案、大数据教育管理的软件等必须朝着"方便、简单、智能"等方面发展，这样才能从技术使用的简单易用方面占领市场、赢得用户。三是大数据教育管理的优势并未充分显现，特别是在大数据资源建设初期，大量的数据输入和管理工作，似乎遮蔽了大数据技术使用在后期会产生的种种"好"，这种"近视"现象也是高校大数据教育管理阻力产生的根源之一。当然，面对"数据原居民"的大学生，作为"数据移民"的教师需要勇气向"旧我"挑战和超越，只有顺应时代发展和教育改革潮流，提高自身数据素养和信息素养，才能在数据时代创造新的成绩。

(三) 大数据技术应用于高校教育管理的基本情况

高校的主要任务是培养更多适应社会发展的人才。所以，学校的教学、教师、科研和管理都要紧紧围绕人才培养的任务。然而，传统的教育模式主要是基于先验教育，不注重学生个性的培养。同时，国内高校之间存在着很大的差距，学生和教师的数量并不是很协调。常见的课堂教学模式，教师很难全面、深刻地了解学生的实际学习状态。在大数据时代，大数据技术在高等教育管理中的应用可以大大提高高等教育质量。美国教育部已采取的教育数据挖掘和其他大数据技术的分析研究，发现教师通过大数据技术可以更好地、更全面地了解学生的学习过程，然后总结出最佳教学方法和教学秩序，及时发现问题，并采取有效干预的有效措施，及时为学生提供个性化的学习服务。学校管理决策也可以利用大数据技术，起到重要的激励和支持决策的作用。大数据可以在数据与数据之间的关联中找到规则，而不是证明规则，主要值是每个厂商发现的内在性能数据，以此来开发大数据应用思想，为决策提供一些指导。

第一，服务对象学校可以建立广泛的师生服务体系，并应尽量消除信息孤岛效应，建立系统的数据分析中心。建立统一的数据中心，发展信息共享机制是推动大数据发展的重要基础。动态的数据形式，要时刻关注师生日常学习、内部生活和学校各部门的管理，明确数据趋势，为学校制定管理政策提供科学可靠的数据。

第二，校园环境。目前，高校已经开始开展校园信息化建设，可以在校园内建立感知终端，实现物联网。例如，图书馆借阅系统、校园门禁系统和校园一卡通终端数据，可以为学生开展学校各项活动提供重要依据。此外，我们可以观察和分析数据的变化趋势，掌握整体的发展规律。

第三，数据仓库。大数据时代，大部分数据事先并不确定。数据仓库能够更好地处理和分析数据，以适应时代需要。

第四，云计算。云计算结合负载均衡、虚拟化、分布式计算、网络存储等技术，能够更好地满足大数据存储和计算的要求，也能更好地保证数据的安全性。

二、高校大数据教育管理的信息化背景

我国教育信息化历经了十余年的发展，通过"985工程""211工程""西

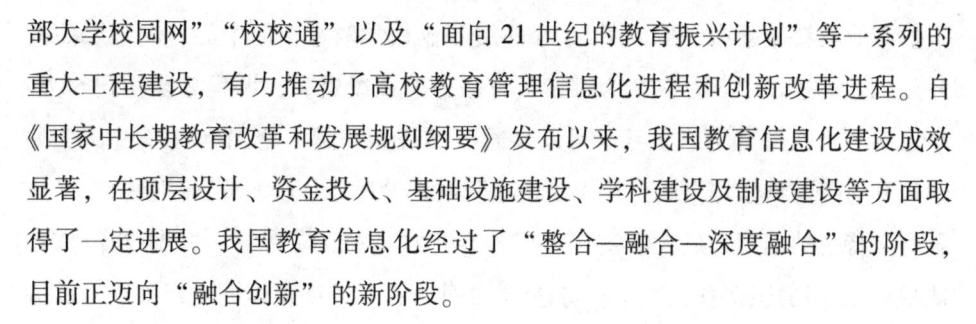

部大学校园网""校校通"以及"面向21世纪的教育振兴计划"等一系列的重大工程建设,有力推动了高校教育管理信息化进程和创新改革进程。自《国家中长期教育改革和发展规划纲要》发布以来,我国教育信息化建设成效显著,在顶层设计、资金投入、基础设施建设、学科建设及制度建设等方面取得了一定进展。我国教育信息化经过了"整合—融合—深度融合"的阶段,目前正迈向"融合创新"的新阶段。

(一)教育信息化战略地位的确立

在我国教育信息化发展历程中,几个影响较大的事件是:2010年发布《国家中长期教学改革与发展规划纲要》,并指出"信息技术革命对教育发展具有革命性影响,必须予以高度重视";2012年出台《教育信息化十年发展规划(2011—2020)》,重点建设优质数字资源共享,衔接各级各类教育管理信息系统与基础数据库,实现系统互联与数据互通,建设纵向贯通、横向关联的教育管理信息化体系;2012年召开第一次全国教育信息化电视电话会议并发布教育"三通两平台";2013年启动教师信息技术应用提升工程;2014年实施"一师一优课、一课一名师"活动;2015年举办国际教育信息化大会,并举行全国教育信息化电视电话第二次会议;2016年教育信息化"十三五"规划提出校园CIO,信息化从支持教育教学融合向育人全过程迈进。一系列规划的制定和实施,显示我国教育信息化的战略地位已得以确立。

(二)学校网络教学环境建设的改善

一是"教学点数字教育资源全覆盖"项目取得重要进展。我国广大城市和农村地区的六万多所教学点的数字资源覆盖率达到百分之百,教学点在数字教学设备建设、数字资源传送和利用以及数字资源教学上取得了一定突破。二是"宽带网络校校通"快速推进。各级各类学校互联网全覆盖的目标基本实现,安装并使用宽带的教学点占总数的50%以上。到2016年9月,京、沪、苏、浙等省市因特网接入教学点已率先达到百分之百,这些地区的教学点在多媒体教室配备上也率先实现了全覆盖。三是优质资源匮乏局面明显改观。"优质资源班班通"计划将教育优质资源分享到每一个教学单位的每一个教学班级之中,实现教学优质资源共享,也取得了十分显著的成绩。教育信息化背景

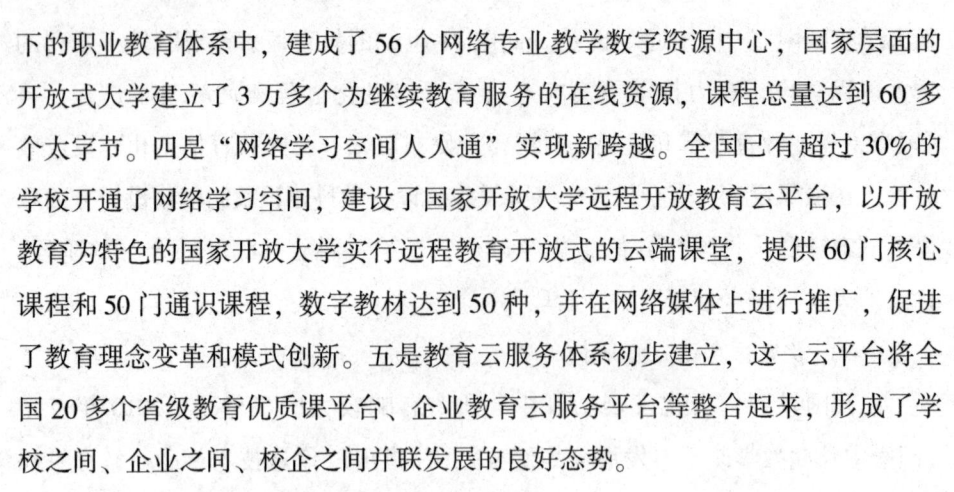

下的职业教育体系中，建成了56个网络专业教学数字资源中心，国家层面的开放式大学建立了3万多个为继续教育服务的在线资源，课程总量达到60多个太字节。四是"网络学习空间人人通"实现新跨越。全国已有超过30%的学校开通了网络学习空间，建设了国家开放大学远程开放教育云平台，以开放教育为特色的国家开放大学实行远程教育开放式的云端课堂，提供60门核心课程和50门通识课程，数字教材达到50种，并在网络媒体上进行推广，促进了教育理念变革和模式创新。五是教育云服务体系初步建立，这一云平台将全国20多个省级教育优质课平台、企业教育云服务平台等整合起来，形成了学校之间、企业之间、校企之间并联发展的良好态势。

（三）国家教育资源云服务体系初具规模

教育部、财政部和工信部协同建设，"两级建设、五级应用"（教育部、省教育厅两级建设，国家、省、地市、区县和高校五级应用）的信息资源格局业已形成，国家级数据中心基本建成，省级数据中心建设快速推进，建成了支撑学生、教师、学校等核心业务管理的29个信息系统及各类基础数据库。基本实现了校、师、生在管理上的"一所学校对应一个编码，一个学生对应一个号码"的信息录入，教育管理信息系统建设与应用体系已经覆盖全国并日臻完善。到2015年3月，省级教育数据中心22个省份已部分建成、3个省份正建设实施、4个省份进行设备招标采购、3个省份尚未开展建设。教育部在《2017年教育信息化工作要点》中明确指出，国家层面的平台要同省、市级平台及企业平台对接，扩大公共服务体系的用户范围，实现全国200万个班级共同享受到教育优质资源。利用云技术促进我国高校教育管理的转型升级已势在必行。

（四）教育信息化投资规模不断增长

《国家教育事业发展第十二个五年规划》和《教育信息化十年发展规划（2011—2020年）》的出台，为教育事业发展确立了明确的建设目标，并为教育信息化经费投入提供了稳定增长的保障。2012年以来，我国财政性教育经费占国内生产总值的比例持续保持在4%以上。计世资讯研究显示，2013至2016年，我国教育行业信息化投资规模、教育行业云计算投资规模均呈直线上升趋势。

（五）大数据研究机构层出不穷

国家及省市纷纷成立大数据联盟、大数据产业联盟、大数据教育联盟、首席数据官联盟、大数据研究院，把大数据元科学及相关科学、人才培养等作为研究对象，以使大数据技术更好地促进教育及各产业、行业和社会生活的变革。国家层面的大数据研究机构，如中国大数据研究中心（重庆）、中国教育大数据研究院（山东曲阜大学）。一些地方政府、高校和企业也纷纷建立教育大数据研究机构，如2014年成立的清华-青岛数据科学研究院，旨在服务国家战略（政），推动产业发展（产），培养领军人才（学），引领一流科研（研）；2015年成立的北京大数据研究院是国内首个整合了政府、大学和市场三方面资源的大数据研究机构，拟用5~10年的时间，建成国际一流的大数据教育、科研创新和产业化平台；清华大学于2016年与一拍科技有限公司合作成立了虚拟现实技术实验室，与伟壮控股公司合作成立了大数据云计算研究中心；南京邮电大学于2015年与盐城城南新区管委会合作，成立了盐城大数据研究院，旨在成为盐城发展大数据产业的智库、政府决策的智囊、大数据人才的培养基地和大数据相关产业的孵化基地。也有企业成立自己的数据分析研究中心，如腾讯、阿里、百度数据研究等，致力于通过数据分析和研究，提高产品和服务质量。还有专门领域的数据研究院，如工信海威-敬众航旅大数据研究中心等。

（六）学科专业建设规划开始实施推进

随着互联网及大数据技术的发展，相关学科专业建设显得尤为重要。我国已加大大数据相关专业学科的建设：2015年国家成立了网络空间安全一级学科；2016年年初，国务院学位委员会正式下发《国务院学位委员会关于同意增列网络空间安全一级学科博士学位授权点的通知》，共有29所高校获得网络空间安全一级学科博士学位授权点；我国高校也根据国家法律法规及相关政策，加大数据人才培养及相关专业建设。例如电子科技大学2015年7月成立网络空间安全学院，2016年正式招收博士生，包括网络与数据安全、安全通信、电磁空间安全、密码理论与应用算法及云计算与大数据安全5个研究方

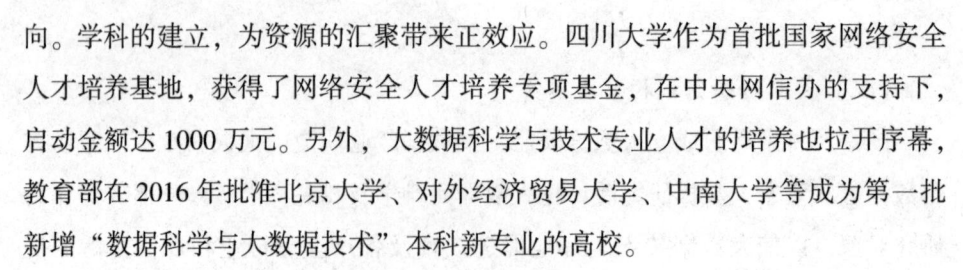

向。学科的建立，为资源的汇聚带来正效应。四川大学作为首批国家网络安全人才培养基地，获得了网络安全人才培养专项基金，在中央网信办的支持下，启动金额达 1000 万元。另外，大数据科学与技术专业人才的培养也拉开序幕，教育部在 2016 年批准北京大学、对外经济贸易大学、中南大学等成为第一批新增"数据科学与大数据技术"本科新专业的高校。

（七）教育产品全生态发展局面基本形成

在教育信息化背景下，教育与经济的结合越来越密切，以提供互联网教育服务为经营内容的公司层出不穷，通过互联网接受职业专门教育的群体也不断庞大，以至于投资企业将互联网教育市场作为未来投资的重点领域，平均每天产生近 3 家在线教育公司。有机构预测，2017 年，中国在线教育市场规模将达 1733.9 亿元，用户将达到 1.2 亿人。互联网正提供越来越丰富的教育产品，呈现进入教育教学核心业务并支持创新的态势，基本形成全生态发展的局面：题库类+辅导班+教学平台+新型教学资源+在线课堂+混合学习。颇具规模和影响力的在线教育产品包括淘宝教育、腾讯课堂、百度传课、学乐云教学、网易的"有道在线教育平台"、欢聚时代的"100 教育"、轻轻家教、跟谁学、一起作业网、智库网、超级课程表、51talk.Dadaabc、跟谁学、作业盒子、尔雅选修课、视像中国和盒子鱼等。除此以外，还有很多颇具影响力的教育服务商，如超星、沪江网校、多贝、微课网、粉笔网、第九课堂、爱班网、91 外教等。

三、大数据时代促进高校教育管理的创新

（一）大数据时代对高校教育管理的理念与思维创新

传统教育模式中的教学材料通常是一些教师通过自己的教学经验开发出来的，但也有很大局限性，国民教育效果的反应是无法完整真实地统计数据，所以传统的模式受到发展的限制。大数据时代正在彻底改变这种现状，首先在大数据时代，我们通过网络调查和统计，可以非常迅速地对现有的材料进行处理，通过这种方式我们可以在最短的时间内找出教材的优缺点，这些优点和缺点往往更客观，没有太多的主观影响。

（二）大数据时代对高校教育模式的创新

传统的高校教学虽然大多数的大学课程是开放的，允许非专业的学生参加，但教学资源集中仍然是这种模式的弊端，大学教育资源只能集中在大学，在其他大学和社会中无法传播。但在大数据时代，将根本改变这种集中教学模式，教师可以通过网络将自己的课程上传，使网络中的学生，反复聆听加深印象，把握重点。网络教学所面临的受众更广泛，能够向大学或其他大学的学生和社会人员讲课，所以教育不再局限于大学。现在网络教学的模式，实际上已经有不少。例如，目前流行的MOOC优质教学资源，让在一般大学的学生也可以享受一流的大学教学资源。MOOC是对我国教学资源不平衡的一个很好的改进，它除了其他在线教学的优势外，还有自身独特的优势。事实上，网络教学模式在高等教育大数据和管理时代产生的影响更加深远，它不仅要继续发展以及应用到传统课堂教育管理模式，还要把关注点放在网络教学方面，以保证良好的教学效果。

（三）大数据时代对高校教育的评价模式创新

教育评价是高校教育体系建设当中的一项重要内容，在优化高校教育管理、提升教育质量等方面，发挥着不可替代的作用。要想从根本上优化教育评价模式，有效适应大数据时代的要求，就要积极将大数据应用到教育评价模式构建当中，借助大数据手段完成教学评价研究，为教育综合水平的优化提高提供根据与支持。大数据时代让传统教育评价发生了彻底变革，使教育评价不再拥有过多的主观色彩以及经验之谈，变成了拥有客观现代科技为支持力量的客观评价模式。这样不仅能有效获取不同教学平台当中的数据信息，获知学生对不同导师课程的点击量，还可以借助活跃度调查的方式，完成对教育整体的评价，保证评价活动在客观数据支持之下提升质量。

四、高校教育管理信息化创新面临的挑战

信息革命给人们的生活带来好处的同时，不能否认的是，它也会引发一些负面影响，不能根除。有关信息的所有问题不能指望全都解决，亦不能把信息作为洪水猛兽。技术对教育管理的深刻影响，还有技术对教育的负面影响，这

都是我们应该深刻思索的问题。

(一) 教育管理信息缺乏实证性

当今信息技术带来十分容易得到的信息量，使得许多人不再热衷于调查。一些管理者为图便捷忽视实际调查的同时，直接从互联网上下载其他机构的规章制度，这在教育管理规章制度施行中很常见。在有限的信息技术知识只供给我们有关"何时""何地""何事"的"硬性信息"的条件下，如若只考虑我们的结果，却不能给我们带来思考及处理问题的方法，这是不够的。若是信息技术没办法与现实相呼应，只会是生硬的、无活力的应用。所以，在现代信息技术的支持下，信息和实践相结合是教育管理中必须特别注意的问题。

(二) 信息安全与保密是教育管理信息的重要问题

教师、学生、课程、学籍、教材、教学、教学网站之类的信息等组成了教育管理信息。在现代信息技术的支撑下，特别是在教育管理中的信息系统，因其能开放和互动，在复杂的程序下，信息和教育管理系统自身的弱点和疏漏使得信息极其可能被随意取出，复制和拦截的问题在存储和传输过程中十分常见，导致信息泄漏，有安全隐患。虽然建立了一定的访问权限，但有一些机密信息还是会被窃取或篡改（如黑客）。如其他电脑程序一样，计算机病毒的攻击对教育管理系统来说也极其有害，如若系统瘫痪，学校范围内的教学将难以进行，由此带来的损失将是巨大的。

(三) 教育管理信息的零散及不对称问题

信息时代的进步带给人类太多的信息，但是较之于太少的信息，这也是一个阻碍。信息的浓缩是电子媒体带来的特色功能，随之而来的信息碎片化是对人们的一种障碍。如今在单位时间内人们得到信息很容易，这是由于信息传递和处理技术的日益发达带来的。教育管理人员拥有如此繁杂的信息，在选择时很可能错乱，特别是令人模糊的内容出现时，像是各种混淆视听的信息，这样就使得判断产生困难，管理或决策也容易有很大的问题。由此可见，信息在传播时也导致了新的信息匮乏。

信息不对称理论由诺贝尔经济学奖获得者詹姆斯·莫里斯和威廉·维克瑞在1996年提出，主要是指由于参与人对信息的了解和掌握有差异，双方拥有的信息不对等，由此在经济活动中，就出现了不对称信息下的交易关系和契约安排。信息不对称理论提供的有新意的视角可以用于教育领域。

在信息时期背景下，高校这个整体在和学生、教师之间、师生之间以及教师相互作用中的内在关系，也存在着信息不对称的现象。尤其是基于教育管理现象中的信息不对称。教学和管理中，信息化在学生和教师两方面各自水平要求有所不同，像是对计算机操作技能的不同的水平要求，学校的教育管理部门只注重网站信息发布，忽略了对象本身，很难保证教育的公平性。对于教师教学质量的评价，在收集学生网上反馈时，教师可能过于严格，因此学生去进行评价时就会受多方面因素的影响，因而比较随意。倘若教师的教学质量只取决于学生单方面的评价，这样可能不会激励好的教师，并且会让有些不负责任的教师更加散漫，这样产生的教学质量评价也就不会具有一定的效用。

（四）教育管理人员总的素质水平很可能降低

因为信息技术的限制，垄断信息来源和程序等形式，致使信息的系统化、规范化、程序化，这样做不仅会造成信息获取的直接和片面，也让人们毫不费力地去直线反应，使行为僵硬、呆板。管理者很大程度上依靠信息技术的话，就会失去独立探索问题的能力，还会脱离实际。以上行为会对教育管理者综合素质的发展产生不利影响。

（五）高校教育管理信息化中产生的问题

1. 管理观念和体制滞后问题

高校教育管理信息化经过了多年的实行，而具体到实施过程，太多高校仍然把精力投入主要建筑和硬件平台，而忽略了现代、高效和智能化的教育管理理念，管理的概念、理论，还是囿于传统的教学模式，管理模式没有与时俱进，主要在于高校决策部门没有发挥作用，且有关制度不健全，没有设置专门的职能人员。

2. 没有全面深入的认识

在教学信息管理方面，高校对于它的重视程度不尽相同，但是问题却是有的，一是了解的程度，二是相应的规划和机制没有建立以及完善，没有给予足够的重视。另外一些高校忽视教育管理的核心任务，重管理轻教学；在机构设

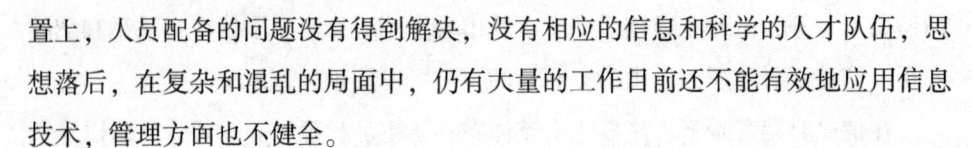

置上，人员配备的问题没有得到解决，没有相应的信息和科学的人才队伍，思想落后，在复杂和混乱的局面中，仍有大量的工作目前还不能有效地应用信息技术，管理方面也不健全。

3. 信息资源建设跟不上时代发展的问题

教育管理信息化的基础主要是对信息资源的有力建设，然而信息资源建设在我国很落后。一是缺乏强有力的教育行政部门的指导和协调。二是高校之间没有沟通，也没有基本的统一出发点，去相互支持建设。三是学校内部各部门之间很少进行沟通协作。管理的分离，使教育管理的数据共享无法得到充分实现，由此使各部分之间脱节，产生了很多不必要的行为，也使得数据的准确性大大降低；这样分散的部门各自对管理信息系统进行关于本部门的工作安排，使数据被多次采集，增加了工作的负担，不仅使学校整体的工作没有得到有效的改进，还浪费了人力。

4. 信息资源的定设不够规范的问题

教育管理信息化最主要的还是进行信息资源的发展，开发和建设。信息资源是教育管理信息化建设的基础，同时也需要不断地进行探索，才能有所发展。信息资源的标准化问题在整个教育管理信息系统中起着关键作用。信息的编码规则是不是实用、直观，能被广泛应用，它的前瞻性又能不能和现在及未来的教育管理模式相适应，这都需要加以考虑。采集数据时，要把握数据的精确性，用科学的方法得到科学的数据结果。只有把信息技术和教学信息资源展开深层次的融合，发挥二者在互相促进与互相补充方面的作用，才可以打造完善化的教育管理信息系统。

5. 教育管理信息系统的开发问题

教育管理信息系统是支撑和实行多校区远程教育管理的核心软件。它作为一个复杂的项目，需大量资金投入，能涵盖很多区域，功能很强大，同时对技术的要求很高，需要长期开发才能实现。在开发的过程中，软件编程和代码编写都要求专业的人才并有大量经验，同时了解教育管理，具备教育管理经验，还应具备软件开发的条件和机制。事实上，对于普通高校来说，宜采取引进与购买两种方法相结合的方式。利用这样的方式能够明显提升软件开发效率，减少成本耗费，二者开发的重要依据是学校实际管理特征与个性化管理需要。

6. 教育管理制度的定核问题

普通高校尤其是成立时间并不长的高校，教育管理体制都确定的是学年制，假如完全实行学分制的直接飞越，会让广大师生因为无法适应新管理，而产生一系列的问题。所以，在教育管理制度的定位和选择方面，一定要循序渐进，不能直接到学分制，而是向着学分制过渡，考虑到师生的管理适应度。

7. 教育管理队伍的建设问题

教育管理信息化是对技术和各方面要求极高的一项工作内容，因而也提高了对教育管理人员的素质要求。因为教育管理者与教育质量和信息化建设存在着不可分割的关系，只有促使他们树立现代化的教育观念，有效积累获取多元化管理知识，并且懂得去创新，才能够真正掌握信息化技术，进而为管理信息系统的构建做出突出贡献。所以，教育管理者一定是拥有极高综合素质的管理型人才。高校除了要在软件和硬件建设方面加大工作力度之外，还要加大对教育管理者的教育培训，不断提高他们的实际应用能力，培养信息素养，丰富他们的信息技术知识技能。再者，信息管理的制度要健全，特别是考核和奖惩制度，这些制度只有科学规范，才可以激励和促进信息管理队伍的发展。

8. ICT与教育管理融合不和谐

目前，高校教育管理信息化仍在不断探索，从单纯的信息和通信技术研究和探讨对教育教学指导法的不足；从单纯的管理理论和教育教学的规律，研究ICT支持的缺乏。主要表现在以下几个方面。

①高校教育管理实践在发展中的矛盾体现在两方面：一是继承传统的教育管理模式，应对新的问题和产生的新技术，在新形势下由于固有的传统思维样式，且没有与时俱进的理论与思想的指引而导致不知所措；二是信息技术已应用于教学和教育管理，但应用不理想、管理效率低下的现象仍然十分严重，资源浪费现象还普遍存在。

②对于统一规划和协调，在教育信息化发展方面还存在着很大的不足，宏观层面无法从学校和高等教育管理系统、应用平台等方面完全利用信息资源，更无法实现资源共享，这样使管理的效率有很大程度的下降。

③由于信息的标准化不够统一，因而我国教育软件业开发出来的产品各有不同，使极多的信息各自孤立，极难完全得以应用。

④ICT 和教育管理的共融还难以实现。怎样使软件输出的资料适应教育教学基本规律，以及使现代教育中管理的理论与应用系统有效结合，让人性化管理和个性化服务的特点得以实现，是教育界和 ICT 界急需解决的问题。

第二节　大数据背景下高校教育管理分析

就目前而言，大数据时代已经到来，现在我们正经历着前所未有的大数据狂潮，其奔涌之疾，升腾之烈，不似海啸，胜似海啸。人们欢呼，因为它是摧枯拉朽、一往无前的狂飙，将以势不可当的革命性力量，开辟新的天地；人们恐惧，因为它是行不由缰、漫无方向的野马，有着难以预想的破坏性力量。此时此刻，人类需要冷静，人类必须理性。大数据、云计算等信息技术究竟是能够把我们的生活变得丰富多彩，满足人们综合学习需求的"阿拉丁神灯"，还是会招致大量风险和危机的"潘多拉魔盒"。在波普尔看来，科学进步是悲喜交集的福音，很少有例外。埃吕尔曾指出："技术发展的有害后果与它的有益结果是不可分割的。"尼葛洛庞帝指出："每一种技术或科学的馈赠都有其黑暗。"同其他技术一样，大数据对高校教育管理也带来双重效应：积极影响和消极影响。大数据技术是高校教育管理创新的福祉，同时也为隐私保护、伦理道德等带来了前所未有的挑战。

一、大数据对高校教育管理带来的积极影响

大数据给高校数据采集、治理模式、教学优势、考核评估、资源调控、智慧学工及智慧科研等方面带来革命性的力量。

（一）数据采集——关注过程、关注微观

局限于技术、人力和物力，传统高校数据采集主要以管理类、结构化和结

果性的数据为重点,关注教育整体发展情况,这种反馈机制在一定程度上对于高校教育决策、规章制度的制定起到了积极的作用。但是,对于学生、教师、科研的实时掌握情况却远远不够,对于不好的结果也不能提前预测和预防,而多是事后补救型,从而使高校教育管理处于被动局面。随着大数据技术强力渗透到各行各业,高校教育数据的采集将面临新的变革。互联网、物联网和大数据技术支撑下的高校智慧校园,不仅在采集数据的数量上超越传统高校,而且在数据的质量及价值方面都具有传统高校数据所不可比拟的优势。高校教育管理大数据具有非结构化、动态化、过程化及微观化的特点,处理程序更加复杂、深入和多元化。学生的学、教师的教,一切活动都处处有迹。数据流在数据分析师的头脑加工后产生源源不断的智慧流,从而促进高校教育管理更加科学化、人性化。高校大数据采集和管理的宗旨是:功能是必需,情感是刚需,以人为本。然而,由于高校教育管理对象及活动的复杂性,加上缺乏商业领域标准化业务流程,从而导致高校教育管理大数据的采集活动呈现复杂性的特点。在高校教育管理大数据的分析中,要特别强调因果关系,虽然国际大数据专家舍恩伯格认为更应重视相关关系,但是教育以培养人为根本目标,它不同于商业数据,无须追根溯源,教育大数据不仅要"知其然",更要知其"所以然"。通过技术分析和处理,挖掘高校教育管理大数据所体现的规律及揭示问题背后的根本原因,最终寻找破解之道、应对良策,从而更好地提升高校教与学的活动效果。

(二) 治理模式——民主治理、集思广益

就管理而言,将多种多样的大数据技术应用到决策环节已经成了改革和优化管理的重要举措,而人们已经在这方面达成了共识。SAS 和《哈佛商业评论》调查研究的结果证明了以上结论:总共有 700 位高层管理者参与到了调研活动当中,有四分之三的高层管理者表示,他们在部门决策环节对数据分析有着很强的依赖度;五分之二的高层管理者特别指出,运用数据分析方法,完成结果研究以及决策活动,能够明显提高他们的工作效率,保证决策效果。在大数据时代,高校决策模式、治理模式都将面临转型。传统高校是"精英治理",受限于校园信息化和智能化程度不高,学校各项事业的发展方案、措施、策略等不能广泛传达至师生,民主意识较强的管理者顶多召开一个小范围

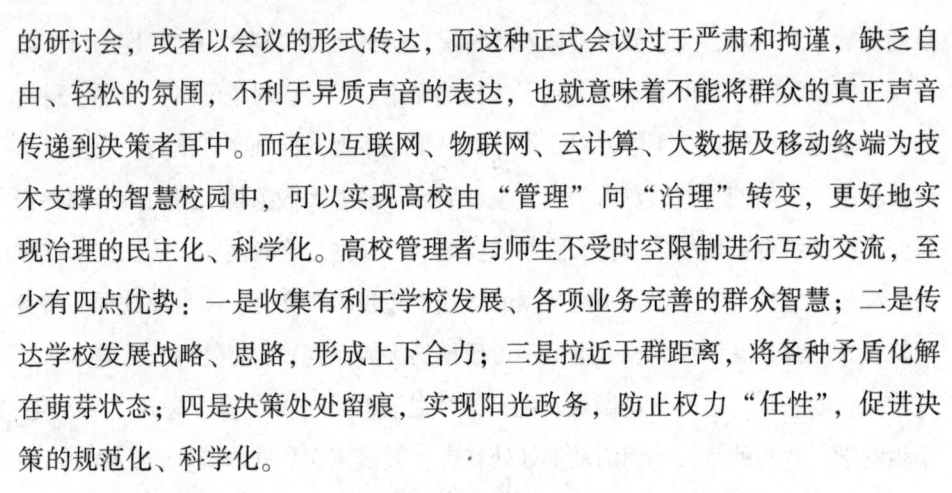

的研讨会，或者以会议的形式传达，而这种正式会议过于严肃和拘谨，缺乏自由、轻松的氛围，不利于异质声音的表达，也就意味着不能将群众的真正声音传递到决策者耳中。而在以互联网、物联网、云计算、大数据及移动终端为技术支撑的智慧校园中，可以实现高校由"管理"向"治理"转变，更好地实现治理的民主化、科学化。高校管理者与师生不受时空限制进行互动交流，至少有四点优势：一是收集有利于学校发展、各项业务完善的群众智慧；二是传达学校发展战略、思路，形成上下合力；三是拉近干群距离，将各种矛盾化解在萌芽状态；四是决策处处留痕，实现阳光政务，防止权力"任性"，促进决策的规范化、科学化。

（三）教学优势——及时反馈、因材施教

利用大数据技术开展翻转课堂教学改革或在线教育是当前高校教育管理变革的重要内容。高校学生数量庞大，是运用信息技术的主要群体，也是高校教育管理大数据的重要生产者和使用者。可以根据学习平台上不同学生对各个知识点的不同用时、不同反应，来确定要重点强调的知识和不同的讲述方式。大数据教学有两大优势：一是私人定制，二是大规模个性定制。私人定制即借助适应性学习软件，通过相关算法分析个人需求为每一位学生创建"个人播放列表"，且这种学习的内容是动态的。通过大数据分析，对提高学生个体学业成绩需要实施的行为做出预测，决定如何选择教材、采取什么样的教学风格和反馈机制等。大规模个性定制指根据学生差异对大规模学生进行分组，通过相同测验，有更多相似性的学生会被分在一组，相同组别的学生也会使用相同的教材。大规模个性定制教育的成本并不比批量教育成本高。吴恩达自从在2011年把他的课程放到互联网平台上后，前来注册学习的学生就在不断增加，超过10万人，其中约一半的学生已正式确认课程学习，同时也认真完成其中设置的任务，并提交了相关作业。在为期4个月的课程结束后，有1.3万人因成绩合格而获得了结业证书，课堂结业率为10%，看起来相当低，而其他网络课堂只有5%。CoUrsera上有超过60所高校给学生提供在线课堂的教学服务，同时还有超过300种的免费大型在线公开课程，让全球超过300万的学生与其他学习者主动积极地参与其中。这些课程涵盖多个学科领域，而且在进一步拓展。中国大学MOOCs通过率只有

3.72%，似乎与传统实体大学比，网络大学的通过率较低，MOOCs是否是一个失败的新鲜事物呢？其实，即使是很低的结业率，乘以数十万的分母，通过的总人数还是凭借传统的教学手段无法企及的。哈佛大学在线教育负责人认为，在线教育的浪潮是继印刷术发明之后，教育领域面临的最大变革。人类教育的形式由古代学徒制到近现代的学校制，再到个性化的在线教育，是螺旋上升，既解决了教育产品的量的问题，又能很好地解决教育产品质的问题。大数据的教育潜力很大，运用前景广阔。以行为评价和学习引导为特点的在线教育平台，仅是其影响高校教育的"冰山一角"。

（四）考核评估——动态评估、全面多维

"刻舟求剑、刮目相看、盲人摸象"，这些蕴含着中国智慧的成语告诉我们：要用运动的、全面的眼光评价事物。作为"科学""先进"的社会群体符号代表的高校教育管理者，对于学校的办学水平及教与学的成效评估更要体现科学性和人文性。从数海中找到当前教育管理问题及其影响因素和根本原因，用易懂的数据关系诠释深刻的哲学道理，是大数据时代的重要特征。大数据促进高校教育管理评估从注重经验向注重数据转变，从注重模糊宏观向注重精准微观转变，从注重结果向注重过程转变。高校教学活动是大数据评估最常用的领域，从广义上理解，高校大数据应是人类学、社会学、社会关系学背景下的大数据。高校内部的大数据系统一定要与外部社会大数据系统建立起融合关系或者链接关系，这样才可能从知识、情感、能力、道德等全方位、多维度了解学生，制订人性化发展方案，实现以素质为中心的教育旨趣，才能更好培养符合社会需求的高水平专业人才。首先，高校利用大数据技术，对人才培养、产业发展及社会信息等数据的采集要提前布局，要有连续的数据对其支撑，对每个地区的生源情况、就业情况，要有长期连续的动态数据，才能从数海中预测经济发展、社会人才需求、高等教育未来发展趋势等，及时调整学校发展战略，促进人才培养模式改革。其次，大数据技术可以实现考核评估的革命性改变。高校教育管理者利用回归分析、关联规则挖掘等方法帮助教师对学生学习状况、思想状况、社交状况等有全方位的掌握，关注学生成长的过程，实现评估的全方位和立体化，从而优化教育管理策略，提高教育管理效果。哈佛大学研发的学习分析系统，是一种基于云计算的学习分析系统，包括数据采集、数据存储、数据分析和数据呈现等几个模块，能将学生完成学习任务的相关数据进行分析后实现可视化，并实时呈现到教师的设备屏幕上，便于教师对课堂教学的及时调控，这种分析系统已在 OhioState、Cornell 等大学中推广。最后，利用大数据技术可以建立起教师科研、教学的预警机制，对教学质量监控、科研趋势等设置报警区域，达到设定的域值，系统会自动报警，提醒管理人员重点关注一些教师。基于大数据技术，创新高校教育教学评估体系，使之更加多元化、智能化、个性化，实现由传统基于分数的评价向基于大数据的评价转变，由传统的结果评价向过程评价转变。

（五）资源调控——优化组合、注重效能

推进高校资源大数据平台建设，有利于对有限的教育教学、实验室、寝室等资源进行重组、匹配和优化，从而使教育资源具有新的结构，产生新的功能，提高资源效能。在实践中，有很多高校投入巨资建设的实验室利用率并不高，而有的实验室却人满为患，学生急于寻找实验室而限于信息缺乏或者人为设置的障碍无法获得资源。与之类似，教室、图书馆的阅览室也存在这样的"两极"现象：有的空荡无人，有的却排队占位甚至产生矛盾争执。高校资源大数据平台的建设和投入使用，则能够在很大程度上破解这一难题。首先，大数据中心建设从理念上打破了所有教育教学、实验图书等硬件资源的固定归类，而是从学校整体层面进行调控。其次，依托物联网、通信、信息、控制、大数据、云计算技术对资源、能源进行科学调配和利用，从而实现管理的"模糊化"向"清晰化"、经验化向科学化转变。最后，通过大数据平台实现学生对学习、生活资源的方便、快捷获取。诸多高校在教育教学资源管理智慧化方面已做出有益的探索，如浙江大学通过大数据中心建设，形成全校数据资产，并为教务、物资设备、学工、科技等部门提供数据服务；同济大学以先进的节能监管平台，对数个分散校区的资源、能源实行远程、实时、科学监测，为节约型校园建设提供了基础保障；常熟理工学院 2013 年启动数据中心虚拟化项目，按照"服务准、系统稳、资源省"的目标，引入"戴尔综合化虚拟系统解决方案"，从而实现了数据高安全性和高可用性，实现了按需分配、动态分配系统资源的虚拟化应用，实现了数据资源的跨校区容灾备份，保证应用系统 24 小时不中断。通过建设资产信息管理与决策支持平台，让使用者和管理者都能及时掌握资产信息的情况，改变了管理者被动、业务部门信息不对称、沟通交流不足的局面，提高了管理效率；另外，也为学校、二级学院及部门进行成本核算或招投标决策提供参考。

（六）智慧学工——柔性管理、注重权变

大数据促进智慧学生工作，是大势所趋。其一，高等教育转型和高等教育大众化发展，对高校学生工作管理人员提出了更多的挑战。高等教育大众化使得高校学生数量逐年增加，专职学生管理人员的增比远远不及学生规模的增比，学生工作的繁杂性和艰巨性大大增加。其二，在信息技术浪潮的冲击之下，学生工作管理者传统的话语权正被削弱，唯有顺应时代潮流，利用信息技术、大数据技术等优势，才能增强话语优势和管理服务效果。其三，高校转型发展对学生工作提出更高的要求，高校教育管理目前正面临着"由粗放管理向精细管理"的转变。传统高校学生管理存在刚性有余、柔性不足的缺点，现代教育管理的发展趋势是柔性化，要求以学生为本，关注激发学生发展的内在驱动力、动力持久性和管理权变性。在小数据的年代，高校欲实现柔性管理显得心有余而力不足，不能随时随地掌握学生的学习、科研、生活、社交等信息，且往往历经千辛万苦得到的数据，最后因失去时效而没有意义。建立学生工作综合信息管理和决策平台，能够及时、全面获取学生工作大数据，快速发现问题，及时调整策略，主动实施有效措施，从而使工作更有弹性、彰显柔性。利用大数据技术，可以多维度、全方位地为学生画像，用来分析学生的学业情况，预测挂科、排名突降；动态评估学生消费，精准资助；预测学生毕业去向，引导个性化、针对性就业。

上海交大不单单构建数据中心，且在"数据开放"的道路上迈出大步，2015 年开放了 WIFI 网络、一卡通、气象三个数据集，2016 年开放的数据集得到诸多应用，还催生了许多学生创业团队。上海海洋大学利用大数据技术，使新生入学报到诸事早知道，新生教育服务工作实现精细化，新生可以提前上易班申请绿色通道、选购生活用品及提前申请勤工助学岗等，完成大部分的报到手续。上海海事大学实施"易班优秀社团的评选办法",让易班成为全校社团的"大本营",易班实现了现代信息科技和大学优质教育资源的深度融合,价值观教育和高校学生刚需实践深度融合,从而增强了思政工作的有效性和创新性。

(七) 智慧科研——博采众长、继承超越

科技是推动历史的强劲动力,更是历史的杠杆,我们更可以将科学当作是最高层面的改革力量。在当前知识加速进化的时代,科学研究已来到"超大科学"的拐点。当科研遇到大数据,就诞生了学术界流行的新理论"科学研究第四范式"。高校是培育人才、科学研究的重要阵地,高校教师肩负促进知识创新和传播的使命。大数据科研资源平台为高校科技创新主体提供文献资源,数据的收集、文献的查找、资源的获取可以说是高校教师从事科研工作的重要基础。高校科研大数据系统包括科研文献库和科研综合信息管理与决策平台两部分。

首先,科研文献库大数据是高校科研的重要参考资源。科学的发展离不开交流和讨论,因为科学中存在错误和局限。海森堡曾说,"科学扎根于交流,起源于讨论",波普尔认为,"一切科学知识都是猜测的、可错的,批判和批判的讨论是接近真理的重要手段"。讨论的基础是科学,拥有可错性的特征,科学处在持续不断的进步和发展过程当中,现如今我们认为正确的结果,在未来很有可能就变成是错误的结论。IT 信息时代的科学交流除了传统的研讨会、学会等方式外,网上资源的利用、现代科研搜索软件的运用显得更加重要。科研文献库的建立是高校科研人员文献研究的基础,有利于高校教师对已有科研成果进行继承和超越,更加体现"现代科研成果是站在巨人肩上的结果"。一般而言,高校科研文献库越丰富,对科学研究的正影响越显著。高校科研文献库的建设形式有两种:购买文献资源和自建文献资源。购买文献资源包括从知网、万方、维普、超星、读秀等数据库里购买的论文、著作、文集等;自建文献资源包括高校特色数据库,如中国水利工程数据库、大学名师库、测绘文摘数据库、校本硕博论文库、专题数据库、特色数据库等。这些资源对于学校师生的研究和提升有着极大的借鉴、启发以及指导价值。

其次，大数据使高校科研活动具有智慧性。高校教师可以利用智慧检索软件，对文献信息资源进行学科分析与科研选题，或者跟踪科研进展与定制个性化服务，精准查找交流、评价专家及合作伙伴，保证研究活动顺利高效地开展。面向科研评价领域的软件有 ArnetMiner、CiteSpace、PaperLens 等，面向全领域的软件有 TheNetworkWorkbench（NWB）、D-Dupe 等，面向社会科学领域的软件有 UCINET 社群网络分析挖掘软件，面向功能专题的工具有 CFinder、C-Group 等，文献搜索分析工具有 PublishorPerish，科研合作网的专家检索系统有 ArnetMiner，可以很好地找出领域专家、作者从事的领域、合作团体等。

再次，大数据可以提高科研效益。大数据技术使高校科研从过去探寻因果关联变成探寻相关关联，从而减少研究资源的浪费，节约研究的时间，提高研究的效率和成果的可靠性。科学研究就是寻找大自然物理现象背后为什么的工作，大数据技术使之更容易、更接近规律且节约成本，包括经济成本、人力成本和时间成本。高校是科研的重要阵地，高校的科学研究也需要借助大数据技术进行数据驱动的决策。

最后，科研管理综合信息与决策平台有利于提高科研管理的科学性和效率。利用内部、外部信息进行科研数据的分析，可以消除或减少重复立项、经费安排不合理、项目负责人不胜任等问题，从而促进公平竞争，促进科研资源的优化配置，提高科研资源使用效率。建立科研大数据平台，包括从外部主管部门科研系统中获得的科研项目的数量、类别与要求，从内部科研数据库中得到的人员、设备、经费、研究经历与研究条件等信息，从 Web 上获得的论文和专利的数量与质量等信息，从项目成果报表上得到的成果转让和奖励等信息。通过科研管理综合信息与决策平台将各类信息进行整合，对研究课题的科学性、创新性和外部文献库及申请者所涉及的各项因素进行综合分析，早在立项之前就全面排除不合理要素，消除可能会影响到客观结果的因素，最终确保科研项目评估方面的专家能够在制订决策时具备强有力的支撑。

二、高校教育管理中大数据应用存在的问题

人类历史上每一个技术发明与创造，均有"善"与"恶"的两面性。人类的文明进步就是发挥技术"善"的一面、控制技术"恶"的一面的结果。在马克思看来，技术胜利似乎要付出道德败坏的代价。在当前人类对自然的把控程度逐步加深的情况之下，个人却好像日益变成他人的奴隶，或者是个人卑劣行为的奴隶，更甚的是科学原本纯洁而灿烂的光芒被愚昧无知的黑暗所遮盖，这样的说法以及运用的比喻都非常恰当，同时也非常直观地表明技术是双刃剑的实际效应。所以，我们一定要认识到科技有利和不利的这两个方面，只有这样才能够有效消除消极影响。同样，大数据在给高校教育管理带来机遇的同时也产生了消极影响和挑战。

（一）隐私与自由平衡问题

隐私与自由的平衡问题似乎是一个悖论。隐私意味着不能绝对自由，自由意味着要牺牲一定程度的封闭和隐私，如何保持二者之间必要的张力，是一个考验高校管理者智慧的难题。inBloom组织的失败就是一个"理想很丰满，现实很残酷"的例子。2013年2月，盖茨基金会、卡内基公司和其他投资者耗资1亿美元建立了名为inBlocm的非营利性组织，旨在收集和存储教育数据，满足个性化教育教学工作创新应用和发展的要求。在组织成立的初期阶段，总共和六个州建立了合作，而该组织从不同年级与考勤数据库当中对学生的有关数据资料进行提炼，之后将其在云处理器当中存储。收集到的数据有400多个类别，如姓名、地址、纪律处分等，甚至还存在残疾、经济状况等常常让人反感和抵触的信息类别。家长和公众因不信任和担忧数据隐私问题而发起强烈抗议，致使该组织勉强运营15个月后最终关闭。该组织的首席执行官在网站上张贴了一封信，其中充满了沮丧："因为广大公众担忧无用数据而停掉这样的创新，无疑是一种极大的耻辱。"这个例子说明大数据运用于教育，取得家长和学生的信任至关重要，具有令人信服的成功范例非常必要。尽管美国《联邦教育隐私法》早已存在，尽管奥巴马反复强调"所有在教室内收集到的学生信息，只能用于教育的目的"，但是教育隐私数据泄露现象屡禁不止。2014年，美国一家就业规划网站ConnectEDU在破产清算过程中试图卖出自己的数据库，其中包括了上百万学生学术、个人和职业方面的详细个人数据。在联邦政府介入后，收购公司才同意ConnectEDU用户们可以删除自己的数据。对此，美国众议院两位议员，科罗拉多州民主党人杰瑞德·波利斯和印第安纳州共和党人卢克·梅塞尔起草一项称为"学生数据隐私和家长权利法案"的提案，限制包括在线作业系统、数字教材、学校邮件系统等公司收集学生信息来牟利，或泄露信息给广告商以推送定制广告。同样，正确解决隐私与自由平衡的问题，也是我国高校不可回避的挑战。我国2016年频现高校学生信息被泄，涉及学生权益的电信诈骗屡禁不止，大有超越传统违法犯罪社会危害性之势头，这也是大数据技术产生的负面影响。

(二) 数据霸权问题

大数据能够借助概率预测并优化学习内容、时间和方式，还能够预测大学生的职业生涯。但是，按照大数据预测进行的教育分组、教育定制真能符合人才发展规律、符合公平公正原则吗？按照大数据预测的未来职业、专业兴趣真能符合学生的现实需求、满足人挑战自我和超越自我的精神追求吗？教育的根本宗旨是因材施教，大数据背后探索的规律，看似是"规律"其实并不是"规律"。在教育中有很多现象是大数据无法预测的，如人类的智慧、独创性、创造力造就的理念等。心理学上有一种"罗森塔尔"现象，形象心理暗示在个人的整个成长历程当中扮演着重要角色，也产生着不同程度的影响，是对客观现实的一种逆转和超越。爱因斯坦说："想象力的重要性远远高于知识，这是因为知识具备限制性，但是想象力却是无限的，包容世界一切。"我们需要对人类的非理性、对定量与定性分析的反抗保留一个特别的空间。按成绩分组、教育定制加深教育鸿沟、限制学生超越发展的诉求，可能会导致教育由一片广阔的天空转变为预定义的、拘泥于过去的狭窄区域，社会倒退为一种近似种姓制度的新形式——精英与高科技封建主义的古怪联姻："电子书包"让学生身负着他们整个教育生涯中的电子成绩单，适应性学习则可能导致对能力较弱学生的打击以提高教师业绩，无法遗忘的过去则成为学生的"诅咒"而不是"福气"，历史的小瑕疵则成为学生求职的致命打击。全面教育数据带来的重大威胁，并不是信息发布不当，而是束缚我们的过去，否定我们的进步、成长和改变的能力。放弃数据的收集和使用，将阻碍大数据对教育带来的诸多益处；而陷入数据崇拜，又将受制于数据而失去自由。我们需要在对优化学习的渴望和对过去决定未来的拒绝之间做出微妙的权衡，虽然"一切过去皆为序曲"，但不要让过去完全决定我们的未来，我们仍应满怀热情地迎接下一个日出。在这个对新生技术畏惧、疑虑的时代，数据将越来越难收集，甚至最糟糕的可能是，被收集者还会因怕"数据欺凌"而采取"玩弄数据系统"的"自我保护"反应。这样一来，建立在不真实数据基础上的决策将会更可怕。

（三）数据标准问题

大数据的价值在于数据的共享，标准化是各类相对独立的、分散无序的数据资源通过融合、重组及聚合等方式形成一个较大的、有序的、可读的与高效的整体，使人们可以快速使用，这需要建立完善的数据标准体系。数据标准化是数据整合、共享、挖掘的前提和基础，是数据"金矿"实现的必要条件，而数据标准则是数据标准化的依据和标尺。就目前而言，国内外在大数据标准建设方面，都投入了很多时间和精力，同时也耗费了大量的资源，但是迄今为止仍然没有建立一整套得到世界公认，并且完整全面的大数据标准体系。大部分的数据标准化工作还停留在较低层次，局限在需求分析和研究阶段。我国是ISO/IECJTC1/SC36的正式成员国，有3人担任此工作组的召集人，9人担任国家标准项目编辑，他们主导的4项国际标准和参与的16项标准工作项目中表达了符合中国利益的意愿。大数据标准体系包含的主要内容有：大数据的通用技术标准、产品标准、行业应用标准、安全标准等。当前我国发布了19项国家标准，7项教育行业标准，还有等待发布的7项教育行业标准；正在研究的有34项国家标准和17项行业标准。为了更好地满足国内教育教学，尤其是教育改革的需要，在教育信息化建设方面的投入力度在不断增加，新建立了6个工作组，并着重针对慕课、智慧教育、教育数据分析等进行国家与行业标准的研究和制定。2014年12月全国信息技术标准化技术委员会大数据标准工作组成立，包括了北京大学、阿里、华为、京东、国家信息中心等150家申请单位。2015年年底，已完成草案的有《信息技术大数据术语》《信息技术大数据技术参考模型》等8个国家标准，正在研制的有《信息技术数据质量评价指标》《信息技术通用数据导入接口规范》等2项国家标准，高校大数据同样也需要标准化处理，尽量减少混乱无序的数据、信息、资源，只有这样才能够尽可能地避免发生信息孤岛问题，让教育数据的可用价值和操作性更强，也进一步强化教育数据的通用性，让数据在实际应用当中显现出优越性。武汉大学、复旦大学等高校特别注重数据标准化的建设，获得了一定的成果。但如果站在高校整体的角度上进行分析，仍然并没有形成一套完善的、可通用的数据标准体系。

（四）数据质量问题

"数据质量"主要指数据资源满足用户具体应用的程度。数据质量主要从完整性、规范性、一致性、准确性、唯一性、关联性等几个角度综合评估，度量哪些数据丢失了或者不可用，哪些数据未按统一格式存储，哪些数据的值在信息含义上是冲突的，哪些数据是不正确的或超期的，哪些数据是重复的，哪些关联的数据缺失或未建立索引。数据质量是依据数据科学决策的保障，依质量低下的数据做决策比没有数据的"拍脑袋"决策更可怕。根据 Experian-DataQuality 的数据，88%的企业收支会受不准确数据干扰，受到影响的营收比重占到12%。所以，要想从根本上提升高校大数据的质量水平，提升其利用价值，一定要抓好源头。数据从何处来？数据是否真实准确？应该把哪些数据作为根本基准？这些问题都需要解决。职能存在交叉关系的不同部门产生的数据假如有不一致问题出现，究竟哪个才更有权威？在时间纵轴上，性质相同的新旧数据存在很大的不同，那么应该把哪个数据当作是可靠数据？如果数据的一致性问题得不到解决，数据质量的提升也将无从谈起，更不用说数据共享了。在这样的背景之下，高校在收集数据时，一定要制订缜密细致的计划，同时还必须完善数据标准化方案，不能一网打尽和良莠不分。美国政府首席数据科学家 DJ·帕蒂尔曾一针见血地点出数据问题的症结，"在开始数据的处理工作前一定要懂数据是混乱的这个概念，同时也要认识到数据清理总会占用80%甚至以上的时间。简单来说，数据的本身就是问题症结所在"。高校数据存在着多源头、不一致、异构、缺失、不准确、重复等问题。其中，未制定统一数据标准，数据中心建设缺乏全校范围的宏观整体规划，国内教育行业软件成熟度不高，系统技术架构不一致，业务人员对数据质量重视不够，数据维护不及时、不准确及不完整等是影响数据质量的重要因素。

(五) 数据垃圾处理问题

大数据不全是"金矿",也有数据垃圾,金子的闪耀光芒价值自不必说,垃圾的危害也不能小觑,这体现了事物的两面性。正如太空探测技术一样,人类为了探测无垠的宇宙,向太空发射了卫星、宇宙飞船、核动力卫星等,这些遗弃在太空的物质和碎片,不仅具有碰撞新的航天设备的危险性,而且具有大量放射性。大数据技术与航天技术一样,虽然发展潜力无限,但也是高难度的挑战,人类必须具有解决大数据垃圾问题的力量,否则将产生严重的后果。大数据时代,巨大的信息和碎片化的数据充斥着整个网络世界,随着智慧校园、泛在学习的推进,大量的数据会让高校数据中心以及机房在存储处理方面承担过重的压力。

2014年美国国家消费者法律中心发布的"大数据征信对个人征信的大十问"调查报告,指出进入大数据征信公司的数据50%左右是错误的、有问题的,是垃圾。既然进入源头存在垃圾,那么产出的很难是金子。假如决策是以垃圾数据作为基础得到的,极有可能会让这些垃圾数据出现"传染",最终让工作蒙受巨大的损失。所以,在出现垃圾数据之后,我们就一定要在数据处理时,清洗过滤这些垃圾数据,确保决策是建立在有用和高价值数据基础之上的,这样就会提升数据有效性,让数据垃圾问题得到一定程度的解决。目前,对于高校数据垃圾的处理技术、处理原则、处理经费、数据人才等方面都存在问题,特别是在大数据的挖掘价值没有充分利用的情况下,对于垃圾处理的支出显然过大,数据"金矿"至少目前并没有体现,反而呈现"得不偿失"的倒挂局面。尽管对高校教育管理大数据垃圾进行过滤和清洗任务艰巨,但是不能因噎废食而放弃对数据中心的建设和利用。

(六) 数据安全问题

单独的数据似乎看不出什么价值,但是数据一旦发生关联,便会产生"1+1>2"的效果。大数据背后的秘密一旦被发现,将会对高校信息安全、学生隐私安全产生巨大的威胁,特别是很多师生学习、生活及工作的数据也在网上,互联网和云服务能够实现对人从摇篮到坟墓的全部跟踪记录,这些在网上的教育行为记录一旦被整合,就会对个人隐私造成极大的侵害。高校教育数据被黑客入侵进而造成数据泄露的问题层出不穷。2014年2月,美国马里兰大学发生严重数据泄露事件,有309000名学生及职工的名字和社保号在一个"复杂"的网络数据安全攻击中被盗;2012年,据国外媒体报道,TeamGhostShell组织黑客集体入侵中国的杭州电子科技大学网络教育网站,并成功获取到大约15万用户数据,包含用户名、MD5加密过的密码和电子邮件地址;2017年5月12日,全球爆发ONION病毒,磁盘文件会被加密为"onion"后缀后敲诈勒索计算机用户,需要支付高额赎金才可以解密文件,对计算机用户个人资料和学习文档造成巨大损失,给用户带来精神、财产双重压力。因此,各级政府、教育主管部门及高校都必须高度重视数据安全问题,有关高校教育管理数据安全的法律法规的制定非常必要且紧迫,相关的数据安全技术意义重大。

（七）数据人才匮乏问题

美国之所以能够在大数据浪潮中处于潮头,与之重视数据人才、培养数据人才密不可分。2009年,奥巴马开创性地设立了首席信息官和首席技术官。2015年,奥巴马邀请硅谷Twitter前产品总监高德曼担任白宫数字部主任,同时给予其高度的赞赏,称高德曼是数码时代的一个伟大缔造者,有了他的加入,会让整个白宫拥有更新更强的能量。高校教育管理数据人才将成为连接大数据与教育应用的桥梁,他们要解决的问题是如何实现教育管理大数据的价值。高校教育管理数据人才是一个跨学科的数据人才团队,由多种角色人员组成,包括数据科学家、程序员、统计人员、业务人员等。虽然市场对高校教育管理数据人才的需求日益增多,但是目前的人才培养体制机制尚不健全,能够提供的人才数量远远不能满足现实需求。中国香港环球经济电讯社（GEDA）首席经济学家江儒山认为,如Pernlland（MH）、AndrewNg等大数据专家在全球范围内也超不出二三百人,新锐大数据专家全球数量大概只有千人。从全球范围内看,70%~80%的优秀大数据专业人才目前都在全球顶尖科技公司就职,就职于高校与研究机构的人少之又少。苹果、亚马逊、Google、华为、腾讯、阿里、百度等全球排名前50的顶级企业几乎垄断了绝大多数的大数据专家和优秀的大数据人才。结合麦肯锡公司的研究预测,到2019年全球数据科学家短缺将达到近20万。高校教育管理方面的数据人才更是严重缺乏,对于使用大数据的高校教师、研究者和管理者来说,他们驾驭数据的资质和能力则是不容乐观的。对于高校教师和管理者来讲,首先自己应成为"数据脱盲者",会使用大数据技术,会读懂大数据语言,才能利用大数据技术改进教育管理。同时,学校也需要大量懂得如何在建立数据系统以分享数据同时又能保护隐私的数据技术人才。英特尔的未来教育项目在培养数据人才方面是一个良好的借鉴案例,此项目关注21世纪教育改革中教师的两个核心素质:一是以学生为中心的教学实践;二是以优秀的教学法融合信息通信技术并将其融入教学实践。此项目于2000年推出,目前,已为70多个国家和地区(包括中国台湾)培训了超过1000万名的教师和管理人员。英特尔未来教育项目涉及基础教育、社区教育和高等教育等领域。英特尔未来教育教师专业化发展课程的目标是扩充教师行之有效的教学策略以及如何使用ICT的知识,项目的课程包括五个版块:基础课程、核心课程、成功技能、创新思维和领导力论坛。英特尔未来教育教师专业化发展课程面向不同培训对象设置培训课程和教材。另外,还特别面向课程教师、学校领导、信息技术课教师的个性化需要,分别设计差异化教育培训课程,以及针对性强的教材。这样的差异化以及个性化教育培训方法,可以更为有力地推动教师教育技术应用能力的提升,这些探索与实践对解决高校数据人才匮乏问题提供了很好的思路。

(八)制度与组织空白问题

大数据技术对高校教学的影响尤著,MOOCs是大数据时代传统教学遇到的最大挑战以及机遇,所以就当前教育工作来看,MOOCs组织制度的建立是高校重中之重的工作。MOOCs作为一种新型教学模式,是对传统实体大学的有益补充,也是对视频公开课缺乏互动的弥补,对于促进教育公平、促进教育质量水平提高有着重要的意义。这一新型教育模式的优势具体体现在:一是开放性,MOOCs平台把互联网科技作为重要根基,面对全体社会成员开放;二是平等性,课程资源及组织平等地享有参与权;三是规模性,网络课程学习者不同于传统学校,一般都是成千上万;四是灵活性,MOOCs的内容更符合广大学习者的生活与学习需要,更为关注教学活动的综合性、普适性、生成性、互动性，其视频精美、短小精悍，向微课靠拢，评价方式多元，引入同伴互评。网络教育和网络学习是大势所趋，但是却存在种种缺陷与不足：一是MOOCs制作成本高。缺少成熟的赢利模式，或者说在成长初期缺乏赢利的保障。其开放性是大规模授课的保障，却是其无法赢利的重要因素，开放性和营利性是一对悖论。2013年至今，我国许多省市和高校通过成立联盟、签订合作协议等方式，建立了MOOCs平台，目前这些平台基本都处于非营利状态，更多靠学校财政或地方政府财政补贴。二是内容更新快等诸多矛盾。事先设置的课程内容和如今的时代背景存在着极大的矛盾，因为信息爆炸，知识更新速度极快，而设置的具有结构性特征的课程系统，和大数据时代知识、学习以及时间的碎片化特征，有着尖锐的矛盾与冲突。MOOCs在前期阶段，需要高标准以及高投入，会让后续修正与健全遇到很大的问题，造成其中涉及的内容过不了多久就会变得陈旧，不再适用于教育教学要求。三是学习证书的效力问题。网上平台颁发的学习证书与实体学校学习颁发的证书效力具有差异性，是当前制约MOOCs发展的重要因素。学生人数多使得师生互动交流变得困难，学习过程的监管与考试监管难以真正落实。受经费所限，指导MOOCs学习者的助教数量也很有限，只能靠学习者互评，而这种良莠不齐的互评也很难作为正式认证的基础，虽然国外也在尝试通过打字习惯和视频来判断是否代考，但技术都不成熟，社会信誉不高，学习成绩与证书的社会认可度不高。

　　为解决以上问题，出现了一些MOOCs的变种，即小型的、私有的在线课程SPOC，SPOC人数限定最多几百人，从而使测试更加灵活高效，提高了证书的可信度。某些大学的MOOCs在教学模式和教学方式上有所改进，由完全自主在线学习向混合学习、翻转课堂、协作学习和研究性学习转变。中山大学王竹立则提出全面升级MOOCs，由MOOCs向MOOS转变，鼓励学习者将自己的学习过程和学习成果通过网络进行分享，从而激发创造和灵感。近年来，网络教育出现两个新趋势：一是微课化，国家开放大学推出的《五分钟课程网》就是一个例子；二是非学历，避开与全日制学校的正面竞争。当然，制约当前MOOCs发展的因素还比较多，如证书认可度低、诚信保证的问题、课程标准与评价机制、可持续发展的商业模式、普通教育与职业教育及继续教育之间的沟通机制、学分认定的在校生与社会学习者质量一元化问题、知识产权保护等。如何使高校MOOCs建设可持续发展？如何对现有平台进行评价管理？如何使网络认证得到社会认可，打通与全日制学分认证之间的沟壑？联盟高校对于区域教学资源共享平台上的学分如何相互认定？如何保障学校合作发展与特色发展的平衡？如果学习的课程外校建设得比较多，那么毕业证书究竟发哪家的？还有缺乏组织机构、投入制度、评价制度及激励制度等。因此，目前网络学习只能是实体学校的一种补充，这是MOOCs发展的一种遗憾，也是其走向成熟的必经过程。

（九）数据存储期限问题

高校教育数据存储从技术上来讲是可以无限期的，但是从伦理道德和管理成本的角度来讲应有一个期限。设立一个期限，一方面可以克服"无法遗忘的过去"对学生一生学习、工作和生活的阴影笼罩；另一方面也可以促进相关数据专家在有限的时间进行数据挖掘和分析利用项。但是，这个数据存储期限设定受多种因素影响：一是对于数据价值大小的界定；二是数据分析难易度限制。首先是价值大小认定的问题。价值是客体的某种属性相对于主体需要的满足程度，主体对客体属性的需要越强烈，客体的价值越大，因此，价值是一个主观概念，具有相对性和可变性。高校教育管理大数据的价值认定究竟应以学校还是以学生为基点？究竟是以现在还是以未来为视角？这些问题都没有确定的、权威的答案。数据价值如何界定，这是一个难题。其次，数据分析难易度也是变化的。随着人类认识的发展、数据挖掘技术和工具的进步，数据挖掘的难易度具有变化性。究竟高校教育管理大数据要存储多久更合理呢？目前，我国教育部教育综合信息平台上的学生和教师的基本数据是终身的，因其搜集的是基本信息，这也无可厚非。但是，对于高校而言，除了学生基本信息之外的特殊数据、临时数据等明显不具有终身制的必要性和合情性。

第五章　现代高校推进大数据教育管理的对策分析

高校教育管理是比特世界一个小小的关节点，也是至关重要的关节点。在比特的世界里，软件、数据、算法是智慧之树的三朵奇葩，其中数据是智慧产生的土壤，数据是智慧革命的核心。当前，我国高校正处于信息化教育管理向大数据教育管理转变的阶段，在高校"智慧校园"建设的过程中，大数据理念、大数据制度和大数据机制必须三维联动，其中理念是先导，制度和机制是关键。

第一节　现代高校大数据教育管理的理念与原则探析

在比特的世界里，软件、数据、算法是智慧之树的三朵奇葩，其中数据是智慧产生的土壤，数据是智慧革命的核心。而高校作为比特世界重要的一环，应对这种"比特生态"角色的变化，理念、制度、人才、物资哪个更重要呢？

一、树立大数据教育管理发展理念

当前，人类正处于"云、网、端"的时代以及软件、数据、算法组成的。

（一）树立分享理念

在高校数据"生态圈"中，各类教育管理是"融通、共享、互激"的存在关系。高校 IT 是大数据教育管理的基本设施和保障，其使命有两个：一是连接作用，"连接"师生、人与资源、师生与学校；二是支撑作用，支撑"教"和"学"，使之富有效率和创新。发达国家的高校大数据教育管理发展较早，数据治理理念比较先进，其中最突出的是 IT 与人的融合，这对我国高校大数据教育管理发展有着重要的借鉴意义。例如，马里兰大学将"推动创新"作为学校 IT 的价值追求；"让师生更强大"是印第安纳大学 IT 的发展目标；"使师生的学术更加卓越"是哈佛大学 IT 的发展愿景。美国 ACU 提出了 21 世纪的教育理念，从多个角度去区分 21 世纪的教育与 20 世纪的教育。ACU 秉承"合作学习是最有效学习"的理念，以移动技术为载体，努力创建"一个时刻连接着学习体验"的融合性学习社区。ACU 通过移动设备将教师、学生连接在一起，成为一个学习共同体。课堂上，教师在移动设备和其他应用程序的辅助下，创设参与性的学习环境；在课堂外，学生利用移动设备实现移动学习，打破课堂限制；ACU 在社交、管理等方面，都广泛应用移动设备进行。借鉴之，我国高校大数据教育管理的发展理念要强调"联通与分享、人技相融、应用体验"的特点，要体现中国特色、彰显学校个性。高校要打破部门、学校、行业、地域、国域等界限，建立协同机制与分享机制，从最大程度上实现大数据的开放与分享理念，实现教育资源和数据资源的共建、共享与共融，从而实现高校课堂教学结构的根本变革，使教育管理水平和教育管理效益得到显著的提升。

(二) 树立"以用户为中心"的思想

我国高校管理层要树立"用户中心"的思想，以学校战略发展目标为指导，以业务流畅性为准绳，融合软件、硬件和服务，面向用户提供简单易用、明确统一的集成化服务，以大数据技术和信息来推动学校管理模式、教育教学模式的变革。高校在 IT 规划管理应用方面，要突出人与人、人与资源的高度融合，开发一个统一的、无处不在的平台，可以简化管理任务，使其更容易被学生接受。该平台是学校业务和"注册办公室"的扩展，并将成为高校的门户网站，为学生提供持续易用的账户、课程表、登记材料、成绩和基本校园信息访问。它是传播紧急信息状态的自动短信和语音广播；是集成校园、地方警

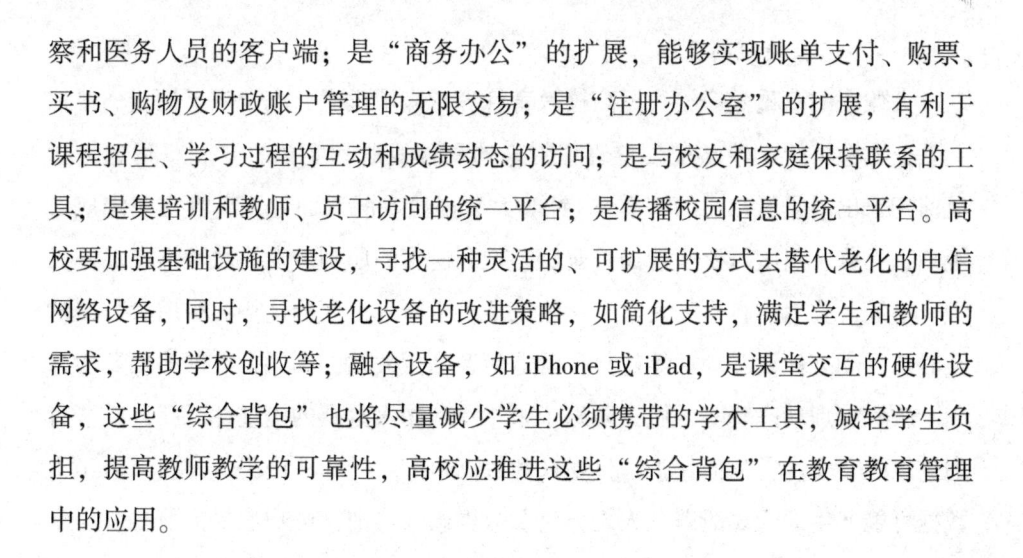

察和医务人员的客户端；是"商务办公"的扩展，能够实现账单支付、购票、买书、购物及财政账户管理的无限交易；是"注册办公室"的扩展，有利于课程招生、学习过程的互动和成绩动态的访问；是与校友和家庭保持联系的工具；是集培训和教师、员工访问的统一平台；是传播校园信息的统一平台。高校要加强基础设施的建设，寻找一种灵活的、可扩展的方式去替代老化的电信网络设备，同时，寻找老化设备的改进策略，如简化支持，满足学生和教师的需求，帮助学校创收等；融合设备，如 iPhone 或 iPad，是课堂交互的硬件设备，这些"综合背包"也将尽量减少学生必须携带的学术工具，减轻学生负担，提高教师教学的可靠性，高校应推进这些"综合背包"在教育教育管理中的应用。

二、坚持大数据教育管理发展原则

高校大数据教育管理发展涉及制度建设、平台搭建、管理模式、人才队伍建设等，明确工作原则是其成功开展的前提和保障。高校大数据教育管理发展的原则主要包括以人为本的原则、扬长避短的原则及疏堵结合的原则。

（一）以人为本的原则

高校大数据教育管理具有属人的特点，不论是大数据教育管理的物理设施建设，还是大数据教育管理的软件系统开发应用，抑或是大数据教育管理的隐性文化培养，都必须坚持"以人为本"的原则。首先，平台是基础，高校应完善大数据教育管理的基础设施，构建学生的物理学习空间和网络学习空间，形成线上线下相融合的立体化学习模式，这些物理设施要体现"用户至上"和"学生本位"的追求价值；其次，高校大数据教育管理的软件系统在开发之初，就应最大限度地以发挥人的主动性、维护人的尊严为基本标准，以人的全面、自由和个性化发展为根本目标；最后，高校大数据教育管理文化不是冷冰冰的数据理性，而应将人文关怀融于其中，防止人的尊严、人的价值在强大的技术理性面前被贬低、被异化。在高校大数据文化建设中，一定要避免"大数据主义"的产生，防止数据霸权的产生，这就要求我们在规避大数据负面影响的同时还不否定大数据的正面作用，弘扬数据理性而不盲目崇拜数据。

(二) 扬长避短的原则

大数据的双重效应给我国高校教育管理带来了机遇，也带来了挑战。总体上看，大数据技术给高校教育管理带来的种种机遇和变革的"利"远远大于目前还未出现或者初显的"弊"。针对大数据技术的双面性，高校在制定应对规划、战略、制度时要坚持扬长避短、趋利避害的原则。发扬大数据在促进民主、平等、公正、自由的大学文化建设及科学研究方面的优势，利用大数据的及时性、动态性及互动性等优势，营造新型师生关系；利用大数据的预警性来判断教育管理动态趋势，做到防患于未然；利用大数据的先进性，提升教育管理信息的安全性，从而保护师生隐私和数据财产不受非法侵犯。当然，对于大数据可能产生的隐私泄露、人之异化及数据霸权等消极影响也要提前防范。

(三) 疏堵结合的原则

在文化多样性的信息时代，大数据技术利用高校学生教育管理工作带来空前挑战，特别是西方的多元价值及美国推崇的普世价值，将借助大数据、网络等现代技术载体快速传播和渗透到我国高校师生中。针对西方政治、文化及思潮的入侵，我国高校要坚持疏堵结合的原则，宜疏则疏、宜堵则堵。利用大数据技术的互动性和及时性，对一些不良文化观念进行疏导，做到因势利导，为管理者和被管理者提供交流沟通的平台和机制，而不能简单地围追堵截。殊不知，在大数据时代，传统封堵的方式将会适得其反，最终反而会欲盖弥彰。但是，对于违反我国基本制度、基本国策等错误的行为和思想，必须利用大数据技术的预警性优势，做到早预防、早发现、早治理，把问题消灭在萌芽状态。

第二节 现代高校大数据教育管理的设计与制度探析

在高校大数据教育管理新范式建立过程中，加强顶层设计，建立相应的体制机制是关键。IT 所带来的变化是关于组织政策、所提供服务类型、财政预算与支出、内部工作流动与工作行为、IT 应用成果等方面的转变。顶层设计具有长远性、战略性、科学性等特点。科学的大数据发展规划（IT发展规划）、完善的大数据发展机制（IT发展机制）及民主的治理模式，是马里兰大学大数据教育管理成功的重要原因，这对我国高校大数据教育管理有着重要的启发意义。

一、加强大数据教育管理顶层设计

（一）制定战略规划

高校大数据教育管理发展战略规划是高校在现有条件或未来条件下，为了更好地实现战略既定目标所采取的措施，我国高校想要加强大数据教育管理发展的顶层设计，就必须制定学校大数据发展战略规划，这样才能做到胸有成竹。《庄子》一书对"梓庆"如此描述：梓庆削木为鐻，鐻成，见者惊犹鬼神。鲁侯见而问焉，曰："子何术以为焉？"对曰："臣工人，何术之有？虽然，有一焉，臣将为鐻，未尝敢以耗气也，必齐以静心。"梓庆在进山林选料时，已经在脑海中勾画出鐻的模样，一旦进行雕刻，才能做到胸有成竹、一气呵成。美国高校在此方面也有较好的做法值得学习：马里兰大学IT战略规划的两大关键问题是资金来源及决策机制。在资金来源方面，其构建了全校性以集中为主、适当分权的长效IT投资机制，以保证资金的高效分配和投资；在决策机制上，采取多群体参与的IT治理结构，从IT治理结构、多用户参与的IT评估体系（院系主任、行政主管、教师、研究者、管理者、IT员工、研究生、本科生代表）、CIO身份与角色定位等三个方面来解决。正是基于用户主导、各群体广泛参与、民主治理的模式，马里兰大学的IT战略规划才能成为全校性的共同愿景，从而降低了在实施过程中来自用户的阻碍。高校大数据教育管理变革是一场自上而下的变革，这要求我国高校管理者在制定大数据战略规划的时候，要以战略的眼光、可持续发展的原则和开放协同的思维去行动。高校大数据教育管理发展要以建设"绿色、节能、智能、高效"的智慧校园为目标，在利益分配、资源统筹、平台搭建、治理结构、评价激励等方面进行精心设计和规划，要突出人与技术的深度融合，体现"技以载道"的技术智慧和技术人性，要激发各方参与的积极性和主动性，最终促进高校教育管理质量和效益的提升。

(二) 加强组织领导

专门的教育信息管理机构是必要的，2012年，教育部成立了信息化领导小组，同年，教育部也成立教育信息化专家组，用以指导全国教育信息化推进工作。《教育部办公厅关于征求对〈关于"十三五"期间全面深入推进教育信息化工作的指导意见（征求意见稿）〉意见的通知》对教育信息化机制建设提出明确要求："要在各级各类学校逐步建立教育信息化首席信息官（CIO）制度，明确一名分管领导担任首席信息官，全面统筹本单位信息化的规划与发展。要明确教育信息化行政职能管理部门、业务应用推进部门、技术支持部门等各主体在教育信息化建设应用格局中的责任与义务，建立教育信息化和网络安全问责机制，确保教育信息化的健康、有序发展。"从宏观来看，高校要将信息化、智慧化与现代大学治理紧密结合起来，促进信息技术与教育教学和服务的深度融合。高校信息化领导机构需要重新调整，信息化部门要从单一的技术管理型向技术型与管理型并重的方向转变，加强海量数据的分析利用，充分发挥其潜在价值。对此，我国当前急切需要探索CIO的运行模式，统筹高校的信息化规划、系统建设、应用推广和业务协调等工作，在二级学院、单位和部门均设置专门的信息员岗位和人员，使信息化嵌入高校的每一个单元之中，尝试推进两级信息建设（信息员制度、学院试点制）。2016年6月，教育部《教育信息化"十三五"规划》明确提出，要建立"一把手"责任制，逐步建立由校领导担任CIO的制度，全面统筹本单位信息化的规划与发展。时任华中师范大学校长杨宗凯在"中国高校CIO论坛"上提出"信息的核心就是利益重组与流程再造，只有确立了CIO，才能真正实现重组"美国超过半数的大学均设有专职和CIO，参与制定学校战略性发展规划，为学校的科学决策和科学管理提供信息服务，设计和管理学校的技术服务与应用，建立信息技术与大学变革之间的桥梁。美国EDUCAUSE分析研究中心早年间发布的调查显示，独立设置CIO职位（参加学校决策，具有副校级别的权限和责任）的学校占比39.3%，副校长具有CIO头衔的比例为16.18%，教务长、校长等具有CIO头衔的比例为6.93%，技术部门主任具有CIO头衔的比例为28.9%。这对我国有一定的借鉴意义,不管是独立设置的 CIO,还是兼职 CIO 头衔,都要根据各校实际情况,关键是要发挥他们在学校决策战略中的"核心"作用,必须能够影响大学决策,这样才能真正实现管理水平化、管理智慧化。一个称职的高校 CIO 必须具有复合能力,包括系统规划能力、信息化教学和课程改革领导能力、教师专业发展领导能力等。在工作态度上,高校 CIO 要积极主动,不能等待 CEO 来灌输发展战略、业务部门来反馈 IT 需求、下属来汇报系统问题,而是积极主动向 CEO 提供决策影响,且不断提高其影响力;在工作内容上,高校 CIO 不仅要关注技术,更要关注业务。IT 的业务价值一是业务运营,二是业务增长,三是业务转型,如果不关心所在机构的整体业务目标和战略,那么就无法提出引起领导层兴趣的方案;在工作创新上,高校 CIO 要学会变革管理。总之,高校 CIO 一定要积极推动创新,不管是技术创新还是应用创新,一定要主动研究变革,不论是技术变革还是组织变革;一定要关注目标,不仅是 IT 目标,更重要的是高校总体发展目标。

(三) 明晰发展架构

麻省理工学院的 OCW 项目目标定位清晰、体系结构合理,OCW 项目总监所在行政部门的出版团队、技术团队、评估团队、沟通团队等四个职能团队各司其职,保障 OCW 的顺利实施。课程的整个发布过程是流水线型的,从课程登记到课程资源的准备和设计,到内容的格式化和标准化、建立课程站点、初步评价、阶段发布、故障排除和完善等,各环节紧紧相扣,流水线化保证了工作效率的提高,降低了项目运作成本,并且分工和协作合理,从而推进了整体工作进度。同样地,我国高校大数据教育管理发展必须要有一个清晰的架构,才能使数据采集、管理、使用、维护等各环节衔接有序、运转顺畅,从而促进学校各项事业可持续发展。我国高校要借鉴发达国家高校大数据教育管理发展的经验,依据国家《促进大数据发展行动纲要》的精神,制订符合学校定位与发展实际的大数据发展规划,坚持业务导向和问题导向,坚持建设与运维并重,要提出具体明确的大数据发展战略规划目标,要在广泛调研基础上任务聚类,要提高制度建设、规划方案的科学性和可操作性,考虑全员的利益,加强需求调研,促进师生的广泛参与,提高规划的科学性、决策的透明性,让数据中心的建设效果最大化。

二、完善大数据教育管理制度规约

美国和欧盟在实施大数据战略的同时，也实施了限制举措。欧盟以苛刻的数据保护条例来保护公民的个人信息不被侵犯，美国法律严禁公司或运营商对公民个人信息进行销售。高校大数据治理制度建设应从"规范"和"促进"两个维度进行：一方面要通过法律法规促进大数据利用和交易规范化，从而保护个人隐私、保护数据安全；另一方面要通过法律法规促进高校教育资源共享平台、数据平台的建设和开放。"促进"和"规范"是车之两轮、鸟之双翼，对于高校大数据教育管理发展而言也是如此。

（一）建立健全大数据制度体系

高校要以大数据制度的制定为契机，推动教育管理制度体系的整体变革。在高校大数据制度生态中，包括两类制度：一类是规范制度；另一类是促进制度。近几年来，我国85%以上的"211"高校都制定了学校大数据管理办法。例如，西安交通大学2014年11月发布并实施了《西安交通大学信息化数据管理办法》，对数据的管理机构和数据的产生、运维、存储、归档、使用及服务等管理过程进行详细规定，坚持统一标准、全程管控、安全共享的原则，保证信息化数据的完整性、规范性和一致性，为学校教育管理提供高质量信息服务；《清华大学校园计算机网络信息服务管理办法（试行）》《北京大学慕课运行管理条例（试行）》《中山大学信息网络管理规定》《华南师范大学信息系统数据管理办法》等都体现了高校对大数据管理规范化、科学化、安全化的共同诉求，这些制度可以作为规范高校大数据教育管理的制度。高校大数据教育管理的促进制度，包括对教师拥抱大数据技术和教育改革热情的保护、激励制度，师生实时、完整、真实而准确采集信息的鼓励制度等。目前我国高校不论是规范制度还是促进制度都处于探索阶段，已经制定的大数据教育管理制度都缺乏完整性、系统性、稳定性及可持续性，表现为某一阶段的应急之策，甚至存在高校为"大数据"而"大数据"的问题，部分高校花巨大成本开发了研究生管理综合信息系统，在数据采集方面花大力气进行部署，但实际工作

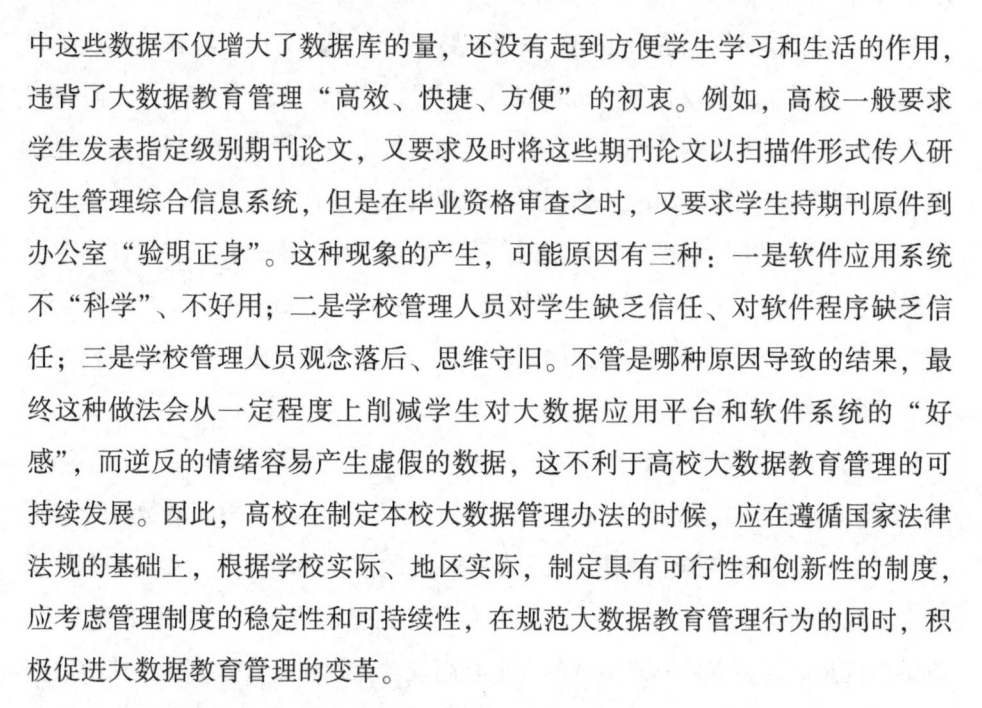

中这些数据不仅增大了数据库的量，还没有起到方便学生学习和生活的作用，违背了大数据教育管理"高效、快捷、方便"的初衷。例如，高校一般要求学生发表指定级别期刊论文，又要求及时将这些期刊论文以扫描件形式传入研究生管理综合信息系统，但是在毕业资格审查之时，又要求学生持期刊原件到办公室"验明正身"。这种现象的产生，可能原因有三种：一是软件应用系统不"科学"、不好用；二是学校管理人员对学生缺乏信任、对软件程序缺乏信任；三是学校管理人员观念落后、思维守旧。不管是哪种原因导致的结果，最终这种做法会从一定程度上削减学生对大数据应用平台和软件系统的"好感"，而逆反的情绪容易产生虚假的数据，这不利于高校大数据教育管理的可持续发展。因此，高校在制定本校大数据管理办法的时候，应在遵循国家法律法规的基础上，根据学校实际、地区实际，制定具有可行性和创新性的制度，应考虑管理制度的稳定性和可持续性，在规范大数据教育管理行为的同时，积极促进大数据教育管理的变革。

（二）解决大数据建设有关争议

高校大数据管理制度主要包括采集制度、存储制度、使用制度、公布制度、审查制度、安全制度等。形成完善的制度体系是一个过程，当前高校这些制度的建立处于探索阶段，存在诸多争议：一是在采集制度方面，存在告知数据生产者（拥有者）知情权与义务的明确规定是否必要的争议；二是在存储制度方面，存在存储期限的争议，哪些数据需要设定短期存储、哪些数据需要设定中期存储、哪些数据需要设定长期存储、哪些数据需要设定永久存储仍没有定论，保存期限与数据的性质及存储者所评估的数据价值相关，但是主观评估价值都具有相对性，现在认为没有价值的数据也许未来有很大的价值；三是在使用制度方面，存在有偿使用还是无偿使用的争议。如果无偿使用，高校办学资金有限；然而有偿使用，则有悖教育的公益性，也阻碍数据的流转、传播与价值放大；四是在公布制度方面，存在原始数据之争、粒度之争、安全之争、质量之争、价值之争、虚实之争等；五是在审查制度方面，存在业务部门审查还是技术部门审查又或是第三方审查的争议；数据采集存储部门审查发布，则对数据质量不能保证，第三方审查或技术部门审查，因对业务不熟悉，只能从宏观或技术层面进行查错；六是在数据安全制度方面，存在究竟人防和技防哪个更可靠的争议，其实应该做到"人防"与"技防"相结合。高校制定数据安全管理办法的核心内容应包括：建立数据安全管理的部门架构；建立数据资源的保密制度、风险评估制度；采用安全可信产品和服务，提高基础设施关键设备安全可靠水平；采取数据隔离、数据加密、第三方实名认证、数据迁移、安全清除、完整备份、时限恢复、行为审计、外围防护等多种安全技术。高校必须高度重视这些大数据制度争议，并努力予以解决，否则高校在大数据相关制度的制定中将无从下手。

（三）加快制定大数据相关标准

《国家教育事业发展"十三五"规划》要求，"广泛应用区域教育等云模式，积极推动各级各类学校建设统一数据标准的信息管理平台，实现各类数据伴随式收集和集成化管理，形成支撑教育教学和管理的教育云服务体系"。数据的价值是通过数据共享来实现的，但是高校教育管理大数据的异质性给数据共享带来了挑战。因此，需要鼓励提高智慧教育设备的互操作性、源数据和接口及标准的可共享性，从而提高数据的可访问性和价值。教育部于2012年发布了《教育管理信息教育管理基础代码》等七项教育信息化行业标准，这为高校教育管理大数据标准的制定提供了指导和参考。目前，高校之间、高校内部都普遍存在数据不兼容、不统一、无法共享的问题。高校大数据制定标准的前提是遵循国家标准和行业标准，即国家大数据标准和教育行业标准，这样既能保证高校内部各类数据之间的统一和共享，又能与学校外部各类教育数据进行集成与共享。高校数据标准应具有可行性、适用性和延展性：其中可行性和适用性的要求保证大数据标准从高校业务实际出发，具有切实可用的价值；同时，高校又要立足长远的教育变革，使数据标准具有延展性。另外，高校在选择大数据技术合作伙伴时，不仅要顾及其技术能力与业务领域的成熟度，还要考虑技术方案与现有数据及标准的兼容性，以便于提高数据的可访问性和价值。特别是学校内部或高校之间的资源采取标准接口和协议方式，并对异构的、动态变化的教学资源进行整合，这才是建立共享机制的基础。虽然高校数据标准应根据国家数据标准进行，但是在国家教育管理大数据标准出台之前，高校不能消极等待,而是应该积极主动组织教育管理大数据方面的专家和业内人士提前进行谋划与研制。

三、促进大数据教育管理协同发展

凡是成功的大数据教育管理案例,无一不是多部门单位协同的产物。OCW 项目的成功给我国高校大数据教育管理诸多启示。

(一)政府宏观引导

在高校大数据教育管理协同机制中,政府主要在政策、法律法规、资金投入、协同科研、标准制定、考核评估和宣传奖励等方面发挥宏观指导作用。首先国家要加强相关立法和标准的制定。促进高校大数据教育的法律法规包括两类:一类是规范法律;另一类是促进法律。高校大数据教育管理生态系统中的关键因素当属隐私、安全和道德问题,对于隐私的保护、安全的保障和所有权的澄清是大数据技术应用不能回避的挑战,必须正视且予以合理解决,只有促进大数据技术合乎人伦地使用而不是被误用、错用,才能促进其工具理性与价值理性的统一。目前,我国高校在促进网络学习的考试制度、诚信制度、评价制度等方面也还是空白,需尽快出台相关制度。普通教育与职业教育和继续教育的沟通有赖于终身学习成果认证体系、学分累计及转化制度的建立。对于诚信问题的解决,可以借鉴 Coursera 依靠网上监考技术、凭借打字节奏判断学习者是否为本人的方法,也可以借鉴美国教育服务中心英语四六级在线考试的改革方式,联盟高校相互设置考点,学生就近机考。因此,要完善大数据制度规约,就要寻找发挥高校大数据价值和规避大数据技术风险之道。为此,我国可以从以下几个方面进行:一是政府要建立健全数据的采集、审查、公布、存储、使用、保护等制度,平衡管理创新与隐私保护、数据规范与自由发展;二是政府要加大对高校教育管理大数据技术研发的资金投入,重点在人工智能、实时处理海量数据及数据可视化分析及应用方面;三是政府要改进购买、使用和审核的分离,提升"信息化建设项目"的可持续性;要坚持集约化,提升投资绩效;推动机制创新,推动信息技术与高校教育教学的深度融合;四是我国政府要实施智慧教育重大应用示范工程,促进优秀应用方案的推广与实施。

（二）社会积极参与

《促进大数据发展行动纲要》指出："到2020年，培育10家国际领先的大数据核心龙头企业，500家大数据应用、服务和产品制造企业。"高校大数据教育管理发展离不开社会力量的参与，高校要与企业协同，发挥各自的优势，共同研发教育管理大数据技术和培养大数据人才。2016年12月，国家发展和改革委员会确定了19个国家工程实验室。

①8个"互联网+"领域国家工程实验室，其中，"互联网教育关键技术及应用国家工程实验室"由全通教育集团（广东）股份有限公司和北京师范大学共同承担。

②国家发展和改革委员会确定的11个大数据领域国家工程实验室，其中，教育大数据应用技术国家工程实验室由华中师范大学承担。这些国家工程实验室除了清华大学、西安交通大学和深圳大学等高校外，还有百度、奇虎、圆通速递等企业，以及中国科学院计算技术研究所、上海数据交易中心有限公司等单位。"十三五"期间，教育部继续深入开展与中国移动、中国电信及中国联通三大电信运营商的合作，这是政产学研协同育人的良好举措。实际上，在校企合作方面，各高校已进行了初步的尝试，如西安电子科技大学与360公司合作，以西安电子科技大学网络与信息安全学院和国家网络安全人才培养基地平台为依托，共建西电-360网络安全创新研究院。目前，与360公司展开合作的高校有北京大学、武汉大学及西安交通大学等高校。我国高校要进一步加强与企业合作，结合本国、地区及学校的实际情况，联手打造具有本土特色的智慧教育方案，建立高校大数据技术与安全保障体系，以技术、方案、服务和运营推动教育服务市场发展。同时，高校也应利用自身对教育教育管理业务熟悉的优势，依托学科、专业，结合教学实际，研发相关大数据产品。最后，还要借助社会力量促进高校教育大数据技术成果的推广和应用。目前，我国规模最大、最权威和最具影响力的教育成果展是中国国际智慧教育展览会，其2014年开始在北京举行，目前已举办四届，是我国首个专注教育信息化的展览会，旨在促进信息技术领域与教育教学领域融通，依托政府保障，传达权威学术，以专业化商业运作的展现方式，来打通教育信息化发展的"最后一公里"。

2016年展览会仍由教育部直属单位中国教育学会主办,《中国教育学刊》杂志社、北京国新署报刊信息咨询中心和雅森国际展览有限公司承办,展商近300家,并集中展示了30个教育信息化示范校自主建设的真实案例,三天累计3万多人次参观,全国30多个专业观众团参加。展览会定位"高大上",产品代表前沿和发展方向,但是观众多是"心动",离付出行动还有一段距离,而原因是多方面的。同时,全国各地不同规模、不同类型的智慧教育展览会举行的并不多,少数省区有相关展会,但也仅限于小范围交流。

(三) 开展国际合作

我国高校必须抢抓机遇、博采众长、知己知彼,方能实现教育管理工作跨越式的发展。国外发达国家在教育、经济、科技、人才及综合实力上具有先天优势,这使他们抢得了大数据教育管理发展的先机,并积累了一定的经验,这对我国高校大数据教育管理具有重要的借鉴价值。美国使大数据在商业领域发挥了"点石成金"的魔力,也是首个将大数据上升为国家战略的国家,同时也是最早启动培养面向未来大数据人才的国家。斯坦福大学、加利福尼亚大学伯克利分校及迪肯大学等大学都开设了如机器学习等全新的、培养下一代"数据科学家"的相关课程。除此之外,韩国、新加坡、日本、加拿大、欧盟及以色列等国家和地区的智慧教育已取得初步成效。因此,我国高校要想建立国际交流与合作平台及机制,避免走错路、走弯路,促进走对路、少走路、大超越等要做到以下几点:首先,我国高校要加强在大数据教育管理技术方面与国外高水平高校的合作,提高我国大数据关键技术、重要产品的研发力,拥有技术主权,避免教育大数据技术的垄断与殖民;其次,我国高校还要加强在学科建设及人才培养等方面的国际交流与合作;再次,我国高校还要坚持网络主权原则,积极参与数据安全、数据跨境流动等国际规则体系建设,促进开放合作,构建良好秩序;最后,高校教育管理的变革是一项系统工程,牵一发而动全身,面对全球智慧教育的发展潮流,必须保持理性,既不能跟风,也不能错失良机。国际上的智慧教育方案大都处于边研究、边实践、边应用的阶段,企业开发的产品基本上都是第一代,虽然体现了智慧教育的愿景,但是还不具备大面积推广的价值,我国高校大数据教育管理方案也存在这些问题。总而言之，我国高校在学习借鉴国外高校大数据教育管理成功经验的同时，要用批判的眼光和战略的思维，提出适合国情、能够解决实际问题的大数据教育管理发展方案。

四、创新大数据教育管理分享机制

高校教育管理数据资源开放程度越高，产生的价值则越大，没有共享和开放的数据，只能是一堆没有生命和意义的数字。高校教育管理公共数据资源统一开放的程度包括低、中、高三度，其中高校公共数据资源低程度统一开放仅限于部门内部，中等程度公共数据资源统一开放限于地区，而全国统一开放的高校教育管理数据库则是高程度的，当然更高程度的统一开放是面向全球，从而达到人类知识信息共享。

（一）采取分步实施、逐步推进的方式

公共数据服务正成为未来的新兴产业，逐渐走向集成、动态、主动和精细的发展阶段，但是在数据公开方面，引导潮流的很难是个人或企业。显然，代表公共利益的政府应是数据开放潮流的引领者和规则制定者。《促进大数据发展行动纲要》指出，"制定公共机构数据开放计划"，要在2017年年底前，形成跨部门数据资源共享共用的格局；2018年年底前，建成国家政府数据统一开放平台，率先在信用、交通、医疗、教育、科技等重要领域实现公共数据资源合理适度向社会开放；2020年年底前，逐步实现信用、交通、医疗、卫生、就业、教育等民生保障服务相关领域的政府数据集向社会开放。开放共享是大数据价值的生命线，高校作为社会思潮和先进文化的创造者和传播者，思想开放、兼容并包是应有的品质，构建高校资源开放共享机制是必然的。但是目前高校开放和共享意识还不够，除了部分"211"高校尝试资源共享、学分互认外，高校"马赛克"现象还比较严重，诚如郭贺铨院士所言：一些部门和机构拥有大量数据，但以邻为壑，宁可荒废也不愿意提供给其他部门使用，导致数据不完整或者重复投资，浪费了大量人力、物力、财力等。大数据时代已经来临，我国需要共享精神。我国高校大数据共享机制的建立也可以采取分步实施、逐步推进的方式，可以考虑以立法的形式，在保证数据安全的前提下，先

强制后自觉，逐步冲破部门、学科、专业、行业、领域等之间的距离，不断推进高校教育管理大数据实现更高程度上的开放、共享和应用。

（二）建立利益共享的激励机制

高校大数据教育管理发展是一项系统工程，需要建立多方参与、无缝对接的合作共同体。推进高校大数据教育管理面临的阻力有很多，包括资金、技术、人才及体制机制等，其中体制机制是关键，利益共享是各方密切合作的动力。这个合作共同体也是一个利益共同体，不同的利益诉求、相同的求解方式，将多方连接在一起，所以说，建立健全利益共享机制具有"射人先射马"的战略意义。例如，在国内大部分高校的开放课程建设投资中，占比较多的是政府和高校投资，社会公益投资很少，没有形成大数据教育管理的成本分担机制。要构建多方融资的渠道，就必须要有合作方发掘各自的利益点。有些高校已经尝试实行学分互认，为了长期可持续合作的需要，建议可以尝试推行完全学分制，或者在目前不完全学分制的基础上，对各门课程学分估价，对于依托合作高校在线课程修满的学分，可以给合作高校适当费用补偿。另外，建议建立科研数据的分级共享机制，建议对于造福全人类的科研数据建立数据开放共享的激励机制。国家在宏观政策的引导上，致力于推进知识传播、文化发展和社会进步的MOOCs资源进行经费补偿；设立智慧教育进步奖，对于推进大数据教育管理的相关教师及管理者进行表彰奖励；甚至鼓励学校内部实行教师职称评聘等制度改革，对大数据教育管理相关奖励予以肯定和倾斜；在国家高等教育教学成果奖的评选导向上，建议将高校大数据教育管理作为未来教学成果奖评选的重点内容之一。

第三节 现代高校大数据教育管理的师资建设与评价体系探析

大数据治理的核心是人，人既是大数据技术价值追求者，又是大数据隐私的主体和捍卫者。专业的工作队伍建设是高校大数据教育管理发展的重要人力资源保障，高校大数据人才应当是技术背景+管理教学专家的双重身份。然而，目前，我国高校大数据人才的状况是，教师数据素养普遍不高，对新媒体技术重要性认识不足及技术运用能力较低。

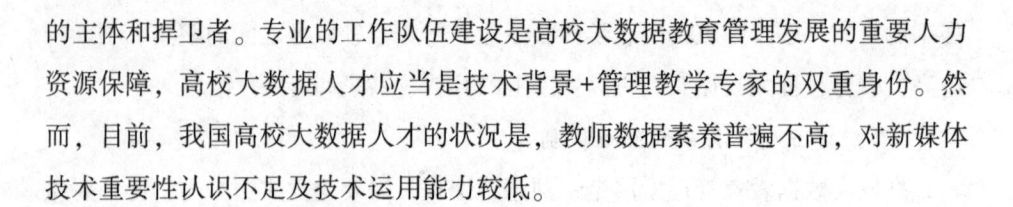

一、强化大数据教育管理师资培养

人是第一位的生产要素。马克思说："在一切生产工具中，最强大的一种生产力是革命阶级本身""历史什么事情也没有做，它'并不拥有任何无穷无尽的丰富性'，'它并没有在任何战斗中作战'！创造这一切、拥有这一切并为这一切而斗争的，不是'历史'，而正是人，现实的、活生生的人。"加强专业人才培养，建立健全的多层次、多类型的大数据人才培养体系，是未来中国大数据战略的重要人力资源支撑。《促进大数据发展行动纲要》指出要"创新人才培养模式，建立健全的多层次、多类型的大数据人才培养体系"。信息化的技术特征决定了人才投入是更具决定性的因素。我国高校大数据师资队伍建设可以从以下几个方面着手：

（一）改革培训体系

教师是大数据时代"更加成熟的学习者"，教师和学生之间是相互协作的工程师。高校在大数据人才培养方面具有特殊使命，不仅要培养数字公民，教育者自身的信息技术能力要求也很高。大数据时代教师角色将发生巨大转变：由传统的"知识占有者"向"学习活动组织者"转变，由传统的"知识传授者"向"学习的引导者"转变，由"课程的执行者"向"课程的开发者"转变，由"教教材"向"用教材"转变，由"教书匠"向"教育研究者"转变，由"知识固守者"向"终身学习者"转变。大数据时代，高校教师的信息素养包括：对信息的收集和处理能力及运用信息技术进行专业教学和提升的能力。教育部指出要在"十三五"期间建立从业人员的岗前培训和岗位继续教育制度，提高全体人员的网络安全意识，提升从业人员的职业技能和水平。借鉴美国英特尔教师培训的项目经验，我国高校应建立并完善教师专业发展培训课程体系，重新设计教师职前培训项目，将原有的一节技术课程转变为可以使教师深入运用技术的教师职前培训课程。要改革职后培训项目，使其内容紧跟时代潮流及教育改革潮流，能够与时俱进实现学生发展的根本需求。建议教师职前培训课程体系设置"基础课+专题课+核心课题十自选课"的课程模块。另外，课程体系不应是千篇一律的，而应根据不同的培训对象采取不同的方案，差异化的培训课程和教材，才能更加有效地提高全体教师的大数据素养，且不同对象、不同时期的培训内容也是灵活变化的，这一切都应根据培训对象的需求决定。对于职后教师的培训，需要学校根据教育管理工作的需要和教师的特点进行，要采取个性化的培训方式，即"按需培训""多元培训""个性化培训"等。

（二）创新培训方式

对高校教师的培训，从内容上来讲，不仅包括大数据技术，更包括大数据理念、大数据思维。英特尔在未来教育项目的主要授课方式有以下三种模式：人-机交流、机-机交流和人-人交流。在互联网、大数据技术背景下，高校教师必须具备基本的信息素养和大数据素养，熟练掌握并运用新技术促进教学革新。在人与人交流模式中，合作、体验的特点得到彰显；在模块化的学习中，创新的思维得到彰显。对高校教师大数据素养的培训不能只期望一门信息技术教育基础课程能够"包治百病"，要将信息技术能力培养与课程、具体准备项目相融合。实施教师准备项目，确保教师按照有意义的方式掌握技术的使用。模拟如何选择和使用恰当的 APP 工具为学习提供支持，并能评价这些工具的安全性和有用性。高校要在培训中贯穿自主、交互、探究、体验式的学习活动，充分利用网络平台开展研讨和交流，让教师体验新的学习方式，让他们日后将所学技术运用于自己的教学中。

（三）协同多元力量

高校教师大数据素养培训主体有三种：一是教育行政主管部门；二是信息技术提供商；三是高校按照《促进大数据发展行动纲要》要求，要建立协同机制，充分利用社会资源，加强对高校教师大数据能力的培养。高校可依托政府培训项目，遴选教师参与培训，建立大数据人才库；与大数据技术公司、大数据应用公司及大数据培训公司等企业合作，如：数据堂（北京）科技股份有限公司、北京腾云天下科技有限公司、华为技术有限公司、阿里巴巴、百度等，不断提高教师信息技术使用能力、大数据分析能力及教育教学改革创新能力，或者在国内设立培训基地，建设试点高校，充分发挥其对高校教师发展的辐射和示范作用。同时，也要加强国际合作，可以与美国、英国、韩国、日本等智慧教育领先国家加强合作，双方互派培训人员，相互学习、相互借鉴，从而推进我国高校教师大数据素养不断提升。当然，高校除了提升教师的大数据素养，还应提升学生的大数据素养。高校教育教学活动是师生共同参与的活动，具有"双主体"的特点，任何一方的大数据素养不高都会影响大数据教育管理的顺利进行。正如学者所说，智慧教育是一种"人机协同工作系统"，即人和技术协同作用而构成的教育系统，人即是技术的主宰，让教师和学生能够善于应用技术、与技术协同进行教与学，又能提升教与学的品质。

二、构建大数据教育管理评价体系

教育数据"资产"无疑是智慧教育构建的基石，只有建立科学的评价机制，才能推动从数据采集到数据利用"一体化"发展，实现智慧教育的良性循环发展。ACU移动学习项目、麻省理工学院OCW及英特尔未来教育项目无一例外都给予评估活动高度重视，在制度、资金、专家及人员等方面给予保障，这带给我们诸多思考。

（一）建立完善评价体系

OCW在组织架构上，将评估咨询委员会作为麻省理工学院院长办公室下面重要的一级机构，其建立了一个专门的评估团队，设计一个集项目评估和过程评估于一体的评估体系，并分别制定了评估档案。项目评估侧重于评估课程的访问情况、使用情况和影响情况；过程评估考察OCW实施过程，评估其工作效率和效果。项目评估与过程评估体系相结合的方式，有助于评估团队全方位了解项目的实施和进展情况，以便于制定相应的改善措施。另外，ACU也高度重视评估工作，对移动学习计划进行持续的监测和评估，每年都会发布移动学习报告，为学校下一步科学决策提供依据。我国高校应加强督导，建立对高校大数据教育管理的评价机制和反馈机制。要加强大数据教育管理评价体系的顶层设计，应将大数据基础设施和制度建设作为高校的基本办学条件之一，作为一个高校达到现代化的重要观测点，纳入学校的基本评价指标体系之中。同时，建立高校大数据教育管理建设和实施过程中各个环节的具体评价体系，做到"无事不规划、无事不评价、无事不反馈"。高校大数据教育管理建设指标体系的设计要突出教学的中心地位，坚持效果评价与过程评价相结合的原则。

（二）建立完善评价方式

英特尔未来教育项目有一个鲜明的特点，就是强调评估的重要性，从一开始就实施评估流程。这种评估和跟踪体现在新计划的规划与设计流程中以及财政预算与人力资源的分配上。他们认为，只有当评估结果出来后，才能做出关于开发方向的决定。英特尔未来教育项目斥巨资进行教育评估，其采用第三方客观评价的方式。我国高校大数据教育管理中，也要重视各种规划或工作的实施情况，进行阶段性和总结性评估，评估其实施状况与实施效果是否达到了最终的目标。我国高校要建立量化督导评估和第三方评测，将督导评估结果作为相关人员奖励和问责的依据，以提升学校发展教育信息化的效率、效果和效益。我国高校大数据教育管理建设中，既要关注整个数据治理的全流程管理，又要关注数据分析和利用的效果评估，通过对高校数据采集、数据全流程管理、数据质量、数据治理能力、数据利用等各个环节的项目评估、过程评估和效果评估，促进高校大数据教育管理各个环节的改进。当然，这是一个长期持续优化和迭代的过程。

第四节　大数据时代高校教育管理的创新对策探析

管理系统包括三个方面的内容：隶属关系的确立、组织结构的建立和管理权限的划分。高校教育管理系统是指对高校教育管理的组织结构和权力归属进行划分，划分的时候既要注重培养目标的特殊性，又要体现教学水平，更要遵循教育教学规律，这隶属于大学的管理体制。传统的大学教育管理结构是金字塔形结构，是由官僚式组织结构形成垂直的自上而下的模式，"强调管理结构位于上层组织结构上的责任和权威"，而教育机构是这个方面的代表。教育家罗泰曾经表示，学校里面，管理权集中在最顶端，权力集中分配，按等级分配。

一、创新高校教育管理体制

（一）高校教育管理体制需要在信息化下进行改革

时代的发展要求改变传统的教育管理体制，加大体制创新的力度。在当今信息时代，学校的环境变得更复杂、更多样，这要求学校的管理方式既要多样化，也要兼顾个性化。传统的教育管理体制不灵活，无法有效适应内外部环境的多元化变化。新技术环境冲破了原有教育结构的刚性布局，信息传达形成了灵活多变的结构和扁平化的信息传递渠道。因此，对传统校园教育管理体制进行改革是有必要的。在改革过程中，信息技术提供了强有力的支持，为教育管理体制改革注入了新的活力，在学校管理组织体系中应用广泛。广大师生都是网络信息技术的拥有者，他们具备参与改革的知识和能力，是教育管理体制改革的领导者。同时，信息社会的到来，让教育管理者开始面临极大的挑战，也提高了对他们综合素养水平的要求，需要他们与时俱进，不断适应新时代，抓住机遇迎接挑战。

（二）高校教育管理组织机构的变化

我们可以从以下几方面对组织的结构进行评价：①责任性，组织的每个成员都应该对组织负责；②适应性，组织要经常随时间不断变化而进行革新；③及时性，要及时完成工作，速度要快；④响应性，对组织外部环境需求要及时响应；⑤效率，组织成员要可靠地完成任务，还要有最小的出错率，并且要考虑到资源的经济性，简单说就是又快又好。但是，目前的教育管理组织结构是一种官僚主义，我们要改变目前的这种结构，这样才能提高高校教育管理的效率。根据以上几项要求，需要一种扁平化的教育管理组织结构，对官僚制组织结构进行改革。高校教育管理是指要取消教学机构管理组织中的大部分中间管理层，加大管理组织的扁平化，以达到减少中层管理团队的目的。基于以下几点原因，在大数据环境下，教育管理组织的扁平化既是有可能的，也是必要的：①对组织结构进行扁平化处理，有助于充分发挥基层管理人员的能动性，给他们以更广阔的发展空间；②大量烦琐的、需要人来完成的工作，可以由计算机或者自动化设备完成；③由于网络交互的特性，决策层和执行层的信息传递更加方便快捷，一些中间层管理机构可以取消，使加强管理幅度成为可能。

（三）高校教育管理权限的重新划分

在高校教育管理组织环境下大数据趋于简化，但组织关系更为复杂，这是因为缩减机构、降低管理人员的数量，导致机构之间、管理人员之间以及机构和管理人员之间的关系更为复杂。这时，如果日常管理权继续收归中央机构，它就变得难以维系，中央机构就必须把部分管理权下放到下层。

就高校而言，高校层面是宏观层面的管理，教学质量和高校协调控制是否有效并有着非常紧密的关联，所以高校应对整个学校的所有专业加强管理，并施行对应的方针政策，这样才能为整个教学过程进行有力的保障和支持。管理的具体内容涵盖领导学校招生和分配工作，决策全校教育管理重大事项，建设教育管理规章制度，完善教学质量评价系统，设计科学化教育培训规划，提出或者修正教育计划要求，对实习、公共选修课和文化素质课进行安排，对学生进行管理，加强教学科研信息系统及教学基础设施的建立。当然，在这些管理活动中，老师和学生的意见不容忽视。学校管理系统的职能首先是宏观管理，其次是为教学工作提供方便，最后是决策。我们应该注意到，这些管理活动在不同部门的分工不同，赋予各部门的权限也不同，怎么分工，如何赋权，值得探讨。学校（系）级各部门层面有自己比较完整的教育管理组织结构，如有多个部门和相应的教学秘书，有教务处对学生的工作负有特殊的责任，分配学校教育经费、制订各学科的教学计划、负责部门课程安排和教师安排；制订更加详细的专业教学计划，如组织教学研究活动、教学质量评价、各种考试的组织、实验设计和实践安排；负责学院和学校的学生奖惩以及院（系）、学校教学之间的协调问题等。在这一系列活动中，师生参与决策。

高校教育管理涉及相关负责人、校长、主任及教职人员、教育管理人员、

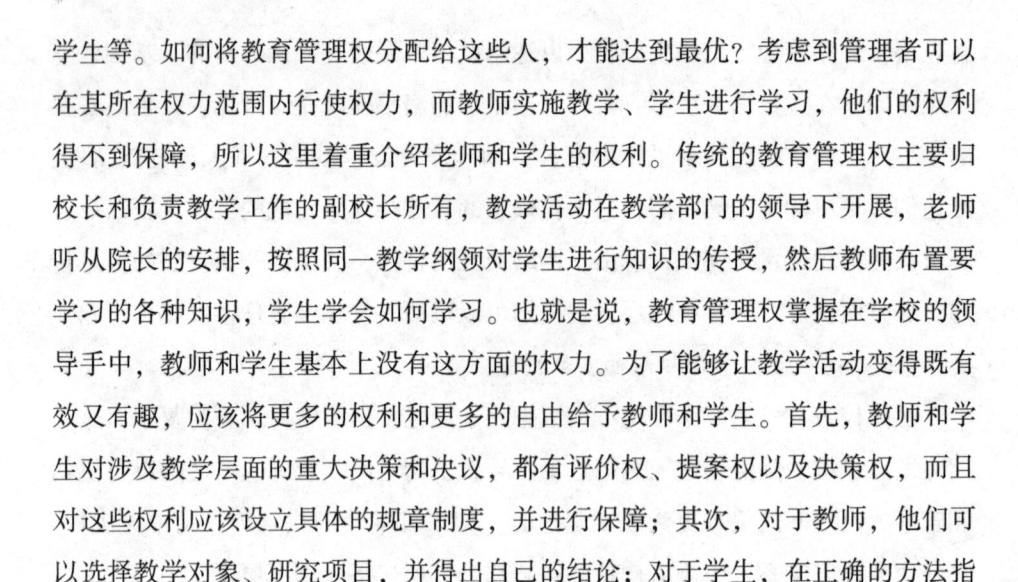

学生等。如何将教育管理权分配给这些人，才能达到最优？考虑到管理者可以在其所在权力范围内行使权力，而教师实施教学、学生进行学习，他们的权利得不到保障，所以这里着重介绍老师和学生的权利。传统的教育管理权主要归校长和负责教学工作的副校长所有，教学活动在教学部门的领导下开展，老师听从院长的安排，按照同一教学纲领对学生进行知识的传授，然后教师布置要学习的各种知识，学生学会如何学习。也就是说，教育管理权掌握在学校的领导手中，教师和学生基本上没有这方面的权力。为了能够让教学活动变得既有效又有趣，应该将更多的权利和更多的自由给予教师和学生。首先，教师和学生对涉及教学层面的重大决策和决议，都有评价权、提案权以及决策权，而且对这些权利应该设立具体的规章制度，并进行保障；其次，对于教师，他们可以选择教学对象、研究项目，并得出自己的结论；对于学生，在正确的方法指导学习的前提下，具有选择选修课程的自由、选择相关专业的自由、选择教师的自由和选择学习内容的自由，并且能够形成自己的自由思想，参与教育管理评价。

二、改革和完善高校教育管理

（一）引入先进的管理思想

只有在先进管理理念的指导下，教育管理才能发展起来。在信息化时代，高校教育管理者除了要具备教育管理能力，还应具备先进的管理思想。

第一，主动适应的思想。主动适应思想是指教育管理工作应主动适应社会发展的需要，随时随地捕捉信息社会对人才的需求，及时调整教育管理思路，顺应时代的潮流。主动适应性思维将成为高校教育管理的指导思想，教育管理的主动适应性思维是强调适度分权，针对内部要素和外部环境的变化采用灵活的态度来应对。

第二，人本观念。学校管理的核心在于教育管理。人本观念首先体现在管理过程中将法人主体地位放在首要位置，促使教师和学生在工作和学习的过程中充分参与到管理实践当中，让他们在参与的同时，还获得身心综合发展的能力、知识等。教师和学生的创新充分挖掘了潜能。因为学生是学习的主体，教师是教学的主体，他们拥有积极创造的内在潜能，对于提高教育管理质量来说，意义重大。所以，在具体的管理环节一定要注意激发师生创造力，充分调动他们的主观能动性，在所有的管理活动当中要实现全方位的注意和把控，以便有效提升教育质量。

第三，全面质量管理理念。究其根源，全面质量管理理念可追溯到美国公司管理思想。全面质量管理是一个组织，把质量当作核心，将全员共同参与作为根基，目的在于让顾客满意并且组织全部成员得到社会受益而获得持续成功的路径。高校教育管理实践当中的全面质量管理包括：①全过程质量管理。想把教育目标放在核心，科学有序地实施教育教学活动，就要加强对教育教学环节质量的全方位把控，尤其是要管理好接口，保证不同环节的有效衔接，有效确定不同环节要达到的质量标准；②全方位质量管理。想进行综合性的管理，只要影响或涉及教学质量的环节和因素，就要考虑。比如，对后勤服务部门、管理部门等部门的工作质量进行管理，它们的工作会影响到教学质量和教学工作；③全员质量管理。学校的各个部门、每一位成员（包括全体教师和学生）都应该主动积极地参与质量管理，努力提高自己的工作质量，以培养高素质的专业人才。

（二）利用信息化手段改革教学计划的管理方式

要深化教学改革，第一步要做的是改革教学计划。只有好的教学计划才能保证好的教学质量。制订好教学计划，是建立教学体系、安排教学任务、组织教学过程的基础。教学计划一般是在国家相应教育部门的指导下，考虑全局效益，由教育学家或相关人员独立制订的。教学计划都符合教学规律，一段时间内稳定不变，但从长远来看，也要不断调整和修正，适应社会的新发展以及经济和科学技术的进步。

教育管理者还要改变传统的教学观念，及时修改和调整教学计划。原因有以下几点：一是从社会对人才的要求来看，当今科学技术和社会经济人才发展的要求越来越接近，要综合社会对人才的要求来制订教学规划。二是就人才的成长而言，大学也只是学习的一个阶段，是终身学习的一个组成，并不是学习的终点所在。因此，在大学时期，不但要注意加强专业知识的学习与积累，更主要的是掌握学习方法，还要学会生存，学会共同生活，学会做事，也要注意提升创新能力与创造力。三是从整个世界来看，中国已经加入WTO，经济全球化的趋势发展迅速，中国的人才想要走向世界，在整个世界上进行竞争，中国教育也要注意对国际化人才的培养。

信息化时代要求我们紧跟时代潮流，准确预测社会对人才要求的改变，培养符合国家要求的人才。要达到这一目标，我们应该加强对信息技术手段的合理化应用，科学设计教育规划，并对其实时监控和及时反馈，制订对教学方案的评价标准，使高校毕业生尽量满足社会的要求。

（三）大数据环境下高校教学计划的制订

第一，教学计划应该满足以下几点要求：①客观性。要尽量按社会主义市场经济的要求，设计多种人才培养模式，也要尽可能多地考虑未来环境的变化，设计多种智能结构；②灵活性。学生要找到适合自己发展潜力的模式，学校要尽可能提供不同种类的模式。具体方法可以参考以下建议：学分制方面，可以采用完全学分制。在信息技术大范围推广应用的过程中，远程高等教育得到了长远发展，任何科目、任何内容，学生都可以借助网络进行学习，不限于时间和空间。安排教学时，需要充分合理地应用好信息技术，让学生拥有一个充分选择的空间，也要针对不同学生的不同特点设计符合其个性的教学过程。应该将学生培养成这样的人才：整体素质高，基础扎实，专业能力也不差，注重知识的全面发展，能借助网络拓宽眼界，丰富知识面，拥有终身学习与可持续发展的能力。但必须承认，对大学生的各种要求不可能有一个统一的标准，我们要鼓励自由发展。

第二，制订教学计划的一般程序。对人才培养目标和业务类示范专业分析；了解有关文件精神和规定的注册研究；提出的意见和学校部门教学计划的要求；主持制订教学纲领，系（院）教学委员会进行审议，由学校教学工作委员会复审核查，核查签字后由执行校长签字确认。

第三，大学教学计划的内容主要包括以下两个方面：确立合理的专业培养目标，设置合适的课程。因为专业培养目标的质量标准、课程的设置与人才的发展息息相关，本书主要研究培养目标的确立与课程的设置。在专业设置和专业培养目标的确立上，主要应用了调查的方法，调查的基本步骤包括：①凭借履历或理论分析提出若干备用的选项；②发放调查问卷，让被调查者在备用的选项中选择自己的意见或建议；③对调查结果进行统计分析，按照被选择次数的多少对各个选项进行由多到少排队；④制订一定的规则，看看哪个选项占的比重较大。在整个过程中，要充分利用信息技术，借助网络收集信息，收集完后可以借助计算机对调查信息进行统计分析，并得出结果。同时，还应注意以下几个方面：一是要进行可靠的预测，对毕业生的就业情况有一定把握，毕业生只有满足社会的要求，高校才能有较高的就业率；二是引入更多的优秀教师，完备的实验仪器和必要的书籍，生活设施也应该尽量完善；三是要有尽可能宽的口径，形成宽口径专业教育模式，目前的情况是教学信息越来越不难获取，学习知识也变得更加容易，但是要进行知识的重组和创新变得比较困难，所以我们要重点训练学生的综合素质；四是学校要有自身的特点，学科建设要结合学校的地域优势和传统优势学科；五是考虑专业的冷热门问题，并及时调整，满足需求。

信息时代下，高校要实施教育教育管理首先应相对稳定和严格地执行教学计划，为此可以制订以下两条准则。

一是将教学计划分为学期教学计划和年度教学计划，并制订工作表，安排好每个学期的教学任务、教学教室等；二是由相关部门制订教学组织计划，如社会实践计划、实习计划、实验教学计划、培训计划等。要有适当的政策和环境以及保证教学基础设施，还要有教育管理和教师、学生相配合，这分别是教学计划顺利实施的内外部条件。在这个过程中要把握五个方面：一是要切实维护教学计划的严肃性和权威性，严格遵守教学计划，可以适当调整；二是在具体的实施过程中，严格选择计划材料，遵照教学大纲的要求；三是加强教师群体的力量，确保教学第一线与教学计划一致；四是制订教学质量评价方案并严格监测执行，可以借助信息技术建立自动的监测和反馈系统；五是教学组织与管理要严格按照教学计划进行。

（四）改革学生的培养方式与管理模式

信息时代要求人才具有更高的素质，改革人才的教育方式和管理模式是必要的，而信息技术为这项改革提供了条件。大数据环境下改革学生的培养方式主要体现在以下三个方面：

一是在教学中促进"参与式"教学法。该教学法主要以提问式教学活动、开放性内容为特征，问题无标准答案，作业、论文也很少甚至没有，为学生自由思考提供充足的时间和空间。利用网络技术和计算机技术收集相关信息来解答问题，通过对问题的解答完成知识的学习与内化。在这样一个学习实践活动当中，学生不仅掌握了借助网络解答各种问题的能力，还学会了与"问题"有关的知识。同时，因材施教，针对学生自身的特点确立合适的培育目标，设置严谨的学习规划，尽可能让每一个人都能得到很好的发展。

二是努力培养学生的社会实践能力，加强实践教学。很多情况下实践和实验资源的不足会影响实践教学的水平。那么，在资源不足的情况下，我们应该怎么做？我们可以利用计算机和网络、编制软件，这个软件具有虚拟实验室的功能，学生可以模拟操作，如利用计算机软件在虚拟实验室中解剖青蛙（数码青蛙）等。虚拟实验室的优点是成本低，而且如果实验失败，方便重来，学生可以反复练习，直到熟练掌握；也可以模拟实验现场肉眼不可见、实验过程非常危险或实验环境确实难以建立的情况，尽量满足实验要求。

三是鼓励学生跨学科学习，培养全面型人才。当今社会，随着信息技术的发展，新的学科不断涌现，这些学科大部分是由学科交叉形成的。建立交叉学科培养机制，培养学生跨学科背景。在基础学科和谐的高校中，打破不同专业教育的壁垒，要创建跨学科教学的培养机制，可以借鉴国外成功的跨学科教学的经验。具体实现过程如下：以培养计划为基础，为学生选定必修课程，这些课程是跨学科的，包括文学、理学、工学等多个领域，以便对学生的综合分析力进行有效锻炼，培育学生创新思维与创造力；要提供多种专业、多类课程、多个教师供学生选择，这样学生就能根据个人兴趣制订自己的培养目标，进行自主学习；高校应完善相关课程，抓住交叉学科的新增长点，组织多学科的力量并开展教学，配备必要的教师，形成跨学科的教学模式，激发创新意识，促使学生应用到探究新领域中，全面发展自己。

在学生培养模式改革基础上，对学生的管理方式也发生了很大变化。目前，大多数高校实行学分制，这是在计划经济时代就形成的管理模式，灵活性不够，刚性太强，约束力也太多。在当今大数据环境下，对学生的管理，我们更提倡注重学生个性化的模式。教师管理系统要以学生为主导，教师为辅助，建立学生服务中心。具体操作有：一是建立心理咨询、急救救援、工作研究、学习指导机制，建立相应的社区管理部门；二是以学生宿舍为基础，取消班级，由8~15名学生与老师形成整体；三是由研究生或高年级优秀学生协助管理，为学生提供指导。这种管理模式可以实现学生的自我教育、管理、服务，能够让学生的综合素质得到有效发展和锻炼。

（五）加强课程教育管理改革

在信息时代，知识变得越来越重要。高校课程体系优劣评估要特别注意：一是课程体系的整合，对不同学科之间的课程研究越深入，整合程度越高；二是课程体系的完整性，课程越多，内容越丰富，体系越完整；三是课程体系的可持续发展，是指随着科学技术的变化和发展，社会课程体系要及时自我调整和自我更新；四是课程体系的平衡结构，课程体系的平衡结构是指层次结构和内部关系以及相互之间的配合度。根据这些指标，在优化课程体系时，我们应该注意以下几点。

首先，注重更新教学内容，教学内容要具有思想性、科学性、前沿性和创新性。课程内容要及时更新，可以将最新的科学研究成果引入课程，激发学生的学习兴趣，以课堂教学和网络教学相结合的方式，积极开展网上教学。

其次，要重视跨学科课程建设，重视理工科类和文学类学科的相互渗透，密切关注综合学科和交叉学科的创建，还应该注意到教材方面存在许多问题。目前的教材都是很久之前的老教材，教材的利用率不高，而且新教材很少。经过对教材展开调查，我们发现5年前编写的教材在本科教育教学的比例占到50%，3年前编写的教材占30%，新教材所占比例太小。为了解决这一问题，高校教育管理者应制定相关政策，指导和支持新教材的建设和使用。在师资培训方面，应加强师资队伍建设。前哈佛大学校长科南特曾说："大学的荣誉不在于学校建筑的数量，而在于其教师的质量。"

再次，要重视总结近年来课程体系改革和教学内容的成果和经验，并从中吸收有用的成分，积极扩展教学内容，进行教学改革。我们还应该增加课程的种类和数量。

最后，注重课程比例的合理设置。如今高校基本实行学分制管理，学生的课程分为必修课和选修课，必修课和选修课之间必须有合理比例。目前选修课的占比较低，有待提高，同时可以在必修课程中加入选课系统，如数学、物理、计算机应用、英语课程有不同的等级等，学生可以根据专业方向和自己的兴趣选择相应的课程。

（六）教学评价体系的科学化和规范化的建立

教育评价中教学评价是至关重要的，教学评价就是依据特定的教学目标在一定的教学系统里搜集信息、精确理解，最后再全面科学地分析，从而让评价能客观有效，并使教学质量的提升能有一个依托，也为改革提供一些凭据。教学评价的教学意义十分重要，它可以用以指导，也可以帮助决策，还能进行适当的反馈。在20世纪90年代中国高校开展的教学评价工作得到了极快地发展，1990年10月，国家教委发布了《普通高等学校教育评估暂行规定》；1994年6月，国家教委发布了《关于加强普通高等学校教学工作的意见》，由此，高校中教学质量的评价可以反过来影响教学质量，有一定的限制作用。依据高校教学的特点，教学评价的体系应当全面且多元化。教学评价的对象和主体首先是要清楚并确定的。一是教学评价的对象。按教学评价对象，评价可分为三种：整体教学评价、专业教学评价和教学评价。对一个学校进行教学评价要有宏观的观点，对环境质量、办学水平以及专业人才进行全面的评价；对专业的学校和教学水平进行深入而全面的评价就是教学评价，主要应注意教学质量和办学特色；对综合素质进行微观的评价亦是教学评价，而较为基础和重要的是高校教学的评估，此处说的是关于课堂的教学评价；二是教学评价主体。主体多样化才能更全面而深入地进行评价，有自评和他评，还有学科专家、管理干部、领导和社会对教学进行评价。依托现在的网络和计算机技术，使用软件对信息进行分析处理是现今通用的。其次，要有不同的评价标准。对于学生而言，不同情况标准应不同，如学校、专业和年龄等。

第一，个别学生的多样性。个别学生差别较大，不仅和遗传有着非常密切的关联，后天环境因素以及后天接受的教育水平也扮演着重要角色，每个学生对于自己的认识还有自己付出努力的不同，都形成了独特的个体。

第二，学生的来源不同。我国的高校教育正朝着大众化的方向发展，很多社会上的人进入学校，对于素质各异的学子要求也是不同的。

第三，信息化水平的提升，促使信息获取路径呈多元化的发展趋势。"现如今教育教学信息的收集和沟通已经从传统时代过渡到数字信息化时代，在这样的背景下，人们能够自由自主地完成信息互动沟通，就如同宇航员在太空失重环境的情况下，能够让身体随意移动一样容易。

就考试制度改革现阶段的具体要求来说，考试是教学质量的证明，同样是考核的重要方法。临时抱佛脚去死记硬背可能会取得好成绩，但平时底子好的学生也许就不能被筛选出来，这样教学质量的审查就有些偏颇了，不能很好地检测学生的学习程度和能力。考试制度在大数据条件下的革新应表现在：在考试内容方面，要侧重于让学生运用知识的能力得以展现；在考试记录方面，把握素质教育，一定情况下可以不用百分制进行评分；建立专门的检测中心，对于基础课的考核各个过程都要把握好，不管是命题还是阅卷都要搞好质量的查验；检查考核的方式也应有创新，可采取撰写研究报告、研究文献综述产品设计等方法，这样利于学子的思维以及提高创造能力。

三、建设高素质的教育管理队伍

不同的原因影响着教育管理的质量，包括人力、财力、物力、信息等。教育管理者是上述因素中首要的，因为人是主体更是管理的第一位因素，制订教学有关规划和纲要以及安排学习内容、课程安排、教材预订等，还有学生的考试、毕业设计、实践等，各个阶段都不能没有教育管理者的参与。基于大数据时代的情况，教育管理质量日益受到多方面影响。想实现管理的效能，高素质的教育管理队伍是至关重要的。

（一）当前高校教育管理队伍素质状况分析

下面从教育管理人员素质现状和教育管理队伍素质现状两方面来分析教育管理团队的素质：

首先,教育管理人员现状。高校教育管理人员指计划、指导和协调大学的研究教育、学生管理和服务以及其他教学活动的人员。

目前教育管理人员的素质存在以下几点问题。

第一,知识结构不完善。很多教育管理人员没有系统学习关于教育、管理及心理学的学科知识,甚至没有相关岗位的工作经验,还极少有深造的条件。在实际工作中,只是依据指导和一些实践经验,管理者深入了解及回顾概括较少,同时没有学习关于管理的知识,因而知识的结构不完善。

第二,知识更新慢。如今的知识更新较快,人们必须随之了解新的知识。社会发展进步的速度越快,新旧知识之间的更迭速度越快。在传统的教育管理理念下,教育管理人员只负责工作的事务,不必具备过多专业化的知识技能。在这种思想的影响下,绝大多数的教育管理人员都不学习和改进个人工作。还有很多人拒绝接受新知识以及实践的学习,无法追赶上时代和教育管理改革步伐。

第三,高校管理者与教师相比,工作时间、薪酬、职称不一样,使很多管理者出现心理问题,特别是情绪不好,幸福感缺失,导致教育管理者通常缺乏创新意识与创造力。

第四,信息管理意识淡薄,管理效率低下。人们不懂也不愿去提高现代信息技术的使用效率有以下几点原因:一是教育管理者对信息技术知道得很少,关于怎么使用信息技术却无从下手;二是现在中层管理干部因为时代的局限,很少懂得电脑技术,对管理信息不太关注,同时害怕自身权威下降;三是管理人员习惯了一直以来使用纸张记载,不愿意改变;四是高校行政管理仍有"大锅饭"的表现,新技术的运用与管理人员自身权益没有大的关系,就没有压力感;五是即使信息管理系统相当完备,然而因为各高校软件应用不同,无法共享和交流,使得管理者的积极性降低。

其次,教育管理队伍现状。一是高校教育管理队伍整体素质低,流动性强。以往的高校教育管理领导干部基本上来自教学或研究前沿者,他们不重视教育管理,对管理业务更新的机会不大,流动过于频繁;二是高校教育管理队伍结构不合理。目前,教育管理团队满足不了时代要求,教育结构不合理,知识结构和能力结构欠缺。

(二) 大数据环境下对教育管理人员的素质要求

知识密集、高新技术、人才聚集、思维活跃、信息渠道十分畅通，这些都是高校的特点。随着信息技术的快速发展，所有教育管理人员的素养也有待提高，各教育管理人员应该做到以下几点。

第一，树立强烈的服务意识。管理的本质就是服务。教育管理人员不能把自己作为掌握权力的管理者，而应该作为一个服务者，服务学生，服务教师，服务教学，进而服务于崇高的教育事业。

第二，掌握教育理论和专业知识。身为教育管理者，教育的科学及其规律是基础，一些专业的知识必须掌握，如教育学、教育心理学、管理学和大学教育学等，如此才能让科学教育和教育管理得以实现。高校的管理人员要具备充足的理论知识，同时要掌握高等教育改革的理论。再者，必须具备相关专业知识。进行教育管理工作，是对学校现在的一切资源实现有效而科学的管理，所以必须学习相关专业知识，包括现代计算机方面有关管理的方法和档案的知识等，才能应对教育管理工作的复杂性。

第三，掌握现代信息技术，具有良好的信息素养。随着现代信息技术的飞快发展我们必须掌握不断更新的技术，这样才能使管理效率不断提高。教育管理人员不仅要拥有极好的信息素养，还要会熟练使用现代的信息技术。例如，教育管理人员在教育管理中会用信息检索知识并从网络取得需要的信息；会使用教育管理软件；掌握一定的英语知识，这样才能顺应网络技术与教育国际化的发展；要提高教学信息化管理的敏感性，了解人们具备的信息并清楚其需要的信息，如此才能使教学的质量提高，从而提升管理的效率。

第四，具备较强的管理能力。首先，组织决策能力要比较强。当今社会，教育体制改革在不断加强，只有教育管理者具有较强的组织决策能力，才能制订教学计划，制定切实可行的政策措施，对整个教学过程进行加工，并结合学校自身的优势做出科学合理的决策。其次，教育科研能力要强。查找资料，深入研究，准确把握国内外各大高校特别是精英院校的教学情况以及世界教育改革的趋势；要处于教育管理、教学第一线，或参与课堂教学，经常了解教学情况，对高校教学进行调查和研究，掌握整个学校的发展趋势，做好教育管理，同时，"教育管理是一门科学"，实施教育管理和教学研究，是教育管理的共同任务。为了正确地管理，提高教育管理的质量和效率，研究者和教师有必要研究教育管理的特点和规律。最后，要勇于创新，敢于开放，培养良好的集体合作能力。教育管理应该与时俱进，而不是一成不变的。对当前高校的教育管理者来说，创新创造能力是他们最缺乏的。1998 年，教育部、国家教育发展研究中心经过调研，认为教师最缺乏的是创新能力，其次是人际交往能力。对于教育管理者来说，在工作中勇于创新，推动教育管理的进步是很重要的，革新一直是一个核心内容。

（三）进一步提高教育管理团队的全面素质

《第一次全国普通高等学校教学工作会议上的讲话》（1998 年 3 月 24 日）中周远清说要加强教育管理队伍。教育管理不仅是一般的行政管理，而且具有学术管理和行政管理的双重功能。没有一个强大的教育管理队伍，就不可能有一流的教学水平和教学质量。在信息时代，只有提高教育管理队伍的素质，才能促进高校的进步。怎么拥有高素质的团队呢？笔者认为要做好以下几方面工作：

首先，教育管理质量的培养。由于教育管理团队是由个人组成的，所以建立一支高素质的管理团队，全面提升教育管理者综合素质是重中之重。培训教学质量管理人员要做好以下几项工作：一是岗前培训。可以邀请有资质的教师和专业的人员进行培训。之后，还应当深化知识的掌握，如心理学及管理科学教育等，还可以提高管理人员的信息素质，特别是计算机和网络的技术，使之可以有效使用校园网与互联网办公和学习；二是面向在职人员，坚持在职学习的原则。采取灵活的培训模式，理论联系实践，通过网络学习和教育管理提高教学质量管理人员的综合素质；三是要提高他们学习的意识和能力，教育管理工作者能掌握一线的教学情况，通过不断学习，促进教师教学实际情形的发展。

其次，必须提升高校教育管理团队的素质，让整体进一步发展，这不仅关系到教育管理人员的个人素质，还关系到教育管理队伍的整体状况。如果结构合理，彼此促进，会让人们有更多的集体感，同时利于凝聚力与向心力的加强，便于人们积极主动地去创造和发展，使得教育管理队伍整体素质更好。可见，教育管理团队的结构与组合是提高教育管理团队素质和整体效果的关键。优化教育管理团队结构必须做到以下几点：一是优化教育管理队伍的年龄结构。让不同年龄的人发挥各自的优势，并进行经验的互补，形成良好的整体效果；二是优化体系中教育、学科和职称的结构。就教育管理而言，各学科是相辅相成的。对于相应的职称和学历方面，要求是不同的，他们的职称和学历要满足梯次结构的要求，决策、管理和具体的事务性工作分工不同，这样各司其职，形成互补。另一个重要的问题是教育管理团队的人格互补，合理组合不同个性特点的人利于形成良性合作。

最后，积极性很关键，因此要建立竞争和激励的制度来引导管理干部，从而提高积极性。责任、制度和奖惩是岗位责任制的三个主要环节。在管理中，责任制是管理制度的核心，不同岗位承担的责任也不同，因此对不同员工有不同要求，要组成一个合适的团体就要对不同的人进行不同岗位和要求的选择。另外，需要严格地对员工进行考核，从而对员工的技能和态度有所把握和了解，并进行定期考核，及时鼓励，奖励合理，全面推广。对于工作态度差、能力低的，最终不再聘用。如此，方能利于竞争并得到进步。通过考核，能找到每一位员工独特的个性和特长，便于大家把自己的特长得以较好的发挥。同时，要有详细的制度和标准，如薪酬制度、绩效评分制度等。以上制度要落实到各个管理人员，使其在一定压力下力求上进。同时，在奖惩时也要特别注重以下几点：一是物质和精神两方面的奖励都不能忽视；二是奖励时要区分不同的级别，然后分别进行奖励。不同的管理层次激励是根据能力和层级区分的，通常而言，不同位置对应不同的管理能力与不同的奖励标准；三是应用多元化与动态的奖惩。为了使奖励制度具有激励相关人员的力量，在管理人员的各个成长阶段都要用不同的手段给予激励。

实行相应的政策将对教育管理人员积极性的提升起很大作用，如评定职称等问题，优惠政策的倾斜必然会提高人们的积极性。

四、与大数据紧密结合

（一）完善教育管理制度

教育管理系统是根据国家教育法律、法规等，由上级领导部门决策并制定的条例与规则，作为教育的一个重要手段，维护正常的教学秩序，是一个国家的教育政策和制度的组成部分。

高校的教育管理制度主要有四个部分：关于教育材料的管理，如教学计划、课程安排和总结等；关于学校学业进程的管理，如考试、教课进度、资料档案管理和课程的调换等；教师和教育管理人员的责任和奖惩制度；还有就是关于学生的管理。

为了提高教学质量，不仅要有教育管理制度，还应根据各校实际情况，再设立新的制度：第一方面应对教学工作多开会讨论，会议制度要详细确立，按期举办研讨会并进行会议的指导，使教学可以制度化；第二方面要对管理加以制度化和规范化；第三方面应合理安排考试，重视管理考试程序并制度化；第四方面是建立和完善毕业生就业质量评价体系，不仅要分析评价结业论文，还要有后续的了解，对毕业生应多加关注；第五方面应找专门人员对教育管理进行合理监督；第六方面是关于研究革新教学工程体系；第七方面是职业教育的评价也要标准化；第八方面是教学成果情况，如英语四六级和全国计算机考试的合格情况、职称结构和教师资格等。

依托于大数据对高校教育管理制度还要添加辅助的条例：从信息标准问题的角度出发，出台了关于信息化标准的条例，并且高校教育管理信息化应建立在国内外的交流中；再从高校信息化相应体系出发，校园网络还有图书馆是两个校园信息传播的重点，因此要加强它们的建设，尤其要有配套的管理方法。对教师和教育管理人员进行信息技能培训，提高其信息管理的水平。

(二) 校园网推动教育管理的作用要发挥好

环境是基础，教育管理的基础就是校园网络平台的建设。如今的教学离不开这个信息平台，一是要特别注重校园网络的作用，尤其多考虑整体的发展，合理进行计划；二是统筹设计。充分考虑并实行网络开拓软件的开发和校园网的建设。在施工中必须非常理性，做好网络接口，分阶段建设，使效益最大化。与软硬件结合起来共同建设，由于设计软件耗时长，在进行网络改进时，耗费时间会更多。教育管理的信息系统是由多方面组成的，可以独自设计，也能买来现有的加以使用，要尤为关注的是软件的合适以及是否可以共用；三是专门应用，三点技术，七大管理，如此才能达到最好的效果。学校应该安排认真负责、技术过硬的老师担当校园网管理的重任，有效助推网络的多方面应用；四是加强深造培训。校园网影响全校教育管理人员、教师和学生的校园网络生活。学校应重视对教师实施优化管理以及专业化的教育培训，合理制订有效规划，使学生和管理人员能够充分应用校园网满足各自差异化的需求，产生对校园网的认同感，而不是对其出现抵触心理；五是加强使用。最终的目的是创造效益，只有加强对校园网的应用程度，加强对校园网的完善力度才能够真正发挥和增强其价值。

（三）教学要有足够的投入

如果没有丰富的物质资源作为根本支持，就无法保证价值的发挥，正所谓"巧妇难为无米之炊"。学校经费是教学运行的基础，好的高校一定是有充足资源的。现在，我国高校教育管理存在严重问题。首先，在教学中经费不足。我国高校经费一般由政府来进行投入。然而，由于财政收入不足，投资是非常有限的，所以资金很稀缺；其次是能源投入缺乏领导力。由于种种原因，校领导对教学条件和教师不够深入了解，造成了教学品质降低，教师与教育管理人才投入不足；最后，一些学生不够勤奋，不能在学业上投入充沛的精力。事实上，高校对人才的培养，不仅要求硬件资源还要求软实力的投入，只有两方面兼具，才能实现高效率的管理。如今，有一些途径可以用来改进教学：第一，不单单依靠政府投入，建立各种投资系统，从不同主体入手，寻找不同方法；第二，合理划分经费投入，校园管理层认为教学是重点，导致了费用的不合理分配；第三，待遇从优，使得教师没有后顾之忧，专心致力于教学，改变教师短缺的现象；第四，加强学生管理，增强学生学习的动力和压力。

参考文献

[1]王继成,李竹林.大数据时代高校信息化战略与实践[M].沈阳:东北大学出版社,2016:5.

[2]陈桂香.基于大数据的高校教育管理研究[M].北京:科学出版社,2018:12.

[3]林榕.大数据背景下高校教育管理信息化发展与创新研究[M].长春:吉林大学出版社,2019:3.

[4]张志军.大数据技术在高校中的应用研究[M].北京:北京邮电大学出版社,2017:9.

[5]何兴无,蒋生文.大数据技术在现代教育系统中的应用研究[M].长春:东北师范大学出版社,2019:9.

[6]郭亦鹏.高校教育管理信息化建设[M].长春:吉林大学出版社,2016:6.

[7]阮荣龙.我国高校安全教育问题研究[D].武汉:华中师范大学,2021.

[8]于瑾.高校辅导员职业化建设的大数据应用研究[D].长春:东北师范大学,2019.

[9]杨亚宁.数据驱动的高校教育管理信息化水平评估研究[D].武汉:华中师范大学,2019.

[10]苗国芳.四川省高校教育管理信息化现状与提升策略研究[D].南充:西华师范大学,2018.

[11]陈桂香.大数据对我国高校教育管理的影响及对策研究[D].武汉:武汉大学,2017.

[12]李向阳.基于大数据环境下高校教育管理信息化创新与发展研究[D].信

阳:信阳师范学院,2017.

[13] 田钰琨.大数据赋能高校教育管理发展研究——评《基于大数据的高校教育管理研究》[J].中国科技论文,2022,17(11):1318.

[14] 杨晔珺.大数据背景下高校教育管理信息化建设现状研究[J].创新创业理论研究与实践,2022,5(20):67-69.

[15] 崇加浩.大数据对高校教育管理的影响及对策分析[J].创新创业理论研究与实践,2022,5(18):154-156.

[16] 陈卓.大数据时代下高校教育管理工作的优化路径探究[J].河南司法警官职业学院学报,2022,20(3):123-125.

[17] 陈艺凡.大数据时代的高校学生教育管理模式转变与应对策略[J].江西电力职业技术学院学报,2022,35(8):91-93.

[18] 刘金清,樊鑫磊.大数据在高校教育管理中的应用及其影响——评《基于大数据的高校教育管理研究》[J].中国教育学刊,2022(8):129.

[19] 孙巍.大数据对现代高校教育管理的影响及改进策略[J].科技资讯,2022,20(11):236-238.

[20] 姜伟,宋文正.大数据对现代高校教育管理的影响及改进策略研究[J].吉林省教育学院学报,2022,38(5):38-41. DOI:10.16083/j.cnki.1671-1580.2022.05.006.

[21] 化开斌.大数据时代的高校学生教育管理模式转变与应对策略[J].山西财经大学学报,2022,44(S1):84-86.

[22] 熊桂芳,郭润平.大数据时代下的高校教育管理信息化创新路径分析[J].科技资讯,2022,20(8):16-18. DOI:10.16661/j.cnki.1672-3791.2112-5042-4685.

[23] 高红艳.信息化背景下探索高校教育管理的创新改革路径——评《大数据背景下高校教育管理信息化发展与创新研究》[J].科技管理研究,2022,42(8):224.

[24] 张宏伟.大数据技术的应用对高校教育管理的影响及策略[J].延边教育学院学报,2022,36(2):47-48,51.

[25] 吕作为.大数据环境下高校教育管理信息化发展之路[J].齐鲁师范学院学报,2022,37(2):26-31.

[26] 刘叶.大数据时代下高校教育管理工作优化路径探析[J].黑龙江科学,2022,13(5):104-105.

[27] 孙志佳.大数据时代高校教育管理工作的创新探索——评《基于大数据的高校教育管理研究》[J].中国高校科技,2022(3):99.

[28] 郑旭霞.大数据时代高校学生教育管理工作个性化研究[J].公关世界,2022(4):80-81.

[29] 史婷婷,关晓伟,常加松.大数据时代高等教育管理的优化策略探究——评《高校教育管理与教学研究》[J].中国科技论文,2022,17(2):241.

[30] 初友香.基于大数据技术的高校教育管理路径探索[J].食品研究与开发,2022,43(2):233.

[31] 李灵曦.大数据对我国高校教育管理的影响及对策研究[J].中国管理信息化,2022,25(2):239-241.

[32] 王伟.浅谈大数据时代高校教育管理信息化创新发展路径[J].哈尔滨职业技术学院学报,2022(1):131-133.

[33] 熊俊.浅析大数据技术在高校学生教育管理工作中的应用路径[J].计算机知识与技术,2022,18(2):33-34.

[34] 陈培芬.大数据环境下高校教育管理信息化创新与发展研究[J].无线互联科技,2022,19(1):119-120.

[35] 郭丽.高校教育管理现状及其在大数据时代的变革研究[J].湖北开放职业学院学报,2021,34(24):33-34.

[36] 蒋明思.大数据技术驱动下高校教育管理现代化研究[J].食品研究与开发,2021,42(23):237.

[37] 王调江.大数据环境下高校教育管理信息化创新思考[J].创新创业理论研究与实践,2021,4(22):154-156.

[38] 黄劲.基于网络资源环境下高校创新教育的方法和策略——评《基于大数据的高校教育管理研究》[J].热带作物学报,2021,42(11):3391.

[39] 梁樱花.大数据对我国高校教育管理的影响及其应对措施——评《基于大数据的高校教育管理研究》[J].中国科技论文,2021,16(11):1287.

[40]江美芬.信息时代高校教育管理模式的创新策略——评《基于大数据的高校教育管理研究》[J].中国教育学刊,2021(11):132.

[41]殷新.大数据背景下高校教育管理信息化建设探索与思考——评《教育管理学:理论·研究·实践(第7版)》[J].中国教育学刊,2021(11):134.

[42]黄海洋.基于大数据背景下高校大学生教育管理的创新路径探究——评《基于大数据的高校教育管理研究》[J].热带作物学报,2021,42(10):3068.

[43]杨晓平.大数据对高校教育管理的影响及对策研究[J].佳木斯职业学院学报,2021,37(11):116-117.

[44]林颖.探究大数据对我国高校教育管理的影响及对策[J].内江科技,2021,42(9):45-46.

[45]袁国伟.基于大数据背景下高校体育教学模式的创新路径研究——评《基于大数据的高校教育管理研究》[J].林产工业,2021,58(9):146.

[46]党玉香,宁晋华.大数据时代高校教育管理模式创新研究[J].中学政治教学参考,2021(35):97.

[47]李秀.大数据在高校教育管理与决策中的应用[J].湖北开放职业学院学报,2021,34(16):23-24.

[48]吴欣阳.大数据时代的高校教育管理的发展变化探究——评《高校教育创新及其管理体系的建设》[J].热带作物学报,2021,42(8):2515.

[49]马悦.大数据环境下高校教育管理信息化发展研究[J].网络安全技术与应用,2021(8):92-93.

[50]瞿德明.基于大数据背景下高校体育教学模式的创新路径探析——《基于大数据的高校教育管理研究》[J].热带作物学报,2021,42(7):2139.

[51]朱卫扬.基于大数据的高校教育管理研究[J].食品研究与开发,2021,42(14):238-239.

[52]张金领.大数据时代下高校教育管理转型路径研究[J].中国管理信息化,2021,24(14):214-215.